Une solitaire autour du monde

Collection dirigée par Christine de Colombel

ISBN 2-7003-1139-6
Imprimé en France

Isabelle Autissier
et Éric Coquerel

Une solitaire autour du monde

Préfaces de Gérard Janichon et Jérôme Poncet

ARTHAUD

Ces pages sont dédiées à Jean-Charles Besnard,
chef de projet d'*Écureuil Poitou-Charentes II*, puis de *PRB*.
Jean-Charles, sa femme Christine et le petit Simon
ont disparu dans un accident trois semaines
après le retour du Vendée Globe.
Merci à son travail et à son intelligence.

J'ai épousé la mer cette nuit
À l'heure où la côte s'éclaire

La mer ne m'a rien demandé
Ni d'où je viens
Ni qui j'ai aimé

Elle a rempli ma bouche de son sel
Et mon esprit de son silence

Jean AUTISSIER

LE TOUR DU MONDE D'ISABELLE AUTISSIER

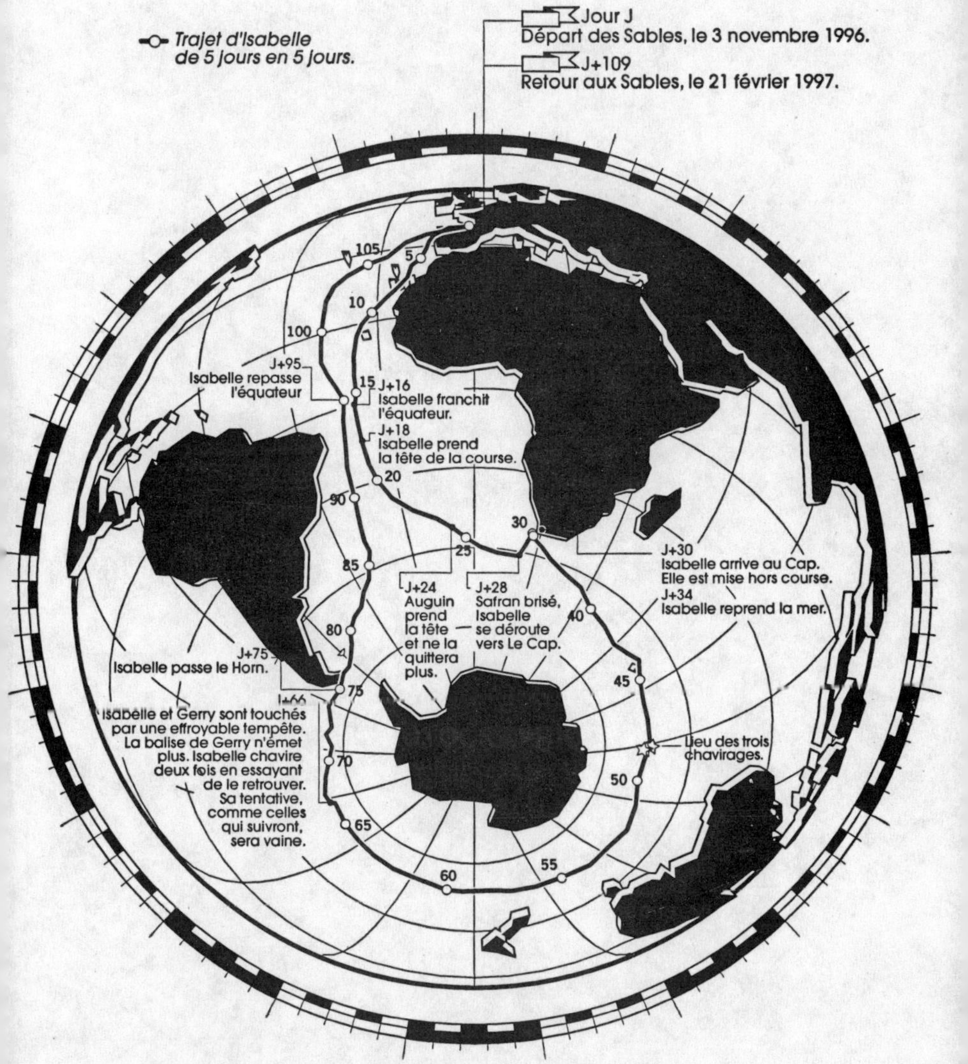

© Libération.

PRÉFACES

Au début, la mer n'est qu'un rêve, presque un mirage, aux yeux des autres surtout, qui ignorent que le rêve est l'indispensable moteur de l'action. Alors, il faut convaincre, persévérer et prouver à tous et à chacun que ce rêve n'a rien d'une illusion, il constitue le meilleur chemin d'accomplissement possible pour réussir sa vie. Et toi, tu le sais bien, Isabelle. Le rêve du large porte nos espérances, nos idéaux, nos convictions et offre une réalité qui dépasse tout ce qu'on avait imaginé. C'est à s'y perdre, à ne plus rien reconnaître et, plus inquiétant, à ne plus se reconnaître soi-même car on le sait depuis longtemps, ceux qui naviguent loin reviennent différents et n'accostent plus jamais à certaines réalités terriennes.

Heureusement, la mer enseigne également l'humilité mais (là encore, tu le sais bien) il faut avoir la ténacité de vaincre les signes indiens et parfois des océans Indiens tout entiers, parés de leur peinture de guerre, peu décidés à vous faire le moindre cadeau. Tapis dans la grisaille australe, ces combattants impitoyables battent furieusement les tambours, se confondent avec la puissante houle du Grand Sud, déferlent soudainement sur vous, et en un clin d'œil anéantissent vos espoirs de conquêtes ou de victoires. Brassés dans notre petit *Damien*, il y a une chose que nous avions comprise avec Jérôme, c'est que d'aller vite dans ces conditions-là sur un bateau léger est la meilleure arme. De là à imaginer que des voiliers de course se tireraient la bourre dans un long surf interminable et que pour pimenter le jeu, le marin s'y risquerait seul avec son bateau, il y avait de quoi rendre un peu plus narquois les albatros dont le vol, certes, est majestueux mais dont le regard plutôt dédaigneux, a toujours l'air de dire : « Qu'est-ce que tu viens faire ici, toi l'intrus ? »

J'imagine la tête de l'albatros quand il a découvert que le coureur était une femme ! Mais fut-il plus étonné que certains gros bras du milieu nautique qui ont encore du mal à se faire à l'idée que la mer et la course au large, en solitaire ou en équipage, sont ouvertes à tous. L'important, l'essentiel, surtout pour des courses dans ces mers-là, se situent ailleurs et tes yeux comme ceux de tes compagnons et adversaires reflètent bien qu'en guise de trophée chacun reçoit d'abord une leçon de vie. Ainsi en sera-t-il tant que l'authenticité sera préservée, et là-bas, en dessous des Quarantièmes, c'est pour longtemps encore car la Loi australe impose sa volonté. En l'acceptant à travers des péripéties parfois cruelles, voire injustes, tu es revenue plus forte, plus belle, et toujours avide d'échanges. Toute ton enfance, ton adolescence, sont sous le signe du partage des convictions fortes, le partage des idées, des projets, et je suis vraiment heureux de voir qu'au fil des années, des milles, des victoires ou des déboires, tu continues ainsi en restant fidèle aux images qui firent naître le rêve, elles le nourrissent encore, la preuve tu repars toujours ! Et si cela confirme l'admiration de beaucoup, tu peux être sûre, Isabelle, que tes messages purs et beaux alimentent également le rêve de quelques-uns. Tu peux t'en réjouir.

GÉRARD JANICHON

Me rapprocher de tes émotions, de tes performances, de ta force par l'intermédiaire d'une préface... un savoureux plaisir !
Lors de la première Whitbread en 1973, j'avais hurlé à la pollution des mers australes. Éric Tabarly ne me l'a jamais pardonné ; il a cru que je parlais des papiers gras qu'il allait jeter par-dessus bord.
Bien sûr, il s'agissait du respect de ces immenses océans. Respect, non par la peur, mais par le grandiose, la fascination des grandes houles, les merveilleux ballets d'albatros et de pétrels, l'explosion de vie amenée par un fort sud-ouest, ce ciel bleu.
L'idée d'invasion était un peu effrayante. Combien allaient passer à côté de ce que nous considérions comme essentiel, combien n'allaient pas ramener le bon message ?
Vingt-cinq ans plus tard, Isabelle, non seulement tu n'as rien laissé échapper de ce qui était essentiel, mais tu as (vous avez) remplacé nos folles cavalcades à 9 ou 10 nœuds par ces fantasmagoriques glissades à 25 ou 30 nœuds..., tu as (vous avez) maîtrisé quantité de problèmes techniques pour aboutir à ces bateaux de notre temps aux performances époustouflantes... Une très belle offrande pour les grands océans.
Mais, par-dessus tout, Isabelle, parce que tu n'as pas renié ta féminité, tu nous rapportes le plus beau message : un peu d'amour.
Seules les femmes peuvent donner avec simplicité et sincérité ce qui manque le plus à notre époque pour donner un sens à notre vie et peut-être changer notre futur.
Nous t'aimons Isabelle, merci de nous permettre de le dire et d'exprimer aussi notre émotion.

JÉRÔME PONCET

CHAPITRE I

VERS L'INCERTAINE LIGNE D'HORIZON

LE DÉPART

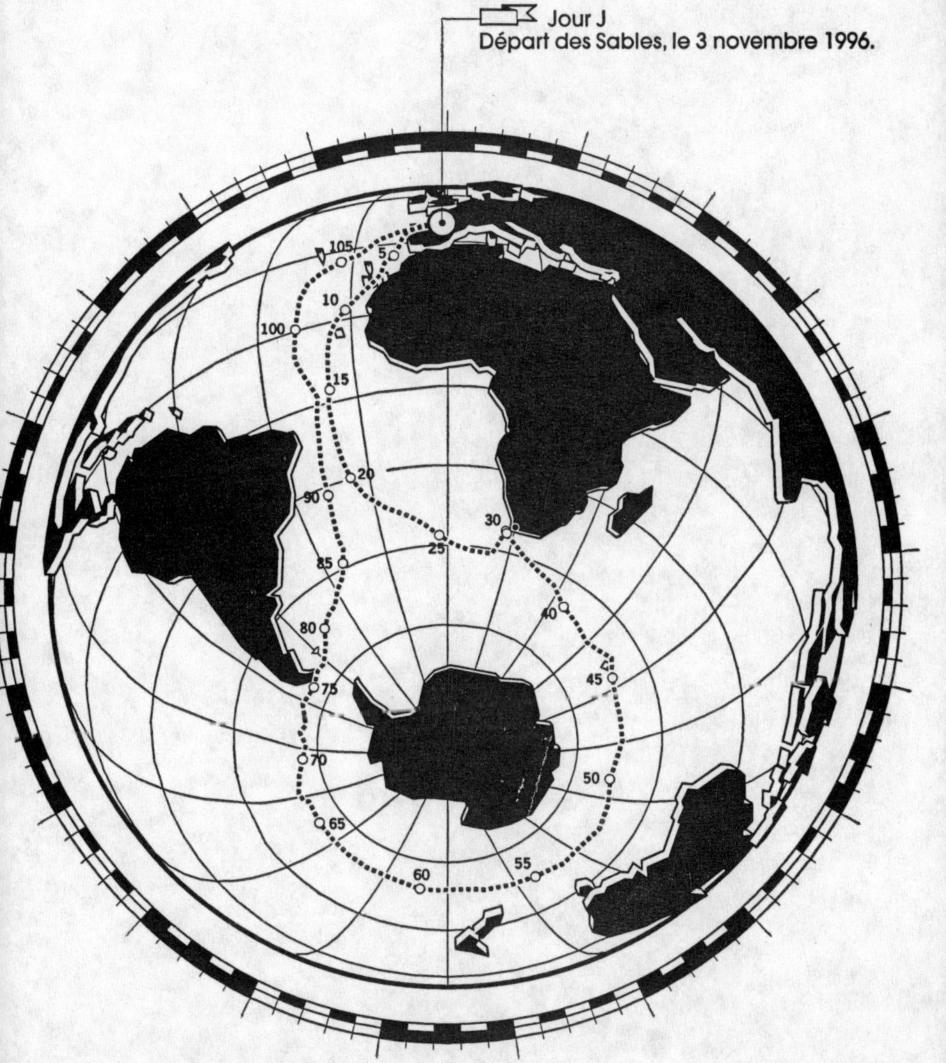

“Ils sont là, sur le quai, le cou tendu, les regards convergeant, guettant... quoi? Une expression, un froncement de sourcils, un sourire, une larme... Je suis le comédien rentrant en scène le soir de la première, le gladiateur quand s'ouvre l'arène, l'extraterrestre que seule l'émotion rattache encore au monde des humains. Déjà, la différence a installé la solitude. Je sens, palpable, leurs envies, leurs désirs qu'il m'incombera de porter, comme un lourd et superbe fardeau. Aujourd'hui naît cet invisible lien, cette connivence entre ces badauds anonymes et mon histoire personnelle; la connivence du rêve, puisque aujourd'hui je pars, et qu'ils restent.

Ces regards me pèsent, même si je les comprends, j'essaye de m'absorber dans la routine de la préparation d'une anodine sortie en mer : manivelles de winch à leur place, écoutes démêlées, bastaques à poste, mais ces petits gestes semblent faux, théâtraux. Il me tarde de quitter le ponton. J'entreprends la tournée des bateaux des autres; étreintes, regards, paroles faussement enjouées et anodines, les yeux ont un langage que dément la pudeur des mots. Ensemble, nous partons pour l'incertaine ligne d'horizon. Dans quelques semaines, parmi ces visages il y aura un vainqueur et, peut-être, d'insupportables absences. Cette même et fondamentale incertitude rôde dans ces adieux, l'angoisse des autres nous renvoie à nous-mêmes... retour à bord.

Derniers petits cadeaux, derniers regards mal assurés, derniers chuchotements. Cet arrachement devient insupportable.

« Jean-Charles, Sergio, on y va... »

Je pars toujours dans les premiers du ponton. Il me faut la mer, le calme, l'intimité de ceux avec qui depuis des mois je prépare ce bateau.

Sur le quai, on crie, on applaudit... Attendez, vous applaudirez peut-être dans quelques semaines pour un bateau qui reviendra. D'ici là, rien n'est fait et tout est possible.

Les quelques bords passent vite, nos commentaires sont techniques. Jean-Charles me rappelle quelques réglages de gréement, qu'il sait bien que je connais par cœur; je casse les pieds de Serge pour qu'il me redise la place de tel ou tel équipement dont je n'ai pour le moment nul besoin; nous choisissons ensemble les voiles du départ. Ces petits riens nous renvoient aux centaines d'heures de travail et de fignolage. À cette croisée des chemins et malgré l'incertitude de l'avenir, nous sommes tous trois heureux, simplement, d'en être là. Je sais que, pour eux, commencent la veille et l'angoisse, près du fax et du téléphone.

Quelques minutes encore et tout d'un coup, impérieusement, je me sens mûre de solitude, ils doivent partir.

« Bon, j'y vais... »

Il n'en faut pas plus, eux aussi ont senti : toutes ces journées de travail côte à côte s'effacent en quelques secondes, Serge siffle le zodiac, les yeux sourient.

« Fais attention, fais-toi plaisir...

— Ne t'inquiète pas. »

Ils n'existent déjà plus, petite tache orange happée par la multitude de bateaux spectateurs.

Je m'installe à la barre, autant pour veiller aux hordes trop curieuses que pour sentir mon bateau, entrer doucement en solitude avec lui, entamer ce muet dialogue qui nous aidera à revenir un jour ici. Barrer m'apaise, il ne suffit, après tout, que de mettre un mille derrière l'autre, rien ne sert aujourd'hui d'anticiper sur les peurs et l'avenir. Tout se met en place : choisir ma zone de départ, regarder le décompte des secondes, surveiller les concurrents, border un peu les voiles et me rapprocher de cette invisible ligne qui fait de moi une solitaire autour du monde... ”

La ligne d'horizon scrutée par Isabelle Autissier ce 3 novembre 1996 ne ressemble à aucune autre. Elle est celle d'une course, la plus longue et la plus éprouvante des courses : un tour du monde sans escale ni assistance autorisées, le Vendée Globe. Au-delà de cette ligne, il y a cent jours de mer, cent jours avec pour seuls compagnons son bateau et quelques albatros; 25 000 milles – dix traversées de l'Atlantique ! – et trois océans à parcourir, du vent à n'en plus finir et des vagues qui semblent vouloir tutoyer le ciel. Hors Les Sables-d'Olonne, port de départ et d'arrivée, toute terre est interdite. Quoi qu'il arrive, là-bas, dans les mers du Sud, autour du continent glacé, aucune escale n'est à espérer, personne pour témoigner des cris de bonheur et de douleur, des impatiences et des frayeurs. Les concurrents du Vendée Globe s'embarquent pour la course de toutes les solitudes. « Il y a les vivants, les morts et ceux qui vont en mer », écrivait le poète. Les dizaines de milliers de spectateurs venus saluer les navigateurs solitaires pourraient faire leurs ces vers. Le Vendée Globe a beau en être à sa troisième édition et les différents tours du monde se renouveler quasiment tous les ans, l'ambiance de ces départs est toujours empreinte d'une gravité particulière faite d'émotion, d'espérance et de crainte mêlées. Tous les quatre ans, les vents fous des Quarantièmes rugissants chavirent ainsi l'habituelle quiétude de la station balnéaire vendéenne. Aucun de « ceux qui vont en mer » ne peut échapper à cette atmosphère saturée d'émotions et d'embruns. Comme ses pairs, Isabelle a le visage livide et la gorge serrée. Comme ses frères du grand large, elle sait plus que jamais qu'elle va mettre les voiles pour un autre monde...

Elle n'en est pourtant pas à son premier départ. Entrée dans la carrière sur le tard, à 30 ans, Isabelle n'a raté aucun échelon, mais tout effectué en accéléré, sans perdre de temps, comme à son habitude. Cela lui a longtemps souri. En 1986, elle hisse les voiles pour une année sabbatique en Atlantique à bord de *Parole*, un voilier en acier de 10 mètres. À l'occasion de son retour des Antilles, elle s'initie à la navigation en solitaire. C'est une révélation. Si forte qu'aussitôt revenue en France, elle s'inscrit à sa première course, la Mini-Transat 87, une transatlantique effectuée sur des petits voiliers de 6,50 mètres. À l'arrivée, vainqueur de la première manche entre la France et les Canaries, troisième au classement final, elle sait qu'elle se présentera sur d'autres lignes de départ. L'étape suivante passe par la course du Figaro qui, chaque été, entraîne la fine fleur des solitaires dans une régate endiablée, la plus exigeante dit-on, en Manche et en Atlantique.

Elle y poursuit son apprentissage deux saisons de suite avant de changer d'échelle en s'engageant dans son premier tour du monde, le Boc Challenge 90/91. La réussite lui sourit encore : elle termine septième malgré un démâtage dans la deuxième étape. Au passage, elle devient la première femme à avoir accompli une course autour du monde en solitaire. En 1993, elle prend possession d'*Écureuil*

Poitou-Charentes II, le premier monocoque de course construit pour elle. Avec lui, la même année, elle pulvérise le record New York-San Francisco. Dans la foulée, elle remporte la première étape du Boc Challenge 94/95, Charleston-Cape Town. La voici dans un rôle qui lui est inconnu : celui de favorite. Mais, cette fois, le sourire se fige. L'océan Indien lui réserve un démâtage et un naufrage. Sauvée, elle se retrouve à terre, marin sans voilier. Fin de l'aventure ? Vingt et un mois plus tard, fin octobre 1996, la réponse est arrimée au ponton des Sables-d'Olonne, dans l'attente imminente du départ du Vendée Globe. Cette réponse a la forme d'une élégante carène blanche qui tire sur ses amarres. Elle porte le nom de *PRB*.

DIMANCHE 27 OCTOBRE, JOUR J–8.

« Je suis surprise, je n'en reviens pas : dans huit jours, je prends le départ de la course que l'on aime à définir comme l'Everest de la voile et me voilà relativement paisible. Serais-je blasée ?

Mon miroir me renvoie d'autres départs...

De mon premier Boc, en 1990, je me souviens surtout de la fébrilité heureuse, de l'étonnement à peine entamé d'être là. Je partais, la fleur au fusil, dans ce mélange d'inquiétude et d'inconscience que je retrouve aujourd'hui chez Catherine Chabaud.

New York-San Francisco : une tout autre histoire. Les semaines précédentes, les rumeurs avaient circulé bon train : la quille pivotante, qui équipait pour la première fois un aussi grand monocoque, n'allait pas tenir, ce record n'avait aucun intérêt, nous ne battrions jamais un multicoque. Départ de froidure et de tension. Les bonnes âmes ont, un temps, raison : lâchés par une soudure de tête de quille, nous atterrissons piteusement en Martinique. Réparation, retour à New York, second départ. Cette fois, pas de droit à l'erreur. Aux pieds de la statue de la Liberté, la mer était gris aluminium, comme une vaste tôle sous un ciel rose mais, à bord, l'heure était peu aux émerveillements – la pression rongeait notre enthousiasme.

En 1994, le second Boc Challenge est une horreur. Dans la moiteur nonchalante de Charleston, j'ai l'impression d'être la seule tendue, vrillée durant les nuits sans sommeil, pico-

rant aux repas l'estomac serré. Est-ce d'être classée dans les favorites, pour la première fois en pleine lumière ? Est-ce cette foutue vague qui a déferlé jusque dans la cabine lors du convoyage musclé dans le Gulf Stream et a précipité toute l'équipe dans un rush insensé pour réinstaller l'électronique ? Le départ ne sera alors qu'une délivrance.
Je n'ai pas la peur du départ, de la terre qui s'éloigne, je l'ai exorcisée avec *Parole*. Cette toute première fois, quand les lumières de Saint-Barth se sont noyées à l'horizon, quand l'Atlantique s'est ouvert vers l'est pour moi seule, je me souviens que la mort a rôdé quelques milles durant. Sans radio, qui saurait jamais si l'eau verte se refermait un jour, indifférente. Je me sentais, tout à coup, fragile et téméraire, riche seulement de quelques navigations solo dans les Caraïbes. Avec le beau temps, la confiance était revenue – plus jamais elle ne m'a quitté. J'ai appris dans ces bords tranquilles et solitaires que la mer n'est jamais une ennemie, tout juste parfois un cheval fou. J'ai surtout compris que ce qu'on laisse d'habitude à d'autres en se sentant incompétent, la solitude le rend possible et naturel et que ses propres limites reculent pour autant que l'on tente de les saisir.
Aujourd'hui, pourtant, à l'aube de ce Vendée Globe, les raisons d'être sous pression ne manquent pas. À nouveau parmi les favoris, je pars pour plus de cent jours sans escale quand mon record personnel n'est que de quarante. Je sais bien que c'est une sacrée différence pour le cheval et le cavalier. Je pars pour six à sept semaines de Sud, imprévisible, usant nerfs et matériel, revenant sur les traces de mon dernier naufrage et je mesure pleinement combien ramener son bateau est incertain.
Je n'ai pourtant pas d'appréhension.
« Le pire, m'a-t-on appris, n'est pas toujours sûr. » Je l'ai tant voulu, ce monde au creux de mes mains, j'ai tant donné pour gagner la difficile première manche entamée en janvier 95. *PRB* est là, bichonné, chouchouté jusqu'à la dernière heure, serein comme un bateau prêt à l'envol. Je me sens sereine avec lui. Je savoure, je me laisse aller au

bercement prometteur de cette confiance réciproque. Je n'ai que l'impatience du large. »

MERCREDI 30 OCTOBRE, JOUR J-5.

Malgré cette impatience, Isabelle a respecté jusqu'au bout ses engagements. Ils sont nombreux. De quoi remplir ses ultimes journées à terre et éviter de gamberger. Le matin est attribué aux interviews planifiées de longue date par son équipe de communication, l'après-midi est réservé à sa préparation. Sans compter les séances d'autographes organisées par son principal partenaire, PRB, une entreprise vendéenne spécialisée dans les produits de revêtement pour le bâtiment, et les séances « sauvages » accordées à tous ceux qui font le siège de son voilier, parfois plusieurs dizaines de minutes, dans l'espoir de voir sortir celle qu'ils ont couronnée reine de l'épreuve. L'exercice est parfois étouffant. Mais Isabelle s'y plie, souvent de bonne grâce : elle le considère comme partie intégrante de son métier. Sans ces dizaines de milliers d'anonymes venus lui rendre hommage ainsi qu'à tous ses pairs, sans leur enthousiasme qui fait du Vendée Globe un événement sportif majeur, pas de sponsors, pas de *PRB* ni de *Geodis* ou de *Groupe LG*.

« Question activités, je suis un peu boulimique... », écrira-t-elle à son propos. À une semaine du départ, son comportement ne change pas. Au contraire. À chacun ses recettes pour éviter un trop-plein de pression. Il y a ceux qui se mettent au vert loin des pontons. D'autres qui se réfugient dans le cocooning familial. D'autres, encore, qui ne quittent plus la cabine de leur bateau. Isabelle est plutôt du style à combler ses quelques rares moments de libre. On la trouve signant quelques posters de plus et échangeant des poignées de main à une réunion de l'association humanitaire « Marins sans frontières » ; on la surprend au théâtre des Sables-d'Olonne, au cours de l'enregistrement public d'une émission de France Inter animée par Claude Villers, où elle entonne l'un des hymnes célèbres de la vieille marine à voile : « On se reposera quand on arrivera dans le port de Tacoma, houlà, houlà... »

Plus tard, la voilà cette fois au premier étage du Galway, un bar tenu par un ancien de la Mini-Transat, donnant de la voix lors des réunions « syndicales » des concurrents qu'elle orchestre avec Christophe Auguin et Thierry Dubois. Le but est d'obtenir certaines assurances du directeur de la course, Philippe Jeantot. Au cœur des revendications des coureurs : des mesures garantissant un départ exempt du risque de collision avec les bateaux spectateurs et l'éclaircissement d'un point du règlement concernant le routage météo, une assistance interdite dans le Vendée Globe. Volontiers chef de bande, Isabelle aime aussi l'esprit de corps qui se manifeste à cette occasion.

Ces discussions concrètes et parfois enflammées anticipent le sillage solidaire que les seize navigateurs traceront dans quelques jours. Drôle de sport. On pourrait n'y voir que le comble de l'égocentrisme, l'apologie débridée d'un asocial « chacun pour soi », or chacun de ses pratiquants, ami de longue date des autres solitaires ou inconnu fraîchement débarqué dans le milieu, sait que, confrontés à d'immenses étendues hostiles et désertiques, il sera l'un des seize maillons d'une chaîne d'adversaires forcément solidaires.

C'est peut-être au cours de ces réunions, dans l'atmosphère conviviale de ce pub enfumé, au milieu de ses pairs, qu'Isabelle a largué les premières amarres. Les premiers indices en furent difficilement perceptibles : des réponses aux journalistes effectuées de plus en plus fréquemment sous « pilotage automatique », des remarques exaspérées et aussitôt regrettées comme lorsque apercevant une groupe de jeunes demandant l'autorisation de monter à bord, elle se dit « merde encore une classe ». Classe qui se révèle être un aréopage de cousins stéphanois : « On devient con... ». Mais surtout, Isabelle a fini par ne plus accorder de réelle attention qu'à sa « famille ». Une famille à la mode Autissier. Très élargie...

> « Petit à petit, je me suis sentie m'isoler dans ma tête ; à la foule du ponton, j'ai préféré la solitude de ma préparation météorologique ou les soirées en « famille ». La famille, ce sont les autres coureurs, les préparateurs, les ingénieurs et les techniciens avec qui je travaille depuis des mois, bref, ceux qui lisent dans le regard une envie de partir ou une inquiétude et sont présents l'air de rien, sans emphase. Ceux qui savent sans poser de questions, ceux que taraude l'angoisse de voir « leur » bateau passer... gagner. J'ai besoin de cette connivence et je me replie sur eux, me laisse bercer par la douceur de l'amitié, tout simplement.
>
> Avec les autres coureurs les choses sont encore plus simples, nous ne serons plus, bientôt, que les seuls habitants

de la solitude bleue, chacun le sait, cela vaut tous les discours et je me demande si nous avons encore besoin de mots pour parler.

Contrairement à n'importe quelle compétition sportive, il n'y a pas de vestiaire, pas d'entraîneurs pour vous tenir la main, pas de fédération pour gérer l'intendance. Il n'y a que des individus, des marins qui font d'un sport un mode de vie et d'une compétition un mode de pensée. Parmi eux il y a de vieilles connaissances, comme Christophe Auguin, contre qui j'entame mon troisième tour du monde, des inconnus qui m'intriguent comme Didier Munduteguy, ce paisible fauché qui respire la joie de partir, de bouillants « petits jeunes », comme Thierry Dubois aussi percutant pour préparer son bateau que pour défendre les couleurs d'*Amnesty International*, bref une mosaïque étrange d'hommes et de femmes qui sont autant d'histoires et de rêves. »

VENDREDI 1er NOVEMBRE AU MATIN, JOUR J–2.

De plus en plus dense, la foule qui arpente le ponton, de plus en plus touffue, la forêt des micros et de caméras qui traquent les interviews, aux aguets du moindre fait et geste des skippers ou de leur entourage. À bord des seize monocoques, on s'affaire plus ou moins selon l'ancienneté du projet. Va-et-vient paisibles à bord des voiliers de Christophe Auguin et Gerry Roufs, *Geodis* et *Groupe LG*. Ces deux-là forment avec leur bateau des couples déjà anciens. Christophe et *Geodis* ont remporté le Boc Challenge 94/95, Gerry et *Groupe LG*, la Transat anglaise en solitaire 1996. Plusieurs années de vie commune, cela aide pour achever en toute quiétude la préparation d'un tour du monde. Le Hongrois Nandor Fa, le seul étranger qui, fort de ses participations au Boc Challenge et au Vendée Globe, peut prétendre inquiéter les Français, avait également pensé savourer tranquillement son séjour vendéen. Son superbe *Budapest*, dessiné et construit par lui, sommeillait fin prêt dans la marina des Sables-d'Olonne depuis des semaines. Et puis une simple sortie d'entraînement, un autre voilier, l'*Aquitaine Innovations* d'Yves Parlier, qui vient jauger sa vitesse, une incompréhension entre les deux marins et le mal est fait : balcon arrière à remodeler pour Yves, bout dehors arraché pour le sympathique Hongrois.

Voilà comment l'on se retrouve les mains plongées dans la résine pour une course contre la montre de dernière minute.

À bord d'*Aquitaine Innovations*, ce n'est pas l'avarie mineure du balcon arrière qui inquiète son skipper. Depuis son dématage dans la Transat anglaise en solitaire 1996, Yves est perplexe. Pour tenir son mât aile pivotant, il s'est lancé dans une innovation révolutionnaire. Au lieu des habituelles barres de flèche, deux espars de 6 mètres partent de chaque côté du pieds de mât afin de renvoyer les haubans loin à l'extérieur du bateau. En mer, *Aquitaine Innovations* évoque irrésistiblement un thonier traditionnel en pêche. Côté performance, c'est, paraît-il, l'arme absolue. Une arme révolutionnaire qui rend dubitatif plus d'un observateur, inquiet de la résistance de ces gigantesques barres de flèche lorsqu'elles s'immergeront au cours d'un des inévitables chavirements estampillés Cinquantièmes hurlants. Même si elle se garde bien de porter un jugement définitif – n'a-t-elle pas essuyé de semblables critiques quand, la première, elle a adapté une quille pivotante sur un monocoque de 60 pieds ? – Isabelle s'interroge.

> ❝ «Yves a beaucoup de choses pour lui. On ne compte plus ses victoires et à chaque fois il a fait preuve d'un flair hors du commun. Cette fois, je pense que son goût de l'innovation risque de lui jouer des tours. Son système de barre de flèche me paraît être un mauvais choix. Le risque encouru est trop lourd pour un gain en vitesse qui ne me semble pas essentiel dans une course comme le Vendée Globe. Je n'aurais pas eu la même appréciation au départ du Boc Challenge où les escales permettent de corriger certains défauts. Mais là, une avarie est souvent rédhibitoire.» ❞

Parlier s'affirme pourtant rassuré par les derniers tests effectués – «tout a été surdimensionné», prévient-il. Il admet cependant que l'attention apportée à ce mât révolutionnaire l'a été au détriment d'aspects importants de sa préparation. Il regrette notamment le peu de temps accordé à la météorologie. Un paradoxe pour celui que l'on surnomme l'extraterrestre en raison des options météo aussi iconoclastes que géniales qui lui ont valu plusieurs victoires.

À l'activité bourdonnante qui règne sur leur bateau, on repère facilement les inscrits de dernière heure. Catherine Chabaud est parmi eux. Dans deux jours, à quelques heures du départ, Catherine et Isabelle s'étreindront tendrement. Marque d'affection qui n'a rien de forcé. Car, entre les deux filles de la course, les points communs ne manquent pas. Comme Isabelle, Catherine a grandi en région parisienne puis émigré au bord de la mer pour mieux vivre sa passion. Comme Isabelle, la journaliste Catherine Chabaud s'est essayée sur le tard à la compétition en enchaînant Mini-Transat puis Solitaire du Figaro. Comme Isabelle, enfin, Catherine a repris le précédent voilier de Jean-Luc Van Den Heede, V.D.H, pour effectuer son premier tour du monde. Étroit, peu voilé, économe en manœuvre, magnanime pour les erreurs inévitables commises par les circumnavigateurs débutants, les yawls de V.D.H sont parfaits pour une initiation au Grand Sud. Et tout comme *Écureuil Poitou-Charentes I* le fut pour Isabelle dans le Boc 90/91, *Whirlpool-Europe 2* sera le fidèle et rassurant compagnon de Catherine dans ce Vendée Globe. Pour l'heure, aux côtés de la grande carcasse de V.D.H., qui se prête, affable, au rôle de conseiller technique à bord de son ancien monocoque rouge, Isabelle peut saluer au passage Lionel Lemonchois. Lui aussi est de la « famille ». Un proche même. L'un de ses trois équipiers du record New York-San Francisco. Isabelle sait le renfort technique important que constitue pour la blonde Catherine ce Normand, marin de talent, à la « gagne » contagieuse dès qu'il est en course. Il est un lien supplémentaire entre les deux jeunes femmes.

Mouillé devant *PRB*, un voilier jaune recueille également les suffrages du public. Normal, comme Isabelle et beaucoup d'autres marins, 6 000 souscripteurs ont signé un chèque de 250 francs à l'ordre de Bertrand de Broc en échange de leur nom sur la coque. Alors, chacun vient voir « son » bateau, scrutant les autocollants apposés sur la coque afin d'être bien sûr de prendre le départ. Baptisé *Votre nom autour du monde*, le voilier s'appuie sur un concept qui fait des émules. Témoins, ces pompiers vendéens en grève qui invitent, dans leur caserne, voisine du Village du Vendée Globe, leurs concitoyens à manifester leur solidarité en signant une grande bâche portant « Votre nom autour de nous ».

Sur *PRB*, pas d'affolement mais « les bouineurs » – un terme argotique par lequel aiment à s'interpeller les préparateurs du bord –, n'ont guère le droit à la paresse. Pour un bateau dont la construction a débuté six mois auparavant tout fonctionne plutôt bien. Reste qu'aucune heure ne sera de trop. Alors dans une ambiance souvent rythmée – funk ou rock en plat de résistance, Bashung pour le dessert – on range, dérange, range de nouveau, on modifie de quelques centimètres, pâte siliconée à la main, la place d'une poulie, on grimpe en haut du mât pour s'assurer que les drisses coulissent librement à l'intérieur du grand tube en carbone de 25 mètres, on peste parfois contre un ordinateur récalcitrant. Tant à l'intérieur que sur les 80 m² du pont, une petite dizaine de personnes s'occupe en évitant de trop se marcher sur les pieds.

Un exercice qui devient compliqué quand il faut enjamber appareils photos, magnétophones et câbles des TV tout en conservant la cabine rangée pour la visite des clients ou du personnel de l'un des sponsors. Des obligations que supportent plutôt avec bonne humeur, Jean-Charles Besnard, responsable technique du projet, Serge Viviand, « Sergio », préparateur et Grégor Céméli, coordinateur en matière d'informatique. Eux sont là depuis le début de l'aventure et dimanche, quand *PRB* s'éloignera à l'horizon, c'est un bout d'eux-mêmes qui partira autour du monde.

Contagieux, ce sentiment de fidélité et de passion mêlées a rapidement touché ceux qui ne « bouinent » auprès d'Isabelle que depuis quelques semaines.

Il y a Christophe, 32 ans, montagnard comme son pote Sergio. Aussitôt *PRB* parti, il rejoindra son chalet de Flaine en Haute-Savoie. Benoît, 24 ans, prof de math à temps partiel qui, ayant participé à la construction du monocoque, ne se voyait vraiment pas l'abandonner à la sortie du chantier Pinta. Par la suite, Benoît voudrait bien être au départ de la prochaine Mini-Transat. Enfin, Robert, un grand échalas de 35 ans, Rochelais également, ancien mécanicien auto et éducateur socio-éducatif qui lui aussi a vu naître *PRB*. Acharné, Robert s'imposait même des heures supplémentaires volontaires. Et à Marc Pinta qui s'étonnait de le retrouver à 23 heures œuvrant dans le chantier, il retournait, en guise d'explications le simple plaisir de vivre pleinement cette aventure. Une aventure dont, comme Benoît, il n'a pas imaginé descendre en marche : « Ce n'est pas tous les jours que tu participes à la construction d'un bateau *high-tech*. J'y ai laissé un peu de moi, ce n'est plus un simple bout de plastique. »

« Isabelle a un côté désordonné mais elle fait confiance à son équipe et ça, c'est vraiment agréable. Tu fais bien ton taf et ça marche. » La sentence de Christophe, et le sourire qui l'accompagne, en disent long sur l'esprit d'équipe qui règne autour de la navigatrice. Pas vraiment le style autoritaire ni bourru « la patronne », même si le projet *PRB* a pour le moment davantage ressemblé à la gestion d'une PME qu'à une aventure romantique par les Trois Caps. Et si Isabelle admet la remarque de Christophe, c'est pour mieux préciser, malicieuse, qu'elle s'organise plutôt bien dans son désordre. Autre précaution : elle sait s'entourer. Il suffit, pour s'en convaincre, d'observer les dix-neuf polycopiés qui décrivent dans le menu détail le contenu des dix-neuf containers en plastique rangés à bord. Un inventaire méticuleux signé Sergio. Au hasard, extrait de la boite n° 1, celle du matériel de rechange électronique. Du Prévert, version navigateur en solitaire de l'an 2000 : 1 cerveau 7000 bâbord (rien à voir avec les manipulations génétiques, ici il s'agit du micro-processeur de l'un des pilotes automatiques), 3 écrans de commande 6000 (toujours un pilote), 1 écran de commande 7000, 2 compas, 1 GPS complet, etc.

Le contenu de la n° 6 – 6 blanquettes de veau, 6 agneaux flageolets, 6 parmentier bœuf... – ou de l'alléchante n° 11 – crème pralinée, 12 portions, crème vanille/marron, 20 portions, sirop d'érable, 2 pots – rappelle fort heureusement que si l'électronique de pointe est indispensable à notre solitaire, la gastronomie ne l'est pas moins.

Douze des containers sont d'ailleurs attribués à la nourriture. Une nourriture relativement diverse, même si les 84 sachets de soupe, les 51 paquets de pâtes, les dizaines de sachets déshydratés ou lyophilisés ne trompent pas sur les éléments de base de la maîtresse de maison. Sans oublier les 20 tablettes de chocolat et les 80 barres chocolatées... « Je suis très gourmande et le chocolat c'est chromosomique », se réjouit notre « bec sucré ». De toute façon, Isabelle ne nourrit guère d'inquiétude pour sa ligne : « Dans le Sud on mange beaucoup, beaucoup de gras et pourtant, lors des étapes du Boc, j'ai maigri de 10 kilos. » Une méthode que retiendront peut-être les magazines féminins pour leur numéro d'été. Titre suggéré : « Comment maigrir grâce aux Quarantièmes rugissants ? »

Dans un tout autre domaine, Isabelle a choisi de ne pas... choisir en embarquant uniquement les livres offerts par ses amis. Une manière comme une autre de découvrir les goûts qu'on lui prête. Parmi les dizaines de titres que Sergio range aussi soigneusement que les boîtes de conserve ou les tubes de colle : *La Neige de l'Amiral* d'Alvaro Mutis, *L'Île au trésor* de Stevenson, *Anna Karénine* de Tolstoï, *En Patagonie* de Bruce Chatwin ou *Le Fantôme du temple* de Robert Van Gulik... De quoi être rassurée sur l'image laissée auprès de ses amis. Et, accessoirement, du goût de ces derniers.

NDREDI SOIR.

Sur le pont de *PRB*, Georges Pernoud, concentré, répète. Dans quelques minutes, il va ouvrir son émission *Thalassa*. À l'intérieur, deux filles parlent d'oreiller et de mousse de couchette. Venue là pour un plateau commun, Catherine Chabaud se donne enfin le temps de découvrir l'intérieur d'un des monocoques de la dernière génération. Stupéfaction et envie... Il est vrai que son voilier, dessiné par le célèbre et regretté Philippe Harlé, offre un confort rustique digne d'un croiseur de 7 mètres. Fatigué par deux nuits blanches passées sur l'informatique du bord, Grégor Céméli tente de profiter de ces quelques minutes de calme pour donner à Isabelle les consignes à suivre en cas de panne. Trop tard, la régie réclame les filles sur le pont. La leçon, ce sera pour demain...

MEDI 2 NOVEMBRE, JOUR J–1.

La foule est devenue marée et, dans ce flot ininterrompu, il devient impossible aux skippers de se montrer. Isabelle n'a tenté ni d'approcher de son voilier ni même de rejoindre le restaurant installé dans le village de tentes. Alors, elle déjeune seule dans le container de *PRB* au milieu des cirés, des vestes polaires, des posters et du matériel de rechange. Tranquille, apparemment paisible. Dans 24 heures, elle approchera de la ligne de départ.

Une ligne dont il va bien falloir encore parler, à 14 heures, lors du traditionnel briefing d'avant-course. Dans une salle minuscule, mansardée, au dernier étage de l'office de tourisme, se pressent les navigateurs, les membres de l'organisation, du comité de course et les quelques journalistes qui ont réussi à y pénétrer. Assise au deuxième rang, entre Munduteguy et Auguin, Isabelle bavarde sans cesse avec ce dernier. Une vieille habitude, c'est la troisième fois que les deux amis se retrouvent côte à côte pour le briefing d'un tour du monde. La première fois c'était dans une salle luxueuse de l'hôtel Sheraton de Newport. Les deux navigateurs avaient dû leur voisinage à la proximité alphabétique de leur patronyme. Une chance pour Christophe à qui Isabelle avait traduit en aparté les consignes du directeur de course du Boc Challenge, l'Américain Mark Schraeder. Cette fois, leur chuchotement complice n'a même plus besoin d'excuse linguistique. Il est vrai que le prélude du briefing peut prêter à la distraction. Voici, en guest star inattendue, l'évêque de Luçon offrant à chacun un CD de chant de Noël : « Le 24 décembre, vous devriez être autour des Cinquantièmes rugissants, un endroit que je ne connais pas mais qui m'impressionne, puissiez-vous écouter quand même ces quelques airs. »

À la représentante de la jeune chambre de commerce qui lui succède, on donnerait, les yeux fermés, le bon Dieu sans confession. La jeune femme est venue demander à chacun de lancer une bouteille à la mer le 20 novembre, journée des « droits de l'enfant ». La parole, enfin, au comité de course et à l'organisation. Les questions des skippers ne manquent pas. Parlier renouvelle une fois de plus les préventions des coureurs sur le parcours initial. La tension monte d'un cran à propos de l'article définissant l'assistance météo. L'échange se fait vif entre Jeantot et certains des concurrents. Un baroud que tous savent désormais pour la forme. Il n'est plus temps de modifier le règlement et la salle surchauffée n'incite pas à de longues et inutiles palabres. Tous se lèvent pour la photo officielle. En fin d'après-midi, Isabelle se fraye difficilement un chemin vers *PRB*. Elle y attend ses sponsors pour un dernier salut à leur bateau.

> « Je sens, à son regard, la gravité.
> Un jour, un sponsor potentiel m'a dit : « Je ne vous donnerais pas les moyens de vous mettre en danger. » C'était une bien piètre approche, une pauvre façon de se défiler. Lui assume. Aujourd'hui, je sens que le plan de communication, les retombées médiatiques et toutes les belles analyses budgétaires des débuts n'ont plus cours, il reste un homme qui voit partir un bateau. Il connaît sa responsabilité dans l'aventure, il sait qu'elle le réveillera la nuit quand il entendra le vent claquer. Mais il sait aussi que tout cela, je l'ai fondamentalement voulu et qu'il a donné des ailes à mon désir. De notre ambition partagée est né ce bateau. Il

nous a rapprochés, dans une fierté commune et a installé la connivence, mieux, la confiance. Aujourd'hui, je sens qu'il ne doute pas, mais qu'il mesure, en ces derniers moments terriens, combien la terre est grande... et peut-être effrayante. Il n'en parle pas et, comme il l'a sans doute toujours fait, il s'affronte en silence. Cette retenue pudique me suffit pour que je sente qu'il est des miens. »

Derrière ses lunettes, Jacques Laurent a les yeux rougis. Lui, l'ancien maçon devenu le patron d'une des plus florissantes entreprises de Vendée, écoute avec émotion cette jeune femme de 40 ans qui lui dit de ne pas s'inquiéter, que tout va bien aller. Il s'est attaché à cette jeune femme, qui va mener autour du monde le voilier qui porte les initiales de sa société PRB (Produit de Revêtement pour le Bâtiment). Amoureux de la mer et des bateaux, déjà sponsor du voilier de Jean-Yves Hasselin dans le précédent Vendée Globe, Jacques n'a aucune illusion sur les difficultés qui attendent son skipper. Il a parié sur le temps que mettra *PRB* à revenir aux Sables-d'Olonne : 99 jours. Et pendant ces 99 jours, il sait que l'inquiétude et l'espoir le réveilleront chaque nuit. Sa femme, Marie-Luce, tend timidement un cadeau surprise à Isabelle : une bouteille de parfum qu'un autocollant a rebaptisé « Pour Rester Belle ». Le skipper de *PRB* sourit.

Maintenant, c'est à Jean-Pierre Raffarin, ministre, président de la Région Poitou-Charentes et à ce titre sponsor fidèle d'Isabelle depuis ses débuts dans la compétition, d'être gagné par l'émotion ambiante. Peu de mot entre le Président et l'ambassadeur sportif de sa région, mais des regards échangés qui renvoient à un lointain horizon les contraintes du protocole. Plus tard, Jean-Marie Finot, architecte de *PRB* comme de cinq autres voiliers de ce Vendée Globe, viendra dessiner un voilier miniature s'éloignant des tours de La Rochelle et tracer quelques mots sur la paroi bâbord de la cabine : « L'amitié, la réflexion, la persévérance ont porté ton projet. Que les vagues, le vent, nos espoirs te ramènent vite parmi nous. » En cette fin d'après-midi, ils sont plus d'un à le souhaiter.

Circonstances et tempéraments dictent l'ultime soirée des solitaires. Gerry Roufs prévoit la sienne intime avec sa femme et sa fille. Il se retrouvera finalement au Galway à une heure tardive pour par-

tager un dernier verre fraternel avec Christophe Auguin, son compagnon de bordées dans les nuits sablaises. Promesse de soirée également paisible pour Thierry Dubois qui a prévu de s'isoler de 20 à 21 heures avec Olivier, son second, et Éric Mas, son conseiller météo avant de rejoindre sa femme. Sa soirée sera également déviée en raison de soucis informatiques de dernière minute. Une fois de plus, confronté à une difficulté imprévue, le jeune skipper de *Amnesty International* est impressionnant de calme. Cabochard talentueux, il paraît puiser sa force dans les obstacles techniques et financiers – il lui manque 200 000 francs pour ne pas aggraver démesurément ses dettes qui, jusqu'au bout, ont assombri sa préparation. Utiles à terre, ces qualités se révéleront vitales en mer.
Isabelle, elle, a accepté de partager son dernier repas terrien avec ses sponsors. Dans une salle réservée du « Village du Vendée Globe » prennent également place sa famille et son équipe. À 23 heures, elle s'éclipse. Demain sera un beau jour pour partir.

DIMANCHE MATIN, JOUR J.

Maintenant, il faut que tout s'accélère. Le moment est unique. Empreint de cette émotion palpable qui différencie le départ du Vendée Globe des autres départs de course. Comme un dernier croche-pied sentimental à ceux qui vont partir. À bord de *PRB*, comme des autres voiliers, larmes, sourires et encouragements ne vont plus cesser d'alterner. Giboulées lacrymales auxquelles Isabelle a maintenant hâte d'échapper. Allez, que tout aille vite. Le monocoque blanc est le deuxième à s'ébrouer, juste après *Exide Challenger*, la curieuse goélette du vétéran britannique Tony Bullimore. Comme lors des précédentes éditions, chaque concurrent s'est vu attribuer un chalutier pour le remorquer au-delà du chenal. Prédestiné, celui d'Isabelle porte un nom qui respire l'aventure : *Boucanier*. Par dizaines de milliers, grappe humaine multicolore qui se masse le long des jetées, le public scande son prénom. Frissons... Dans la baie, le vent de suroît souffle à 17 nœuds. Il lève une mer modérée que les centaines de bateaux accompagnateurs vont rapidement se charger d'agiter.

HEURE H - 15 MINUTES.

Les équipiers d'Isabelle encore à bord regagnent difficilement les zodiacs d'assistance. Désormais seule, la navigatrice sourit peut-être en observant les embarcations pneumatiques rebondir de vague en vague : voici quatre ans elle assistait au départ du Vendée Globe sur un tel engin... Aujourd'hui, c'est elle que l'on escorte. Dans de grosses vedettes remplies d'amis, de clients et du personnel des entreprises partenaires, ça crie, ça hurle, ça encourage. Discrets signes des mains d'Isabelle pour leur rendre la pareille. *Joshua*, le monocoque en acier rouge de Bernard Moitessier, fleuron du Musée maritime de La Rochelle, est venu également saluer ses descendants. Autour de *PRB*, ses deux pneumatiques, chiens de garde fidèles, entament une veille attentive. Pas question qu'un plaisancier imprudent ou qu'une vedette de presse téméraire ruine tant d'effort et d'espoir. Isabelle ne quitte pas la barre, concentrée, contractée presque, tant sa peur d'un abordage est grande.

3 H 02

Bertrand de Broc et ses 6 000 sponsors anonymes ont pris le meilleur départ. Le ciel est gris mais à l'horizon la lueur blafarde du matin s'éclaircit progressivement. Du beau temps, se réjouissent les terriens, du vent, beaucoup de vent, maugréent les marins. Sous grand-voile haute et un mouchoir de poche à l'avant, *PRB* reste prudemment en deuxième rideau du parcours préliminaire organisé dans la baie des Sables-d'Olonne. Bouée de Bourgenay virée en cinquième position, Isabelle tarde à relancer sa machine au point de paraître en avoir perdu le mode d'emploi. Mais, pour l'heure, elle n'a cure des réglages. Non loin d'elle, tout aussi prudent, Christophe Auguin bride le potentiel de son *Geodis*. À bord de *Princess d'Eckmull*, le bateau de sauvetage de Saint-Guénolé dont Isabelle est la marraine, toute la famille Autissier réunie agite les bras. Maintenant, *PRB* accélère. Progressivement les sillages des vedettes se raréfient. Une à une, elles font demi-tour. À 18 heures, juste avant que le jour ne sombre, un hélicoptère survole une dernière fois la flotte. En bas, souriante, apaisée, une jeune femme brune lui lance une fleur rouge en guise d'au revoir. Pour la troisième fois de sa carrière, Isabelle Autissier vient de prendre le départ d'un tour du monde en solitaire.

CHAPITRE II
UN RICHE HÉRITAGE [1]

LA ROUTE DES TROIS CAPS

1. Pour plus d'amples détails sur les différents tours du monde abordés dans ce chapitre, se reporter aux annexes situées en appendice.

« La terre coule doucement à l'horizon. Quand elle reviendra, j'aurais accompli le tour du monde ! Je savoure cette énormité à petite gorgées. Je me sens Vasco de Gama, Colomb et Magellan. Je suis Chichester, Moitessier ou Slocum, tout en même temps. J'ai l'orgueil d'être de ceux qui reviennent à leur point de départ sans avoir fait demi-tour. L'histoire, sans aucun doute, a modifié la perception et l'usage que les terriens font de la mer. Ce n'est plus le principal moyen de communication entre les continents, le champ du commerce et de la guerre. La mer a pris, en revanche, toute son importance dans notre civilisation de loisirs et notre préoccupation de l'environnement. L'histoire et la technique ont modifié l'art et la manière de la navigation mais, depuis des siècles, la mer n'a pas changé. Comme la montagne, elle reste égale à elle-même, impavides terrains de jeu. Les émotions des marins, elles aussi, sont identiques : quand les gabiers des anciennes goélettes voyaient le ciel rose d'une aurore ou les dauphins jouant dans l'étrave, ils étaient heureux, émus, trouvaient cela beau ; quand ils se gelaient les mains sur des cordages glacés ou qu'ils sentaient le mauvais temps approcher, la difficulté et l'angoisse étaient, comme pour nous, au rendez-vous. Nous sommes proches de ces marins-là, obligés, aujourd'hui comme hier, de trouver des financiers à nos soifs d'horizon, contraints, comme eux, de comprendre les ruses du vent, pour guider nos bateaux. Nous nous sentons proches de ces hommes d'alors et nous avons la fierté de mettre nos étraves sur les traces de ces seigneurs. Pendant notre record New York/San Francisco, nous avions à bord la progression journalière de nos prédécesseurs. Les traces du Clipper *Flying Cloud* et son vertigineux record de 1854 nous ont fascinés tout du long. Nous étions cent cinquante ans plus tard dans leur sillage et rien n'avait changé de ce que leurs yeux avaient vu.
Partant d'Europe à la voile, aujourd'hui, dans ce Vendée Globe qui emprunte la Route des Trois Caps, je me sens, à nouveau, héritière des richesses, des héroïsmes, des joies

et des peines de ces marins de jadis qui ont peuplé mes lectures. »

En mer plus encore qu'ailleurs, Isabelle ne croit pas aux générations spontanées. Elle se plaît à imaginer que son sillage vient après des milliers d'autres, que sa route prolonge une longue épopée. Celle des tours du monde est riche et foisonnante, n'est-ce pas d'ailleurs l'un de leur principal attrait? Cette histoire, dans laquelle la navigatrice Isabelle aime à laisser filer sa mémoire, débute le lundi 15 août 1519. Elle commence naturellement par un départ. Celui de 265 hommes qui rejoignent leurs navires, mouillés dans une anse du fleuve Guadalquivir, à proximité de Séville. C'est leur premier appareillage pour un tour du monde. Aucun d'entre eux n'a jamais connu pareille expérience. Et pour cause : nul marin n'a jusqu'alors tenté l'aventure. Que ressentent-ils? À quoi pense leur capitaine, Fernand de Magellan? Lui, le Portugais incompris dans son pays qui a finalement trouvé un mécène en la personne de Charles Quint. Lui, sur qui pèse l'écrasante responsabilité de ce voyage. Rien n'interdit d'imaginer sur les quais de Séville une ambiance grave, proche de celle d'un départ du Vendée Globe. Car jamais voyage n'a constitué un tel saut vers l'inconnu. Comme il l'avait assuré au souverain espagnol, Magellan parviendra à trouver un passage au sud de l'Amérique – ce Détroit porte depuis son nom – et à rejoindre les « îles aux épices » par l'est. Massacré par les indigènes, il ne connaîtra pas les affres du voyage de retour. Le 8 septembre 1524, cinq ans après leur départ, dix-huit survivants seulement reviennent en Espagne sous les ordres du basque El Cano. Premiers circumnavigateurs de l'histoire, ils venaient de prouver définitivement que la terre était ronde. Et, élément essentiel pour nos navigateurs solitaires du XXe siècle, que l'on pouvait en faire le tour à la voile.

Les découvreurs du siècle des Lumières vont se charger de décrire ces océans qui ceinturent la terre. Défricheurs des terres australes, James Cook et ses contemporains tracent le cadre géographique des actuelles courses autour du monde. Cinquante ans plus tard, dès le début du XIXe siècle, les grands voiliers de commerce contribuent à exploiter ces terres nouvellement explorées. Des grands ports européens, on emmène aux antipodes migrants et produits manufacturés pour, au retour, déverser les matières premières d'Australie, de Nouvelle-Zélande ou du Chili. L'équation de l'époque est simple : plus un armateur est capable de transporter rapidement hommes et marchandises vers les terres nouvelles, plus grand est son profit. Aiguillonnée par cette exigence, l'architecture navale donne naissance aux fameux clippers, des « cathédrales de voile » capables de vitesse stupéfiante pour l'époque. Les milliers de marins – les « cap-horniers » – qui embarquent sur ces grands voiliers forgent la route des tours du monde à la voile. Une fois la descente de l'Atlantique accomplie, cette route les entraîne dans une ronde folle autour de l'Antarctique, à la lisière des Quarantièmes rugissants et des Cinquantièmes hurlants. Parant à distance les caps de Bonne-Espérance, de Leeuwin et, de très près, le cap Horn, elle est cette Route des Trois Caps que s'apprêtent à célébrer Isabelle et tous les solitaires du Vendée Globe.

Au début du XXe siècle, l'ouverture du canal de Panama et le développement de la vapeur sonnent la fin de cette grande marine à voile. La Route des Trois Caps doit à quelques sillages isolés de ne pas avoir sombré définitivement dans l'oubli. En soixante ans, ils sont moins d'une dizaine de marins, tels Josuah Slocum ou Vito Dumas, à se risquer à la voile autour du monde. Il faut attendre 1966 pour qu'un Britannique de 65 ans, Sir Francis Chichester, redonne aux tours du monde à la voile toute leur actualité. Parti en solitaire pour battre le record des Clippers sur le parcours Plymouth-Sydney-Plymouth, il inaugure, avec un temps référence de 226 jours, l'époque moderne des records et des courses autour du monde.

Profitant du succès populaire rencontré par Chichester, le quotidien britannique *Sunday Times* promet un trophée, le Golden Globe, au premier solitaire qui accomplira un tour du monde sans escale et sans assistance, un prix de 5000 £ s'ajoutant pour le plus rapide. La première course autour du monde est née. Le 6 avril 1969, après 313 jours de mer, Robin Knox-Johnston devient le premier homme à boucler un tour du monde à la voile sans escale. Il sera le seul des neuf pionniers engagés à avoir réussi. Pour l'un d'entre eux, le renoncement a été volontaire. Fin mars, le Français Bernard Moitessier prend en effet une décision qui va fonder sa légende : refusant le retour à la civilisation occidentale, il abandonne et poursuit son voyage vers les îles du Pacifique. *La Longue Route*, le récit de ce périple libertaire, sera à l'origine de bien des vocations. Six autres concurrents ont abandonné sur casse. Un autre, Donald Crowhurst, sombrant dans la folie, s'est probablement suicidé. L'enseignement tiré de cette dramatique première course autour du monde paraît définitif : courir en solitaire dans les mers du Sud constitue une hérésie.

C'est à ce moment de l'histoire qu'Isabelle et sa génération entrent en scène. Au tout début des années 60, Jean Autissier, le père d'Isabelle, met pour la première fois les pieds à bord d'un voilier. Séduit, il achète rapidement un vaurien, célèbre dériveur que l'on pouvait alors acquérir dans l'un des grands magazins parisiens, le Bazar de l'hôtel-de-ville. Bateau en contreplaqué et donc peu onéreux, conçu par l'architecte Jean-Jacques Herbulot pour l'école des Glénans, le vaurien est le symbole de cette voile qui se démocratise timidement. Comme Jean Autissier, ils sont quelques milliers à annoncer la vogue de la plaisance qui, dès la victoire d'Éric Tabarly dans la Transat en solitaire 1964, va déferler sur la France. Devenu trop précaire pour assouvir les envies de large, le vaurien de la famille Autissier cède la place au Corsaire *Saint-John* (le père d'Isabelle a toujours aimé le poète Saint-John Perse), un vrai croiseur de 5,50 mètres signé par l'inévitable Herbulot. Comble de bonheur, Jean va rapidement comprendre qu'au sein de sa famille, il a trouvé en la quatrième de ses cinq filles, Isabelle, une alliée aussi enflammée que lui. Un enthousiasme qui n'a rien d'éphémère. Il grandit au fur et à mesure qu'augmente la taille des croiseurs familiaux – *Saint-John II*, *III*... –, qui autorisent des virées de plus en plus lointaines. Animée d'une passion commune, Isabelle ne pouvait manquer ces marins qui renouaient au même moment avec les mers du Sud.

> « C'était le Noël comme les autres d'une petite fille plutôt sage. Un Noël de feu de bois et de gâteau au chocolat, un cadeau dans un papier avec des petits anges dessus, un livre de mer : *La Longue Route*. J'avais 10 ans.
>
> Cette histoire était écrite pour moi, c'est certain. Il y avait tout ce que j'y cherchais : absolu et brin de folie, aventure et poésie. Mais surtout cette histoire était vraie, vous pouvez le croire, ça ! Pas le délire d'un Stevenson, pas un Robinson imaginaire, non, un vrai type, qui n'avait pas un sou, qui y a juste cru au point de parfois construire des

bateaux en papier pour traverser l'Atlantique. C'est cela qui m'a fascinée tout de suite, plus que le récit lui-même. Après, il y eut les trois volumes des *Damien*, encore plus vrais, encore plus proches : Gérard Janichon et Jérôme Poncet avaient 18 ans, moins de 10 ans de plus que moi, pas un sou, pas de boulots de cadres supérieurs, pas de qualifications patentées de constructeurs ou de marins, mais seulement la foi et l'envie de courir le monde sur une coque. En trois ans, *Damien*, leur voilier, était à l'eau et durant les cinq années suivantes, devant leur étrave novice s'était ouverte une infinie variété de mers et de terres, de rencontres et de découvertes. J'avais bien noté ces trois années de restrictions, d'acharnement et de travail. Cela avait un petit côté rassurant : pas de coup de baguette magique d'un richissime tonton d'Amérique, pas d'héritage inopiné, en donnant un prix à ces errances magnifiques, ils les rendaient aussi plausibles et accessibles aux gens de bonne volonté. Je découvrais aussi cet intime mélange de prudence et de témérité qui leur avait permis de mener leur si petit bateau, dans tous ces bouts de monde.
Du coin de ma cheminée banlieusarde, j'avais acquis, de ces lectures, l'intime sentiment que rêve ne rimait pas avec folie, que ce n'était peut-être qu'une anticipation de la réalité et que j'avais ainsi trouvé la recette d'un certain bonheur. Une porte était ouverte.
Plus tard, j'ai nourri attentivement ces rêves, devenus projets, d'autres lectures, préférant systématiquement les histoires vraies aux romans et je notais pêle-mêle, dans un petit carnet des trucs, des noms, des lieux pour un usage futur, mais certain. La collection Arthaud est un peu ma madeleine de Proust. Je revois son format, son graphisme espacé, ses cahiers photos insérés au milieu. La voile redécouvrait, grâce à des patronymes inconnus, que la terre était ronde. Après le fol héroïsme des clippers, des gens se lançaient pour le plaisir dans des reconquêtes inutiles dont ils revenaient les yeux pleins d'étoiles et je comprenais, au-delà de leur lyrisme, qu'ils avaient côtoyé quelque chose qui ressemblait à l'essentiel. »

Au début des années 70, Isabelle n'est évidemment pas la seule à se découvrir une passion pour les mers du Sud. Ils sont des milliers à trouver en ces espaces vierges de quoi satisfaire leur besoin d'absolu. Qu'ils aient pour héros Tabarly, Moitessier ou les *Damien*, l'envie de partir à leur tour est si forte que la tragédie d'un Golden Globe ne pouvait rester dissuasive bien longtemps. Dès 1974 une course autour du monde en équipage, la Whitbread, est créée. Puis en 1981, le Boc (British Oxygen Corporation) Challenge, course autour du monde en solitaire mais avec escale, renoue avec l'histoire entamée par le Golden Globe. Au début des années 80, cette course américaine allait rapidement devenir la référence de tous ceux qui, comme Isabelle, ne s'étaient pas contentés de rêver mais avaient, à leur tour, pris le large.

> « Mon idée, mon rêve de petite fille, c'était de partir loin : de grandes navigations, le cap Horn. Rien de très précis, à cet âge, mais l'envie de réaliser des choses extraordinaires en bateau. Je rêvais de voyages, non de course au large. Je ne savais pas ce que c'était que l'esprit de compétition. J'ai toujours aimé m'impliquer à fond dans ce que je faisais, mais je n'étais pas du tout attirée par la course. J'étais une adolescente plutôt bosseuse, même très active. La mer était mon horizon secret. Être énergique était bien utile pour des études comme « prépa » qui réclament quinze heures de travail par jour. Quand, diplôme d'ingénieur agronome halieute en poche, je suis arrivée à La Rochelle, cela ne s'est pas calmé. Le jour, au boulot à Ifremer, le soir et le week-end dans un hangar pour construire *Parole*, mon premier bateau. Et, pendant que je finissais des soudures à bord, les confitures cuisaient dans un coin du chantier... Une vraie boulimie d'activités – sans doute trop, d'ailleurs. Atavisme familial peut-être : Papa est un peu comme ça.
>
> Mais, au milieu des années 80, question course, toujours rien. Je survolais les comptes rendus dans les revues de voile, sans plus. Mon horizon se bornait à cette robuste coque en acier de 10 mètres, sur laquelle je comptais pour combler mes aspirations hauturières. Mais voilà : à La Rochelle, les navigateurs passionnés qui préparent une

course, ça ne manque pas. Et, pour peu que vous ayez des embruns salés plein la tête, il est difficile de les louper tous. Il était inévitable qu'un jour je rencontre l'un d'entre eux. C'était un journaliste qui préparait la Mini-Transat : Olivier Chapuis. Quelque part, ça a fait tilt. Davantage que l'idée de traverser l'Atlantique – ce que je me préparais à faire avec *Parole* – c'était les petits bateaux de la Mini-Transat qui m'excitaient. Mais l'heure n'était pas venue, *Parole* m'attendait pour mon premier voyage au long cours. Je suis partie un an. Une belle année de musarde et de balade. Au retour, malaise... Rien n'avait bougé, tout était au même endroit, les gens, les choses... La peur de rentrer de nouveau dans un circuit trop prévisible. Envie de bouger, de naviguer, encore et toujours... C'est à ce moment-là que j'ai repensé à la Mini-Transat. Au départ, je l'ai vécue comme une aventure personnelle de plus. D'ailleurs, j'ai toujours considéré ainsi les courses plutôt que comme des compétitions sportives. L'intérêt de la compétition? Vraiment pas d'être premier à tout prix, même si c'est agréable, pas plus que le côté « je vais leur en mettre plein la gueule ». L'essentiel, c'était d'apprendre, d'aborder la mer autrement. Au risque d'être pompeuse, c'était le dépassement que la compétition implique : avoir, à un moment donné, été au bout de ses capacités, de sa hargne, avec ses moyens et son expérience du moment. Et ça, impossible de le mettre en œuvre sans se fixer un objectif. L'objectif facile, le stimulant, c'est de devoir être devant les autres.

C'est pour cela qu'un beau jour, j'ai rempli mon inscription pour la Mini-Transat. Puis il y a eu le Figaro pour continuer l'école. C'est avec cette épreuve que je suis réellement entrée dans le monde de la course au large, et sans doute par une de ses nuits sans sommeil que j'ai commencé à penser à en faire mon métier. Le Boc Challenge, la course autour du monde en solitaire en quatre étapes, était une sorte d'aboutissement, la rencontre, l'harmonie de mes deux tendances profondes : celle, ancienne, d'aventures maritimes, et ma nouvelle passion pour la compétition. En prenant le départ du Boc Challenge en 1990, je suivais mes tendances naturelles, je mettais mon rêve de petite fille à portée d'étrave. » ❞

Désormais, Isabelle est l'un des acteurs des tours du monde, elle fait partie de ces nouveaux cap-horniers qui, depuis vingt ans, toujours plus nombreux, ont ressuscité la Route des Trois Caps. La suite de son itinéraire, ses aspirations futures, allaient correspondre naturellement à l'évolution des courses autour du monde. Partie dans le premier Boc Challenge vers l'inconnu à bord d'un voilier simple et solide – *Écureuil Poitou Charentes I* –, elle ne pouvait prétendre à la victoire. Elle n'avait d'ailleurs cultivé aucune illusion de ce genre. À son retour, la navigatrice comprend qu'elle n'en a pas terminé avec ces mers du Sud qui la fascinent toujours davantage. Pas question pour autant de rééditer la même expérience. Il lui reste donc à retourner là-bas mais, cette fois, avec le monocoque le plus performant possible. C'est ce qu'elle fera en 1994, en participant à son deuxième tour du monde avec escales à bord d'*Écureuil Poitou-Charentes II*, une de ces machines de vitesse auxquelles ce même Boc Challenge avait donné naissance dès 1986 en initiant la classe des monocoques 60 pieds Open (soit une longueur de 18,28 mètres). Des voiliers dessinés pour naviguer le plus rapidement possible sur la houle du Grand Sud et non pour la subir. Épreuve charnière, ce Boc Challenge 86/87 le sera à double titre. C'est en effet au cours d'une de ses escales que des concurrents français décident de ressusciter l'idée abandonnée depuis le Golden Globe : organiser un tour du monde sans escale et sans assistance.

De retour en France, Philippe Jeantot, le vainqueur des deux premières éditions du Boc Challenge, concrétise le projet. Vendéen d'adoption, il choisit Les Sables-d'Olonne comme port de départ et d'arrivée. Le 26 novembre 1989, devant 100 000 spectateurs, treize marins, tous de qualité exceptionnelle, s'embarquent pour ce qui est considéré comme l'aventure ultime. À la gravité propre aux grandes premières s'ajoute le souvenir du Golden Globe. La question est sur toutes les lèvres : des treize qui sont partis, un seul reviendra-t-il ? Tous reviendront, le premier d'entre eux, Titouan Lamazou, établissant même en 109 jours le nouveau record de vitesse autour du monde.

Le Vendée Globe était devenu la nouvelle course référence pour les navigateurs solitaires. Un rendez-vous qu'Isabelle, fatalement, se devait d'honorer un jour. C'est pour cela, qu'au milieu de quinze autres voiliers, PRB pénètre en cette fin d'après-midi dans le golfe de Gascogne.

CHAPITRE III
UN BATEAU A UNE VOIX

DU GOLFE DE GASCOGNE AUX CANARIES

« Il reste encore un bouquet de freesias, mes fleurs préférées, qui parfument discrètement la cabine, juste un bouquet pour me rappeler qu'il y a une terre, avec des hommes dessus qui font pousser des fleurs, pour les offrir. Les roses, accrochées dans le balcon arrière, au départ, ont grillé en quelques heures sous le sel de la première tempête. Mise en jambe musclée que la fée Carabosse du golfe de Gascogne nous a mitonnée : « Ah ! on veut faire le tour du monde, et toute seule, en plus... Attends un peu ma cocotte, montre-moi d'abord ce que tu sais faire... C'est ça, va prendre un ris et crevasse un peu tes mains de demoiselle qui signait les autographes... »

Un peu nauséeuse, je bougonne. Manœuvrer me fait pourtant du bien. Pour un peu, j'apprécierais même les embruns plutôt froids de ce début novembre. J'ai envie de barrer, pour laisser la course s'installer dans ma tête en douceur, pour prendre la mesure de ce qui a été fait et de ce qui reste à faire... Maintenant, à moi de jouer, seule, pour ces cent jours à venir.

Je barre plusieurs heures, hypnothiques, j'écoute le bateau respirer dans la mer et j'ai le sentiment d'accorder mon souffle au sien, comme des musiciens avant l'ouverture.

Café, biscuits, un fruit, pas vraiment faim, pas sommeil. Je range les « futurs cadeaux de Noël » qui, au dernier moment, ont envahi la couchette. Noël, dans deux mois. Je retrouve mes marques, les odeurs, la chaleur du bol de thé, la fatigue au creux des yeux et, déjà, l'angoisse du choix de la route... Virer bientôt? Attendre une bascule plus franche du vent? Que font les autres?

La nuit coule, sas obscur entre l'avant et l'après départ.

Première aube de mer, grise et basse, le vent souffle en tempête, le thé est fade et le pain humide. J'ai une pensée pour Sergio, mon préparateur : vu le bulletin météo pris avant le départ, il a glissé, sur le dessus des bacs de cuisine, le chocolat, les barres de céréales et les pommes dont j'ai envie, sans avoir l'énergie de les chercher trop longtemps. Il a dû se lever, inquiet, regardant les nuages s'effilocher et rangeant, pour s'occuper la tête, le conteneur devenu inutile.

« T'inquiète, Sergio, on va bien tous les deux, on attaque bien dans la grosse piaule et merci pour les pommes... »

Ce soir ou demain, le golfe de Gascogne me laissera filer en tête, vers un Sud plus calme. Viendra l'heure d'aménager mon petit monde : cahiers neufs pour la météo, élastique pour faire sécher gants et bonnet, couteau fixé dans la descente. Je commence à parler au bateau.

« T'as vu comme on les a enfumés, tous les autres, dans le coup de vent? Ça va? T'as pas trop de bobos? Une drisse de solent cassée, bouge pas biquet, dès que la houle se calme, je m'en occupe... »

En bricolant, j'écoute de la musique. C'est un des signes que je commence à me sentir bien, en mer pour de bon.

« Qu'est-ce qui te tente : spi ou gennaker? Je t'essaye le gennak, on verra... »

Voilà, ma vie n'a plus d'autres sens que les points cardinaux, plus d'autres horaires que celui des cartes météo, mon esprit n'a plus d'autres préoccupations que l'arrivée d'une brise ou la couleur des mers. Tous mes sens, maintenant, sont rodés pour regarder, écouter vivre mon bateau, tendus vers ces signes imperceptibles qu'il me faudra déchiffrer pour exister sur l'eau. »

Ouf! Le premier coup de vent est passé. Une épreuve d'autant plus angoissante qu'elle a cueilli un voilier neuf qui a peu navigué. Pour les solitaires, le prélude de ce Vendée Globe a constitué le pire des scénarios : une dépression océanique qui, après avoir traversé l'Atlantique à grande vitesse, vient balayer le golfe de Gascogne. Pendant vingt-quatre heures, des vents de sud-ouest de 35 à 40 nœuds, aggravés de rafales à 50 nœuds (force 10 Beaufort, la tempête...), ont levé une méchante houle que les monocoques ont dû affronter de face. Dix fois, cent fois, la même séquence s'est répétée : au passage de la lame, le voilier s'élève, puis retombe lourdement six à sept mètres plus bas – première montée d'adrénaline garantie. Fouettant l'air, les 25 mètres du mât en carbone entraînent des vibrations sinistres dans toute la coque – nouvelle montée d'adrénaline. D'abord diffuse, la crainte est devenue obsédante : si là, quelques heures à peine après le départ, le mât s'écroulait et l'espoir avec lui? C'est le moment où le plus passionné des navigateurs en vient à regretter le plancher des vaches. Car si le voilier souffre, que dire du marin qu'aucun miracle n'exempte du mal de mer. Chacun a sa méthode. Celle d'Isabelle a le mérite de la simplicité : « Pour le mal de mer, pas de cachet. S'il faut prendre un ris, je dégueule avant et puis après, mais on y va... »

Isabelle y est allée... En serrant les dents, sans se plaindre. Ce n'est pas le genre de la maison. Personne ne l'a forcée à venir ici et, de toute façon, qui donc l'entendrait? Tant bien que mal, elle a tâché de garder la tête froide, de se pencher sur les informations météos pour sortir le plus rapidement de là et, si possible, en tête. Elle a tablé sur la route directe. C'est le bon choix. Après quarante-huit heures de mer, Isabelle est le premier concurrent à s'extraire du golfe de Gascogne, devant Hervé Laurent et Yves Parlier avec, pour seul tribut à cette première tempête, une drisse de solent cassée – ce qui l'obligera à grimper une première fois au mât.

D'autres n'ont pas eu cette chance. Didier Munduteguy victime d'un démâtage, Nandor Fa inquiet pour ses fixations de quille, Tony Bullimore en panne de pilote automatique et Thierry Dubois annonçant la déchirure de sa coque, sont contraints de revenir aux Sables-d'Olonne. Seuls Tony et Thierry reprendront leur périple, le Basque abandonnant définitivement après un second départ – et le Hongrois, au terme de trois vaines tentatives. Comme tous les autres solitaires, Isabelle regrette le retour prématuré de ces frères d'armes. Pour avoir si fortement redouté pareille mésaventure, elle sait leur peine. Elle mesure encore davantage le bonheur que la mer, enfin, lui octroie : l'entame d'un dialogue serein avec son voilier. Car, aussi loin que remontent ses souvenirs, aussi loin que remontent ses premières journées de mer, elle n'a jamais pu réduire ses voiliers à de vulgaires morceaux de bois, de plastique, d'aluminium ou de carbone.

> ‹‹ «Mon premier souvenir de voile, c'est sur le vaurien familial. Cela se passait à Lancieux, en Bretagne. J'avais six ans. Je naviguais avec mes frangines et, à l'époque, je n'avais le droit de toucher à rien. On me disait : "Mets-toi

là." Je restais donc assise à l'avant du dériveur, sur le petit banc en bois. Cela m'a d'ailleurs vite agacée. Je me souviens très bien que j'aimais me mettre sous le vent et que j'étais complètement fascinée par l'eau qui glissait le long de la coque. Je trouvais ça magique. Je n'ai jamais eu peur, car je partais avec des gens qui naviguaient de façon très sûre. Mon père est quelqu'un avec qui l'on se sent en pleine sécurité. Je lui faisais confiance même quand on faisait du rase-cailloux, car il possédait une démarche scientifique, une méthode fondée sur l'anticipation. J'avais l'impression que cette méthode repoussait les limites. Par la suite, je l'ai d'ailleurs fait mienne. Je me souviens également de ma première nuit en mer. Il devait y avoir 25 nœuds de vent. Nous montions en Irlande à bord d'un croiseur de 10 mètres. Nous naviguions au près et cela secouait pas mal. Tout bougeait dans tous les sens et j'avais été malade. Rien de bien agréable. J'étais trempée, j'avais une dizaine d'années, mais j'étais heureuse parce que je pouvais barrer. Je crois que papa me considérait déjà comme une équipière. J'étais plutôt une dure à cuire, pourtant malade à chaque début de croisière, parfois trois ou quatre jours de suite. Mais je refusais tout médicament, car je pensais que c'était déchoir. J'ai arrêté d'être malade à ce point quand j'ai commencé à être chef de bord. » ”

Une fois seule maître à bord, Isabelle va entretenir avec chacun de ses bateaux un dialogue particulier, plus ou moins riche selon son implication dans leur construction. L'une des clés de sa première traversée de l'Atlantique en solitaire réside d'ailleurs dans ce besoin d'un lien encore plus privilégié avec *Parole*, un sloop en acier de dix mètres.

“ *Parole*, c'était mon premier bateau, je veux dire, le premier vraiment à moi.
Parole, ce n'était pas un objet pour aller sur l'eau. Avec lui, j'ai vécu une histoire d'amour, une curieuse histoire qui ressemblait vraiment à une histoire d'amour.

On a commencé comme un couple modèle : vacances de rêve au Brésil, on se découvrait, ça sentait bon l'alizé, tout très fleur bleue. De retour en France, j'ai continué à habiter à bord et nous avons basculé dans le train-train, genre « retour de voyage de noces ». Petites manies, petits soucis, petites émotions. Comme dans un vrai roman-photo, moi, j'en ai rencontré un autre, un petit qui m'a raconté des histoires de courses, d'émotion et tout ça. Et j'ai craqué... J'ai décidé de partir, de me lancer dans la course. Un peu sur un coup de tête, je me suis inscrite à la Mini-Transat.

Je n'ai pas tout de suite laissé tomber *Parole*. Alors, quand il a vu arriver le mini, il l'a pris de haut. « Bof, ce minus ! Quatre mètres de moins que moi, avec son gros cul plat, son nez de boxeur... Et ce mât, ma chère, ce mât ridiculement grand : ça ne tiendra jamais ! Et tu vas le trouver où, l'argent pour l'entretenir ton gigolo ? »

Ça, c'est vrai, il me coûtait cher, mais je me suis obstinée. Alors, il a vu que c'était sérieux. Il s'est laissé aller, ses drisses sont devenues blanches et cassantes, sa peinture s'est écaillée, ses voiles se sont piquées. Moi, je jouais l'ignorante, pire, j'étais une vraie garce. J'avais installé le mini au bout du ponton et j'entassais ses affaires sur *Parole* ; comme si j'avais trouvé un appartement pour mon amant dans le même immeuble et que je ramenais ses chemises à laver !

Bref, un jour de septembre, j'ai fait ma valise en sifflotant. « Eh oui, je pars ! C'est la vie, tu sais. Et puis, tu n'es pas tout seul : Corinne viendra te voir le dimanche... Allez, ne fais pas cette tête... Tu sais, je me souviendrais... Et puis, tu es encore jeune... Bon, je me sauve, on m'attend... »

Je suppose qu'il a eu des échos de mes frasques murmurées de coque à coque.

« Oui, elle s'affiche avec lui d'un bout à l'autre de l'Atlantique...

— Il paraît qu'ils sont au mieux...

— Moi, je lui trouve un peu mauvais genre avec ses inscriptions partout... »

Et l'autre, lui, il a attendu.

En décembre, il a dû savoir que je venais de revenir en France. Il a dû avoir peur de me revoir ou bien il m'a fait le coup du chantage affectif :

— « Regarde le mal que tu m'as fait... »

L'idiot, s'il avait su que, au même moment, je congédiais son rival : « Ciao, chéri, je t'ai trouvé un camion pour te ramener chez toi. Nous deux, c'était super, mais ça ne pouvait pas être sérieux... »

Donc, par une belle journée d'hiver ensoleillée et calme, *Parole* s'est suicidé. Il s'est ouvert les vannes ! Incroyable ! On a tout passé au peigne fin, avec l'expert, vannes, soudures, passe-coque : pas la moindre entrée d'eau ! Le premier et authentique cas de suicide maritime !

Je l'ai imaginé se laissant submerger, bien droit à sa place, au ponton :

— « Adieu monde cruel ! »

Évidemment, il y a eu réanimation, pompage, grutage. En pénétrant à l'intérieur de ce qui était ma maison, c'était étrange, tout était en place, comme avant, mais tout était gluant, poisseux, définitivement perdu. J'ai raflé quelques photos qui s'en étaient sorties, des vêtements et des lettres qu'on m'avait écrites au stylo-bille et tout le reste a fini dans les poubelles du port. Zou ! On repart à zéro !

Parole est retourné à son chantier d'origine. Comme j'avais un peu honte, je l'ai bichonné, démonté, nettoyé, presque refait à neuf une deuxième fois. Maintenant, il est en convalescence dans le canal du Midi. Il attend que j'ai fini mes excentricités. Au fil de l'eau douce, à peine troublé par les pêcheurs du dimanche, il attend, il attend en rêvant. »

Isabelle ne s'est pas attachée pareillement aux voiliers de ses débuts en course. Secondes mains, conçus ni par elle, ni pour elle, elle ne pouvait les faire complètement siens. Reste que la rencontre aussi forte que fugace avec son mini 6,50 lui a permis de briller dans la Mini-Transat et qu'*Écureuil Poitou-Charentes I*, le monocoque en aluminium, a été le rassurant compagnon de son premier tour du monde. L'apprentissage de ce dernier – son premier « grand » bateau – n'a pourtant pas été une formalité. Son premier télex du Boc Challenge 90/91 la décrit rapidement épuisée après un coup de vent : « Le bateau est physique, même avec l'enrouleur. Quand il faut sortir plusieurs fois les voiles des soutes, je suis crevée. Cette première nuit, je me suis écroulée trois heures sur ma couchette. »

L'expérience aidant, elle a appris à mieux maîtriser les grands monocoques.

> « «Lors de mon premier Boc Challenge, j'ai commis beaucoup d'erreurs, comme de grimper dans l'étai pour descendre un spi coincé. Je me suis souvent sentie aux limites de mes capacités. Sur un grand bateau, il est indispensable de toujours réfléchir avant d'effectuer une manœuvre. Même si l'on est en vrac, voilier sur la tranche, grand-voile à l'envers, il ne faut surtout pas tout toucher immédiatement. Il faut se forcer à attendre, observer et réfléchir à ce qui va se passer. Plus le bateau est gros, plus la situation est difficile, plus il faut être calme. » »

Cet enseignement, elle va le mettre en pratique avec *Écureuil Poitou-Charentes II*, le premier voilier de course enfin conçu pour elle. Avec cet *Écureuil*-là, elle retrouve cet attachement qui l'a liée à *Parole*. Si elle ne l'a pas construit, du moins l'a-t-elle modelé à son image. Dessiné par Jean Berret et Olivier Racoupeau, il est ainsi le premier monocoque 60 pieds Open équipé d'une quille pendulaire, qui bascule latéralement. Pour comprendre l'utilité de ce système révolutionnaire, il suffit d'observer un voilier au près lors d'une régate. Assis en rang d'oignons dans les filières, jambes pendantes à l'extérieur, tous les équipiers disponibles font contrepoids. Le but est d'atténuer la gîte du voilier afin de conserver le maximum de sa vitesse.

En solitaire, impossible bien sûr de faire appel à des passagers clandestins. D'où l'invention première des ballasts, réservoirs d'eau situés de chaque côté de la coque. En remplissant celui situé au vent, on remplace ainsi avantageusement une dizaine d'équipiers au rappel. Revers de la médaille : vider puis remplir les ballasts à chaque virement de bord prend du temps et, surtout, ces réservoirs liquides alourdissent considérablement des voiliers sur lesquels on se fait fort de traquer le moindre gramme superflu. D'où l'idée d'incliner la quille à l'aide d'un vérin pour amener son lest au vent et obtenir ainsi le même effet. Essayée pour la première fois par Michel Desjoyaux sur un 6,50 de la Mini-Transat, cette solution transposée à un monocoque de 60 pieds – et aux efforts qu'il impose – laisse perplexe plus d'un observateur. Un ange passe quand, cinq jours après avoir pris le départ de sa première tentative de record New York-San Francisco, Isabelle annonce qu'une avarie survenue sur la tête de quille l'oblige à abandonner. Les rumeurs se taisent rapidement quand une soudure mal effectuée se révèle à l'origine de l'incident. Cette simple malfaçon n'entame en rien la pertinence du système. L'*Écureuil* repart une seconde fois pour croquer à belles dents le record, démontrant au passage toutes les qualités de sa quille révolutionnaire.

Efficace, le plan Berret est également esthétique. La grâce semble habiter cette carène à laquelle le peintre Gildas Flahault a prêté son talent en la couronnant d'une ceinture de roses bleues. *Écureuil Poitou-Charentes II* a, pour seul défaut, d'enfourner exagérément au portant. Mais aux allures débridées – dès que l'on s'éloigne des allures de près –, il se révèle le monocoque le plus performant au monde. Ses adversaires du Boc 94/95 en feront l'amère constatation, eux qui achèvent la première étape plus de cinq jours après ce si joli voilier bleu et blanc.

> ❝ «Je n'ai jamais pu considérer *Écureuil* comme un bout de plastique. Il avait évidemment beaucoup plus de valeur que ça. Quand j'ai dû le laisser en plein océan Indien après mon naufrage dans la deuxième étape du Boc Challenge, j'étais persuadée qu'on allait le retrouver.» ❞

Erreur. Une fois la batterie de sa balise de détresse épuisée, la trace d'*Écureuil Poitou-Charentes II* s'est évaporée. La navigatrice venait, pour la première fois, de perdre son voilier.

Isabelle possède une qualité rare. À peine la croit-on un genou à terre que la voilà qui repart déjà de l'avant, échafaudant les plans qui lui permettront de rebondir encore plus haut. Cette faculté ne cache ni un cœur de pierre, ni une quelconque froideur. Au contraire. Sensible, humaine, Isabelle n'efface pas d'un coup de chiffon magique toutes ses blessures intimes. Simplement, elle a appris à vivre avec, à en assumer le deuil sans que cela n'entache sa formidable énergie. Elle le prouve encore quelques semaines après que ses sauveteurs australiens l'eurent déposée sur la terre ferme. Un temps de réflexion et notre naufragée décide de ne pas en rester là. Elle se fixe un objectif – et pas n'importe lequel : le Vendée Globe 96. De cette course, on a dit et répété qu'elle était « l'Everest des marins ». Un cliché ? Peut-être. Mais qu'importe : pour une fois il dit vrai. Et Isabelle ne dispose que de vingt-deux mois pour tout reconstruire... 669 jours dont pas un ne sera de trop. Début 1995, forte du soutien de son fidèle partenaire, la région Poitou-Charentes, la Rochelaise entame une double démarche : lancer le projet de construction de son nouveau monocoque et trouver les subsides qui lui permettront de le financer.

Le premier terme de l'équation l'enchante. S'appuyant sur sa formation d'ingénieur, Isabelle aime réfléchir avec les différents corps de métier – architectes, techniciens, experts et constructeurs – à ce voilier qui, sur mer, devra refléter sa personnalité. Elle sait déjà qu'elle renouvellera l'expérience de la quille basculante – pas moins de trois autres skippers de ce Vendée Globe, parmi lesquels le grand favori, Christophe Auguin, ne lui ont-ils pas donné raison en la suivant dans cette voie ?

Mais elle veut corriger les défauts observés sur son *Écureuil*, particulièrement en matière de stabilité. Toutes raisons qui la poussent à frapper à la porte du cabinet d'architecture Finot-Conq. Difficile, il est vrai, d'échapper à cette référence. Depuis la victoire de Christophe Auguin dans le Boc Challenge 90/91, Jean-Marie Finot et Pascal Conq n'ont vu aucun tour du monde en solitaire leur échapper. Très larges, leurs monocoques allient rapidité, puissance, simplicité et stabilité. Cette dernière qualité constitue un atout primordial pour un solitaire qui doit confier 24 heures sur 24 la barre à ses pilotes automatiques sans avoir à craindre la sortie de route.

> « «Je les ai d'abord choisis par curiosité intellectuelle. C'est intéressant de travailler avec des gens qui ont une grosse expérience, des résultats excellents et une vision différente de tout ce que j'avais connu auparavant. J'ai rapidement aimé leur méthode de travail : ils définissent bien les objectifs et savent structurer leur recherche tout en faisant preuve de beaucoup de pragmatisme. Un exemple :

ils retiennent quinze solutions, calculent ce que chacune d'entre elles peut faire gagner sur un tour du monde. Nous confrontons ensuite chaque solution à son coût et, ainsi, au vu de tous ces critères, nous décidons sur laquelle il faut investir. Je suis arrivée chez eux avec des idées établies : une quille basculante, un bateau modérément puissant, une gestion du voilier adaptée à mes qualités et à mes limites. Je leur disais : "Telle manœuvre ne me pose pas de problème, donc on retient cette solution ; telle autre, il faut que cela se fasse tout seul." En fait, avant de commencer quoi que ce soit, nous avons discuté pendant trois séances de quatre heures chacune de nos philosophies en matière de navigation. » ❞

C'est à Jouy-en-Josas (Yvelines), dans une superbe maison du début du siècle, qu'a pris forme le monocoque qui allait devenir *PRB*. Surplombant la vallée de la Bièvre, le cabinet de Jean-Marie Finot et de Pascal Conq aura vu, en cet avant-Vendée Globe, se succéder Christophe Auguin, Gerry Roufs, Yves Parlier, Éric Dumont, Marc Thiercelin et, bien sûr, Isabelle Autissier. Autant de skippers qui ont choisi une carène Finot-Conq pour s'aligner dans le tour du monde. À tous, Jean-Marie Finot, trente ans de carrière, l'un des papes de l'architecture navale, aura répété son credo : « Avant d'être le plus rapide, un voilier conçu pour un tour du monde doit avoir pour objectif prioritaire de ramener son skipper à bon port. » Une fois posé ce préambule, les deux hommes acceptent d'adapter leur conception aux demandes de chacun. « Dans une certaine mesure seulement, précise immédiatement Finot. Car, quand un navigateur vient nous voir, il connaît notre philosophie globale du bateau. Il sait, par exemple, que nous n'accepterons pas de dessiner un 60 pieds Open étroit. »

Avec Isabelle, l'approche s'est effectuée à tâtons, même si le trio se connaissait. « On s'était vu lors de la construction de *Écureuil Poitou-Charentes II*, raconte Pascal Conq, mais, à l'époque, Isabelle pensait que nous dessinions des bateaux trop puissants, peu adaptés à une femme. Cette fois, elle nous a approchés pour voir si elle pouvait s'entendre avec nous, si nous n'étions pas des dictateurs. Cette phase, où nous avons appris à nous connaître, a duré deux

mois. » D'autant que Jean-Marie Finot voit d'un œil méfiant cette quille basculante que la navigatrice pose comme condition : « Elle constituait un gain de vitesse évident mais, question sécurité, cela m'inquiétait. »
À partir d'avril 1995, et pendant six mois, les deux hommes accueillent Isabelle tous les quinze jours à Jouy-en-Josas. « Ces séances de travail débutaient vers midi et s'allongeaient parfois au-delà de 23 heures. On se disait – sourit malicieusement Finot –, qu'Isabelle n'avait aucune petite famille qui l'attendait. » S'adapter aux désirs d'un marin, ce n'est pas pour autant déclencher la révolution dans une méthode de travail qui a fait ses preuves. La chance de dessiner fréquemment des 60 pieds Open permet à Jean-Marie et Pascal de rapidement composer les formes de la coque, du rouf et du pont. Leur logiciel de CAO (Conception assistée par ordinateur) les aide à dessiner ces parties qui n'évoluent que peu entre deux conceptions. Tout ce qui est spécifique, telle la quille basculante, requiert en revanche un bon vieux crayon noir. « Concevoir un bateau, c'est de toute façon 90 % de réflexion, de croquis, de calculs, et 10 % de dessin, qu'il soit fait au crayon ou à l'aide d'un ordinateur », soulignent les créateurs de *PRB*. Un voilier auquel ils auront consacré quelque 15 000 heures de travail. De longs mois de gestation où l'on s'attache autant au bateau qui va naître qu'à celui qui le mènera sur toutes les mers du monde : « Je serais soulagé quand nos six bateaux engagés dans le Vendée Globe reviendront, affirme Jean-Marie Finot. Il y a évidemment des rapports affectifs qui se créent. » Pascal Conq ne pense pas autrement : « J'aime à dire qu'un bateau, ce n'est que du plastique, mais du plastique qui transporte une partie de notre vie. »
Un plastique qui a un coût. Grâce aux progrès induits par l'aéronautique, voire par la conquête spatiale, les voiliers de course peuvent désormais profiter de fibres exotiques qui allient toujours davantage solidité et légèreté. Tout est donc possible, ou presque, mais la soif de performances bute sur des contraintes budgétaires qui forcent le marin à garder les deux pieds sur terre. Le choix du type de carbone utilisé pour la fabrication de la quille de *PRB* illustre bien ce compromis incessant. L'énoncé réjouirait un instituteur lassé des problèmes de robinet. Soit un carbone étudié qui offre un important gain de poids et d'épaisseur du profil. Ce gain est paramétré dans le logiciel de simulation de route.

Verdict : les qualités de ce carbone autorisent une réduction théorique de six heures sur le temps d'un tour du monde. L'ennui, c'est que le devis signale un coût supérieur de 70 000 francs par rapport à une fibre moins sophistiquée. Soit un coût de plus de 11 000 francs par heure gagnée ! Or un ratio, exprimé en francs au kilo gagné, a été déterminé en début de programme afin de jauger les choix de matériaux et d'équipements. Pour toute cure d'amaigrissement, ce ratio recommande un prix maximum de 1 000 francs le kilo gagné au-dessus du pont et de 500 francs au-dessous. À 11 000 francs le kilo, le carbone « bio-light » est donc largement dans le rouge ! Et puis, rien ne sert d'avoir un voilier plus rapide si son skipper se révèle incapable d'aller chercher les meilleures conditions de vent. Isabelle, seul maître à bord, décide donc que ces 70 000 francs seront mieux placés dans son perfectionnement météo.

D'autant que l'argent est difficile, très difficile à trouver. Dès son retour de Sydney, Isabelle s'est pourtant mise en chasse de sponsor. Avec Denis Horeau, responsable de Seven Seas, une agence de communication spécialisée dans le domaine maritime, un épais dossier a été conçu, bréviaire des mérites de la voile en général et d'Isabelle en particulier, en matière de sponsoring. Débute alors une longue période de démarchage, de rendez-vous et de relations publiques, où rien n'est laissé au hasard pour trouver les 8 millions de francs nécessaires au bouclage du budget, la Région Poitou-Charentes ayant de son côté assuré de sa participation à hauteur de 3 millions de francs.

> “ «Je me passerais bien de ce travail car la recherche de budget est souvent stérile. Elle ne m'apporte que peu de plaisir, car je n'aime guère les mondanités. Le seul intérêt, c'est de découvrir des gens et le fonctionnement d'entreprises, les relations humaines qui y dominent. Mais je crois que dans ce domaine, je ne suis pas assez offensive, je serais très mauvaise en marketing. Je n'aime pas vendre quelque chose, mon seul atout est, je crois, l'enthousiasme que je mets à défendre mes projets. Je travaille un peu comme une fourmi, en étant capable de remettre le pied devant l'autre et de recommencer sans cesse, sans trop d'état d'âme, sans me décourager, que cela réussisse ou

non. Pour le moment, c'est une méthode qui a toujours fonctionné. » ”

De l'obstination, il en faut devant ces portes qui s'entrouvrent puis se referment. Ces attentes à répétition dans l'antichambre d'un bureau où l'on croise les doigts en espérant que cette fois sera la bonne. Une attente qui est le lot de la plupart des navigateurs, bien peu bénéficiant d'un budget stable sur plusieurs années. Au fil des années 80, et plus encore 90, les marins sont ainsi devenus leur propre VRP. Comprenant que l'époque « danseuse du patron » était (quasiment) révolue, la plupart ont appris à manier les chiffres des retombées médiatiques, le vocabulaire de la communication interne, les exigences budgétaires des temps de crise. Paradoxalement, la voile est un sport où la qualité et le prix sont, selon les spécialistes du marketing, dans un bon rapport. Son premier atout : les médias hésitent rarement à citer ou à montrer le nom des voiliers. Et comme celui-ci est également le nom du sponsor...
Question image, la voile présente également bien des avantages. Elle fait figure de sport sain, proche de la nature, honnête, pollué ni par le dopage, ni par l'argent (les navigateurs les mieux payés en France, et on les compte sur les doigts des deux mains, perçoivent des revenus qui sont ceux d'un footballeur moyen de deuxième division). Oui, mais voilà... Image encore quelque peu élitiste difficile à défendre auprès de salariés menacés par le chômage? Peur d'investir dans un sport à risque? Quoi qu'il en soit, le constat s'impose : aussi rationnels, positifs et bien défendus qu'ils puissent être, les arguments en faveur de la voile persuadent difficilement de nouveaux investisseurs. Fortement médiatisée, Isabelle ne déroge pourtant pas à cette règle. En septembre 1995, alors que la date limite de début de construction du monocoque a été fixée au 1er janvier 1996, des partenaires supplémentaires ont bien été trouvés – Addecco, SFR et les Huîtres Marennes Oléron – mais il manque toujours le sponsor principal.
Comme souvent, le hasard d'une rencontre va pallier l'échec des démarches rationnelles. Un beau jour d'automne, à La Rochelle, au chantier Pinta, Isabelle croise les Laurent, responsables de l'entreprise vendéenne PRB. Déjà engagés en 1992 aux côtés de Jean-

Yves Hasselin dans la deuxième édition du Vendée Globe, Jacques, le père, et Jean-Jacques, le fils, cherchent leur voie. Hasselin était parti avec un voilier en aluminium solide, mais bien moins rapide que les autres prototypes engagés. Son objectif était de boucler son tour du monde – objectif atteint avec courage et ténacité. Sincèrement passionnés par la mer et attachés à une épreuve qui plante son décor à proximité de leur usine – PRB est situé à La Mothe-Achard, ville distante de 20 kilomètres des Sables-d'Olonne –, les Laurent souhaitent être de nouveau présents en 1996. Ils se verraient bien, cette fois, donner le nom de leur entreprise à un bateau capable de gagner. Mais, s'ils aiment l'océan, Jacques et Jean-Jacques n'en ont pas moins les pieds sur terre. Ils doutent que les moyens de leur PME permettent de financer un voilier neuf. C'est pour vérifier ce calcul qu'ils sont venus, ce jour-là, chez Marc Pinta. Et qu'ils sont tombés nez à nez avec Isabelle.

> “ «Après cette rencontre, ils ont contacté plusieurs fois Marc en demandant que l'on se revoit. Nous sommes convenus d'un déjeuner aux Sables-d'Olonne pour début septembre. Au départ, j'étais persuadée qu'ils voulaient uniquement me demander mon avis sur la course. Assez vite, je me suis rendue compte que leur idée prioritaire était autre. J'avais le sentiment qu'ils s'interrogeaient sur la façon d'être présent dans le Vendée Globe. J'aime bien les gens qui ont une vraie histoire, car ils montrent très rapidement leur côté humain. C'est le cas de Jacques Laurent. Nous nous sommes vite mis à parler de conception de bateau, de construction et Jacques m'a posé deux fois la question : "Vos bateaux, vous les aimez?" Pour lui, c'était manifestement un critère essentiel et j'ai trouvé ça touchant. À partir de cette question, j'ai compris qu'il pensait à moi.» ”

Début décembre, Jacques Laurent annonce que le voilier d'Isabelle portera le nom de *PRB*. La même semaine, au Salon nautique de Paris, un repas réunit Jean-Charles Besnard, responsable technique du projet, Marc Pinta, le constructeur, Jean-Marie Finot et Pascal Conq, les deux architectes, et Isabelle. C'est là, autour d'une table ronde, que s'amorce réellement la construction de *PRB*. À partir du 20 décembre, date du début de la mise en œuvre du nouveau monocoque dans le chantier rochelais, s'ouvre une période passionnante. Elle n'a pour autant rien d'un long fleuve tranquille. Six mois pour construire un pareil monocoque, cela ressemble plutôt à une coursc contre la montre. De quoi compliquer un peu plus les rapports entre l'architecte, dont le rôle principal est désormais de vérifier que le constructeur suit avec exactitude le cahier des charges, et ce même constructeur qui, pressé par les délais, trouve que les plans de détails tardent toujours à venir. Entre gens passionnés par leur travail et dont les frontières de compétences sont forcément floues, l'étincelle n'est jamais loin. À Isabelle de trancher les éventuels litiges et, si besoin, de hausser le ton. Un rôle d'arbitre dont elle se passerait volontiers.

« Il y a des coureurs qu'il faut pratiquement opérer pour leur faire dire ce qu'ils veulent, diagnostique Jean-Marie Finot. D'autres, plus directs, qui acceptent ou n'acceptent pas la solution proposée, mais tranchent une fois pour toutes. Isabelle a une façon très féminine de travailler : elle écoute, laisse beaucoup de liberté aux gens. Je regrette juste qu'elle s'entoure de trop de conseillers. C'est difficile car, parfois, on ne sait pas trop qui décide. Dans une telle opération, il est essentiel de mieux définir le pré-carré de chacun. » Il est vrai que dans cette période, le marin n'a rien d'un solitaire. Qu'il le veuille ou non, il endosse le rôle de chef d'une entreprise qui, dans le cas du projet *PRB*, aura vu intervenir quelque soixante-dix personnes. Isabelle doit présider aux choix techniques dans des domaines aussi variés que l'électronique, l'informatique, la motorisation, le gréement, l'accastillage, la voilerie. Surveiller, avec le précieux Jean-Charles Besnard, son second à terre, la qualité de travail et le respect des délais des vingt et un fournisseurs qui s'activent sur la construction et l'équipement de *PRB*. Sans oublier d'honorer les nombreux rendez-vous avec les médias. Non, décidément, le long fleuve qui mène aux Sables-d'Olonne n'a vraiment rien de tranquille...

« Isabelle est quelqu'un qui est très sûre d'elle mais, en même temps, je ne suis vraiment pas certain, même si elle aime à se présenter ainsi, qu'elle soit faite pour être un manager, un chef d'entreprise. » Le constat de Marc Pinta, le constructeur de *PRB* après avoir été celui d'*Écureuil Poitou-Charentes II*, est sans méchanceté. Dans une certaine mesure, Isabelle confirme l'analyse.

> ❝ «Naviguer en équipage est difficile pour moi. Il me serait plus facile d'être équipière que chef de bord, car je redoute les conflits. Je n'aime pas devoir m'imposer. Dès que j'ai un rapport avec la collectivité, je perds une partie de ma confiance. Je ne me vois pas comme un chef, j'écoute beaucoup ce que les gens disent, peut-être parce que je ne suis pas si sûre de moi. Je peux ainsi modifier fréquemment mes jugements. Parfois, je suis allée jusqu'à laisser des gens faire des choses avec lesquelles je n'étais pas tout à fait d'accord, car je pensais qu'ils devaient aller jusqu'au bout de leurs idées. Pourtant, dès que je suis seule, c'est très différent. J'ai découvert à la fin de l'adolescence que j'étais vraiment capable d'aller de l'avant, de sortir de situations difficiles. Je sais que seule, je peux me fier à mon jugement et à mes réactions.
> Mes actes s'appuient en fait sur cette double attitude : une grande confiance en moi sur le fond, une fréquente remise en cause sur les détails et la vie quotidienne. Lors du record New York-San Francisco en équipage, cela a bien fonctionné car il régnait, à bord, un bon consensus. Mais, lors de la première tentative avortée, j'ai eu des difficultés avec un des équipiers et cela a été très dur, j'ai vraiment souffert. En fait, j'aime bien coordonner une équipe lorsque, quoi qu'il arrive, l'enthousiasme est le moteur de chacun. D'où l'importance du choix de ceux qui m'entourent. Bien sûr, il faut parfois savoir gérer les conflits. Cela m'est plus facile quand ils concernent des gens que je connais comme Jean-Charles (Besnard) ou Marc (Pinta), car nous avons un vécu commun.» ❞

Ce vécu, Marc Pinta le revendique. Cet homme de 44 ans, à la sensibilité à fleur de peau, au sourire qu'un voile mélancolique atténue souvent, ne cache pas que ses rapports professionnels avec Isabelle se teintent d'affectif. D'où encore plus de difficultés à admettre que son avis de technicien soit parfois ignoré : « Finot et

Conq avaient prévu du nid d'abeille comme matériau pour les flancs du bateau, afin d'économiser du poids. Moi, statistiquement, je sais que c'est un procédé difficile à mettre en application. Je pensais qu'au vu des délais, le jeu n'en valait pas la chandelle. Isabelle a tranché en m'indiquant que c'était elle le donneur d'ordre. » Une démonstration d'autorité que la navigatrice, on l'a vu, rechigne à pratiquer. Rares, de telles réactions, pourtant si fréquentes au cours de réalisations similaires, laissent davantage de traces.

D'ailleurs, plusieurs mois après, la voix de Marc se trouble encore à son évocation. Il est vrai que ce Normand, installé à La Rochelle depuis 1979, connaît Isabelle depuis plus de dix ans : « J'ai longtemps daté notre rencontre de la préparation de son voilier qu'elle a fait dans mon chantier en vue de son premier Boc Challenge. Et puis, un jour, elle m'a dit avoir participé ici, en 1984, à la construction d'un catamaran prévu pour Québec-Saint-Malo. Elle s'était même blessée et j'avais dû la conduire à l'hôpital. Je dois avouer que je ne m'en souvenais pas. En revanche, je me rappelle, à Perros-Guirec, avoir emmené ses parents sur mon catamaran au départ de sa première Solitaire du Figaro. Mais tout a réellement commencé lors de son premier tour du monde. En escale à Sydney, elle m'avait écrit : "Si je fais un nouveau bateau, je le ferais chez vous". »

Pas du genre à faire des promesses en l'air, Isabelle tint parole. Son *Écureuil Poitou-Charentes II* vit le jour chez Marc Pinta. Un constructeur, dont la passion quasi obsessionnelle pour son travail frise parfois l'angoisse : « L'anxiété de Marc est presque maladive. Pendant la construction d'un bateau, il se met dans tous ses états. Il ne ferme presque pas les yeux pendant trois mois. » Mais Isabelle sait aussi que cette anxiété va de pair avec un total engagement de soi. Le constructeur n'est-il pas capable de camper dans son hangar pour, à chaque heure de la nuit, vérifier la bonne température de ses fours où cuisent les différentes parties de la coque ? Comment s'étonner quand il dit qu'au milieu de l'océan Atlantique, cette planche de carbone emmènera également un partie de lui : « J'ai toujours un peu d'appréhension, car ce sont des bateaux de plus en plus limites et quelque chose peut toujours casser. Ce n'est pas le bout de plastique qui m'intéresse – Marc dit ne guère s'émouvoir de l'épave de *UAP 1992*, le premier 60 pieds Open qu'il a construit, en train de pourrir dans son chantier – mais, dès qu'il y a quelqu'un

dessus, ça devient différent, le voilier est alors vivant. Et je dois reconnaître que j'ai de plus en plus de mal à le supporter. Je n'arrive jamais à m'en foutre. » Encore un qui, pendant plus de cent jours, a prévu des nuits difficiles...
Au-delà des problèmes relationnels, des soucis budgétaires, des délais si courts pour construire un tel engin, c'est pourtant dans ce chantier qu'Isabelle a débuté son voyage. Là, dans ce grand hangar à respirer et à sentir la coque en train de naître.

> « J'aime les dimanches dans le chantier désert, le silence des outils qui somnolent au bord de l'établi, le seul bruit de la tôle, au coin du toit qui vrombit dans le vent d'est.
> À l'heure de midi, je viens faire mon tour. Enfin, j'ai mon temps, le chantier est mon royaume. La semaine a été trépidante, fourmillant de questions, de problèmes à résoudre, d'allers-retours empressés du bureau à l'atelier. Le samedi échappe rarement à ce tourbillon. Mais il reste ce septième jour pour parler autrement de ce mélange de fibre et de résine qui sera mon bateau.
> Semaine après semaine, j'ai guetté ce qui l'a fait doucement passer de la simple trace de bois du bâti sur le sol à une coque prête à surfer.
> D'abord, bien sûr, est venu le squelette, cette gigantesque cage thoracique de couples alignés. Bientôt, elle s'est recouverte d'une peau de plus en plus douce, au fil des heures de ponçage. Cette pièce mère a déjà fait exister la forme et libéré l'imaginaire. Il n'est que de se tenir près de l'étrave pour savourer les lignes, la pureté des formes, le passage dans la vague.
> Dans le calme froid du grand hangar, on dirait une baleine endormie, un vaste corps blanc, immobile et muet.
> Aujourd'hui, c'est au moule femelle que je suis venue rendre visite, ce grand ventre noir et luisant dans lequel, enfin, naîtra la coque. On dirait un immense coquillage qu'un géant collectionneur aurait laissé tomber là.
> La joue contre le carbone froid, j'inspecte et j'apprivoise. Cette forme sera mon univers, cent jours durant, ma coquille de bernard-l'ermite malhabile.

À côté gît le pont, plat comme l'aube d'un monde, grande piste de danse à peine interrompue par la forme de cockpit. Je m'assois au milieu et, déjà, la houle me parle.

À l'avance, les bons et les mauvais jours emplissent le hangar. Plus tard, structures et cloisons viendront brouiller le message, habiller de réel la forme pure. Il sera temps d'être concret, carré, de traquer les détails.

Pour le moment, ces grandes formes lisses sont fascinantes. Elles expriment l'exacte rencontre entre le mythe et la réalité. Elles disent tout l'absolu, l'extrême et la pureté de l'aventure elle-même. Les contemplant, je mesure mon audace, ma chance et mon orgueil. Le défi paraît tout à coup aussi immense que tentant, aussi insurmontable que maîtrisable.

Je les contemple, je les caresse, je me glisse peu à peu dans ces singuliers habits de carbone. Les regardant, je vis, dans ma tête, quelques mois en avance, à la rencontre de mes peurs et de mes émois, pour les apprivoiser. Tout cela n'est encore que diffus mais, rapidement, j'ai envie de parler, d'interpeller ces structures silencieuses et de me les concilier.

Lors d'une émission de radio, une dame dubitative se demandait si les coureurs au large, obnubilés par la gagne, avaient encore le temps d'aimer leur bateau.

— « Madame, croiriez-vous que l'on ne considère que comme résine et tissu ce qui est capable de nous retenir des heures durant, rêveurs engourdis, dans un chantier humide ? »

Bien sûr, il y a le calcul, le budget, la performance qui, un jour peut-être, amèneront un jugement technique, une décision de gestion, une séparation, mais toujours un bateau sera unique, investi d'une idée, d'un défi, d'un élan, à aucun autre pareil.

Ces millimètres de carbone ont forme d'une coque, d'un rêve. J'aime, dans le silence de ces dimanches, venir caresser la forme de mon rêve. ❞

Le rêve a désormais pris consistance. Un beau jour de juillet 1996, la carène blanche de *PRB* a rejoint les eaux assoupies du bassin des Chalutiers de La Rochelle. À l'image des albatros, ses futurs compagnons du Grand Sud, si maladroits dès qu'ils interrompent leur vol, *PRB* a éprouvé bien des difficultés lors des premières manœuvres de port. Mais, une fois au large, au cours de la qualification obligatoire de 2 000 milles prévue par le règlement du Vendée Globe, Isabelle a découvert « un voilier puissant sur lequel il vaut mieux apprendre à trouver le frein à main. C'est un hargneux. Je considérais *Écureuil* comme féminin, *PRB* est, lui, incontestablement masculin ».

Entre le skipper et son bateau, le dialogue – si cher à Isabelle – n'a pas tardé à s'instaurer.

> ❝ «À un moment, pendant la qualification, *PRB* tremblait. En rigolant, je lui ai dit : "Alors, t'as les jetons?" Je parle souvent à mon bateau, pas des discours, mais des interjections. Je parle aussi aux pilotes automatiques, parfois avec des noms d'oiseaux pour les engueuler. » ❞

Un lien charnel, bien loin du pilotage affiché par nombre de ses pairs.

> ❝ «Je ne me revendique pas du tout comme un pilote d'engin, c'est quelque chose que je trouve un peu triste. La course au large est un sport intellectuel, mental, émotionnel. La dimension mécanique existe, mais elle ne domine pas. Je ne suis pas seulement une tourneuse de manivelle ou une ajusteuse d'écoute, ça ne m'intéresserait pas. » ❞

Au troisième jour du Vendée Globe, au large de Gibraltar, les fureurs du golfe de Gascogne déjà rangées au rayon des souvenirs, c'est le même dialogue qu'Isabelle approfondit. Elle est maintenant au prise avec les brises timides de l'anticyclone des Açores. Si le célèbre anticyclone oblige les navigateurs à se creuser davantage les méninges que les vents forts, mais plus prévisibles, d'une dépression, ses calmes constituent un réconfort pour les cœurs solitaires chavirés par le vacarme du golfe. Et si Isabelle s'inquiète de la réussite de son option – elle a choisi de traverser l'anticyclone non loin des côtes ibériques –, elle n'en savoure pas moins ces journées de tranquille intimité avec *PRB*.

> “ «La vie est belle. À bord, tout s'organise. Je commence à prendre mes habitudes. Je suspends mes mitaines de manœuvre à leur place, je scotche une petite photo à ma table à carte, j'effectue mes petits bricolages, tranquille. La nuit dernière, j'ai eu le bonheur de barrer, juste pour le plaisir, dans une nuit douce éclairée par la pleine lune... » ”

CHAPITRE IV
L'ATLANTIQUE À TOUTE VITESSE

DES CANARIES AUX 40e RUGISSANTS

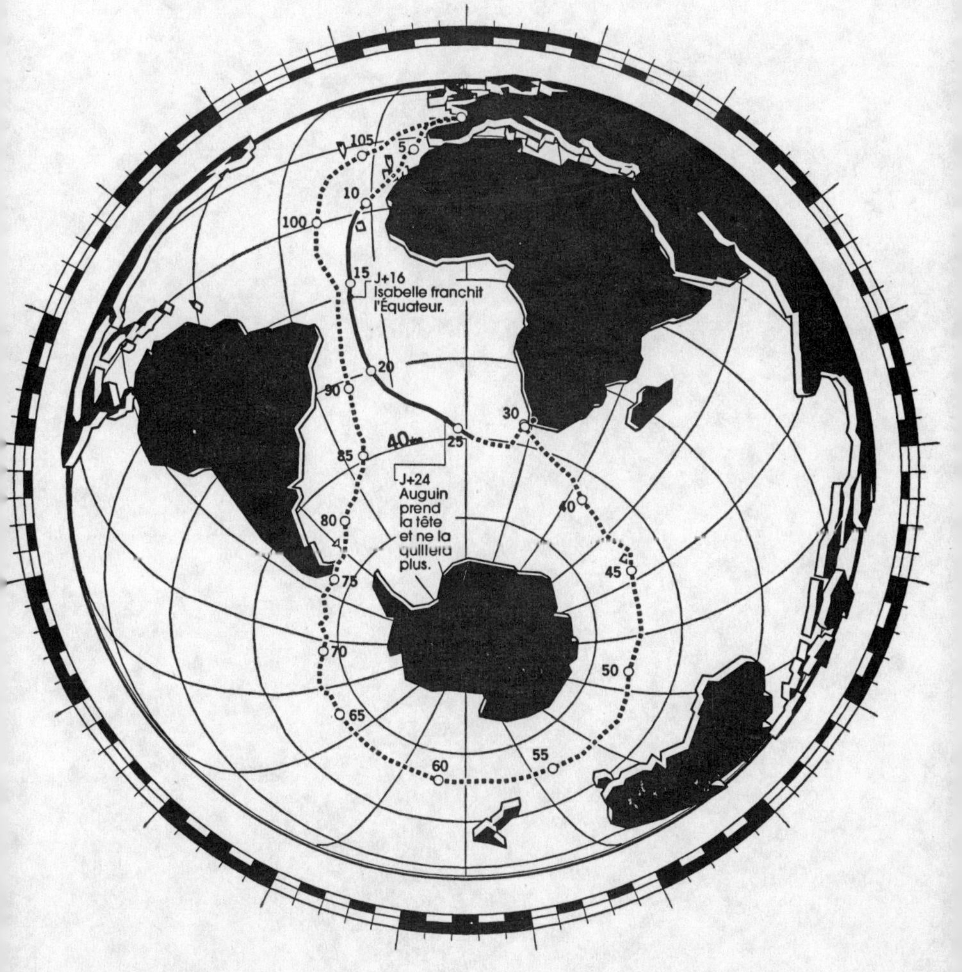

© Libération.

Nos nouveaux « cap-horniers » ont beau s'interdire toute escale, ils ne sont pas devenus des misanthropes affolés à l'idée de tout contact avec une terre. Ils restent des gens du voyage dont le désir de vitesse ne cache aucun désintérêt pour les rivages lointains.
La plupart des solitaires ne confessent-ils pas une tendresse particulière pour le Boc Challenge parce qu'il conserve des escales en Afrique, en Océanie ou en Amérique ? Et quand, dans le Vendée Globe, ils s'approchent d'une île, ces compagnes naturelles de tous les voiliers du monde, n'admettent-ils pas leur difficulté à résister à pareille tentation ? Au point où certains préféreraient que leur route les en éloigne afin d'éviter tout risque de mélancolie.
Huit jours après leur départ des Sables-d'Olonne, voici justement les solitaires du Vendée Globe en proie à la « tentation des Canaries. » L'un des points de passage prévus par le règlement les obligent à flirter avec le piton volcanique de Gran Canaria. En franchissant en tête cette marque de parcours, Yves Parlier a dû regretter un peu plus que les autres de ne pouvoir goûter aux charmes de cette terre et à ses sources d'eau potables... Car dans la tempête du golfe de Gascogne, ses jerrycans se sont éventrés. Résultat, l'Arcachonnais ne dispose plus que de 40 litres d'eau. Cela ne pourrait être qu'un incident sans conséquence, les dessalinisateurs ayant depuis longtemps prouvé leur efficacité. Oui mais voilà, contrairement à ses adversaires, Yves n'a pas embarqué ce précieux appareil. Chasse au poids oblige... Un gain de 5 kg qui pourrait peser bien lourd. Parlier a désormais pour unique solution de récupérer de l'eau de pluie. À condition qu'il pleuve suffisamment et que le skipper puisse bricoler des récipients susceptibles de la récolter...
Cinq heures après celui que le quotidien *L'Équipe* va bientôt baptiser « Parlier-le-chameau », les caméras découvrent en pleine nuit une Isabelle bronzée et déjà amincie. Mais l'heure n'est pas au tourisme ! La bagarre est maintenant lancée et la navigatrice n'espère bien voir de l'archipel des Canaries que le feu à éclat du phare d'Isletas et le halo du front de mer de Las Palmas. Pas question de laisser s'envoler Parlier ni de laisser revenir Hervé Laurent et, surtout, Christophe Auguin quelque peu décroché.
Raté... Levé depuis longtemps, le soleil surprend *PRB* encalminé entre les îles de Gran Canaria et de Tenerife. Isabelle n'a plus qu'à fai-

re contre mauvaise fortune bon cœur et se laisse glisser dans le passé.

> « «Je n'ai pas aperçu les Canaries depuis mon arrivée de la première étape de la Mini-Transat. C'était en 1987. Je n'aurais jamais imaginé alors, revenir dans les parages neuf ans après à bord d'un 60 pieds ! C'était ma première course, ma première victoire en solo.» »

Et pas n'importe quelle victoire ! La Mini-Transat est la course creuset par excellence, pour les bateaux et pour les hommes. Au fil des éditions – l'épreuve a été inventée en 1977 – les « 6,50 » sont devenus de véritables laboratoires architecturaux sur lesquels ont été testées quasiment toutes les innovations adoptées plus tard par leurs grands frères, les monocoques 60 pieds Open. Jusqu'à 80 concurrents, peuvent se presser sur la ligne de départ. Parmi eux, des amateurs qui veulent goûter à ce qui sera l'aventure d'une vie et des apprentis-champions qui voient en cette course le premier palier d'une carrière bien remplie. Et pour quelques-uns, cela marche. La preuve : les Bourgnon, Parlier, Dubois, Van Den Heede y ont fait leurs premières armes. Partie sans trop connaître sa valeur, la jeune femme fut d'ailleurs si émue de sa victoire qu'elle en oublia de franchir correctement la ligne d'arrivée. S'apercevant de sa méprise au moment de s'amarrer dans le port de Tenerife, elle dut faire demi-tour pour achever son étape dans les règles. Souriant souvenir... À chacun ses madeleines...

> « Tenerife, septembre 1987... C'est la pleine lune, la faible brise qui anime la baie fragmente son reflet en milliers d'éclats et de facettes luisantes. Le petit bateau court vite, plus vite. Je suis saoule de fatigue, après 32 heures de barre. Lâcher le guidon durant tout ce temps aurait signifié affaler le spi pour que le pilote automatique puisse contrôler ce petit teigneux excité par sa grande bulle rouge et blanche. Depuis que le vent de nord-ouest s'est établi, donc, je tiens. J'ai décidé de tenir par principe puisque je suis en course, par orgueil de ne pas lâcher le morceau, par curiosité de découvrir ce qu'il y a au-delà de la fatigue,

mais aussi parce que je sais que l'étape finit dans moins de deux jours et que je pourrais m'écrouler et récupérer bientôt sans danger.

C'est ma première course, je découvre, j'improvise autour de ce sentiment d'urgence haletante que crée la compétition. En franchissant la ligne de départ j'ai mesuré ce qu'était cette promesse à soi-même, à son bateau, à la terre entière : aller au bout, jusqu'au bout pour aller plus vite.

Par plongées successives à l'intérieur, profitant d'un surf où le bateau est bien calé sur sa route, j'ai accumulé dans le cockpit eau, biscuits, lunettes de soleil et ciré pour la nuit. Les heures ont passé. La première nuit commence comme une ivresse et je joue dans les vagues, puis tout se perd dans un lancinant manque de sommeil, je chante, je crie, je me donne des claques. Il faut tenir. Le jour d'après s'éternise douloureusement, chaque minute compte. Enfin le grand tombant de la falaise de Tenerife qui sort de la brume me ranime. Je vois le monde en bicolore, mer argentée de lune, rivage doré des lumières de la ville.

Arrivée !

C'est sans doute l'un des plus beaux moments d'une course en solitaire. Au fil des heures, le bassin se peuple. De petits groupes s'agglutinent sur le quai, prennent les amarres.

« Salut !... alors... ?

— Ouais, c'était... »

Les mots ont le mal de terre, se cherchent, s'embrouillent, comme dépassés par la densité de ce qu'il faudrait exprimer. Imparfaits, insuffisants, ils déclarent forfait. Les mains prennent le relais, marionnettes craquelées par ces jours de mer, elles jouent tous les rôles. Au gré de bouts de phrases et d'onomatopées, elles miment les voiles, le vent, le marin en galère, fourrageant au passage des paquets de cheveux collés. Les yeux aussi débitent l'information, donnent l'émotion.

Nos vies en parallèle nous ont donné une mémoire commune où nous puisons ensemble.

— « Alors, à ce moment-là, le spi... »

Les mains partent au surf, chavirent, maudissent la mer, se redressent, démélent les écoutes ; les yeux se marrent d'y repenser.

« Enfin, tu vois la galère... »

Oui, je vois très bien et je me laisse aller au bonheur de cette connivence, à cette communication à demi-mots à nous seuls réservés. Ces inconnus courant sur les pontons, isolés par leurs groupies inquiets me sont aujourd'hui si proches. Mêmes galères, mêmes bonheurs...

3 heures du matin, la fatigue gagne la manche, les yeux flottent, s'accrochent pour faire durer car déjà nous sentons bien que demain sera différent, déjà éloignés, préoccupés de la suite.

Je rentre me coucher en chantonnant dans Tenerife indifférente, exaltée comme si je revenais d'un rendez-vous amoureux. »

Les souvenirs d'Isabelle se doublent d'une autre émotion, les Canaries risquant d'être le dernier bout de terre aperçue avant le Horn. Mais la nostalgie se dissipe vite ! Ces îles, que les Anciens avaient joliment dénommées « Fortunées », n'annoncent-t-elles pas, en principe, l'arrivée des alizés ? Depuis Christophe Colomb, tous les candidats à la traversée de l'Atlantique le savent bien qui viennent ici faire escale pour, ensuite, emprunter l'autoroute alizéenne qui les mènera vers les Caraïbes. Si les Antilles ne peuplent pas les rêves de nos circumnavigateurs, l'alizé ne leur promet pas moins des jours paisibles. Le menu annoncé est alléchant : un vent régulier et chaud de nord-est, ni trop fort, ni trop faible. De quoi propulser leur bateau dans la bonne direction sans qu'il soit trop nécessaire d'intervenir sur le réglage des voiles. C'est pour tout solitaire la possibilité de récupérer des affres des premiers jours, de lire, d'étudier à loisir la météo en prévision du prochain obstacle, le redoutable Pot au Noir. Bref, pour tout « voileux » qui se respecte, l'alizé tient du mythe. Quelque chose du Nirvana et du 7e ciel associés !

Quand ça marche... Car sur la route de l'Équateur, l'alizé s'est, cette fois, mis en grève. À sa place, des vents anémiques de nord contraignent Isabelle à des manœuvres et des empannages incessants.

« «Bon à Popeye, je lui mets des claques quand il veut. Entre X empannages et deux envois entiers de grand-voile pour cause de bricolage de lattes (une broutille : 160 m², la surface d'un appartement parisien de sept pièces, à affaler puis à renvoyer...), j'ai pris cinq centimètres de tour de bras. J'ai passé la nuit à manœuvrer, toujours pour cause de panne d'alizé. Je tire des bords de vent arrière dans la pétole, tantôt sous gennaker, tantôt sous spi. » »

Cette absence imprévue de l'alizé ne surprend qu'à moitié Isabelle. Elle a vécu la même mésaventure lors de ses deux précédents tours du monde. Rassurante météorologie qui sait si bien brouiller les cartes et faire qu'aucun tour du monde ne ressemble tout à fait à un autre.

Reste que dix jours après le départ, alizé ou pas, Isabelle a pris son rythme de « croisière. »

Côté cuisine, cela n'indique rien de bon : à l'exception de quelques oignons et carottes restants, les produits frais ne sont plus qu'un souvenir. Pendant cent jours, aliments lyophilisés et déshydratés vont imposer à bord une dictature quasi absolue. Et pendant cent jours, le rêve d'une salade de tomates fraîches ne va pas cesser de grandir.

Côté sommeil, cela s'organise. Pour la première fois, Isabelle quitte la banquette inclinée de la table à carte pour rejoindre l'une de ses couchettes. Là, elle va essayer de dormir « intelligemment ». Il est vrai que la navigatrice a soigneusement préparé la question en effectuant des tests médicaux avec des spécialistes du sommeil, les docteurs Damien Léger et Bertrand de La Giclais. À terre puis pendant sa qualification, elle a accepté la pose d'électrodes – 8 sur le crâne et 4 sur le visage – afin que ses réactions fussent enregistrées pendant son sommeil. Un fois dépouillées, les données l'ont renseignée sur les débuts et les longueurs de ses cycles de sommeil. Grâce à cette étude, Isabelle connaît désormais tout de son sommeil en mer. Elle sait qu'elle peut rester efficace en dormant 5 heures par jour. Elle est renseignée sur ses périodes de « sommeil d'ancrage », celles où son repos sera le plus profitable. On lui a appris que lorsque les signes de fatigue physiques sont prédominants (somnolence, réduction du champ visuel, courbature, fatigue musculaire), elle doit de préférence récupérer dans les deux périodes s'étendant de 16 h à 17 h 30 et de 23 h à 1 h 30. À l'inverse, des troubles d'ordre intellectuel (perte de mémoire, erreur de jugement, tendance à la déprime), réclament un sommeil « paradoxal » entre 11 h et 12 h et 3 h 30 et 6 h 30. Juste le temps de rêver...

Les deux spécialistes lui ont aussi parlé « confort. » Alors la solitaire préfère avoir son « coin à soi », prendre le temps d'enlever bottes et cirés, éviter la lumière en se munissant, le jour, de lunettes obscures, respecter avant le coucher un rituel quotidien – lavage de dent, absorption d'un verre de lait ou d'eau ou gant de toilette sur le visage –, ne pas manger dans les deux heures précédant le coucher. Beau programme... Utile à n'en point douter, car aller vite autour du monde c'est aussi rester le plus lucide possible et donc bien dormir. Oui mais voilà, le corps a des contraintes que le bateau ignore. Les bottes à peine enlevées et ce fichu vent tourne de 80° ! Il faut vite se redresser, se dégager de sa couchette, renfiler ses bottes et se remettre au service de son voilier. Avec quelques variantes, ce scénario est le lot commun du navigateur solitaire obligé de dormir quand les éléments le lui permettent. Et ces éléments sont évidemment indifférents à tout emploi du temps.

Certains soirs, c'est le spectacle de la nature qui joue les trouble-sommeil. Abritée sous la casquette de son rouf, sa place préférée, devant le ciel rougeoyant d'un coucher de soleil tropical, bercée par un concerto de violoncelle de Mozart qui semble n'avoir été créé que pour cet instant-là, Isabelle ne se sent pas forcément pressée de rejoindre les bras de Morphée.

Après les îles du cap Vert, le vent a enfin daigné se lever. *PRB* respire, *PRB* s'ébroue. Le speedo se stabilise entre 15 et 20 nœuds. Longtemps, dans les vents contraires ou instables du début de course, Hervé Laurent et son *Groupe LG Traitmat* – bateau qui n'est autre qu'*Écureuil d'Aquitaine*, le glorieux vainqueur de la première édition – ont résisté. Talentueux, le Lorientais est également lucide. Il a depuis longtemps annoncé que lorsqu'un vent stable et davantage portant soufflerait, lui et ses camarades, skippers des voiliers de la génération précédente, ne pourraient rien contre ce qu'il appelle les « pelles à feu dessinées par le duo Finot-Conq. » Le moment redouté par Hervé est arrivé. Tour à tour, Yves Parlier, Isabelle Autissier, Christophe Auguin et Gerry Roufs – les quatre skippers disposant de ces fameuses « pelles à feu » – mettent le turbo. Ils disposent des monocoques les plus rapides au monde. La mer leur appartient...

> « Il fait nuit tôt sous les tropiques, je viens de prendre une image satellite, ça émerveille toujours, la photo des nuages, là sur l'écran, comme si j'avais fait un coup de tapis volant... J'ai aussi commandé mes cartes de champs de vent pour demain matin par fax, vérifié que ma lampe frontale marche bien, me suis un peu forcée à manger une salade en boîte... Un petit coup de sophrologie sur la banquette de table à carte... bienvenue la nuit.
>
> C'est mon heure, celle de la veille dans le cockpit pour voir, pour sentir si possible ce que sera cette nuit. Paisible ? Agitée ? Tendue ? Non, cette nuit sera somptueuse. Enfin, nous avons touché des vents de nord-est qui, à défaut d'alizés, font bien mon affaire. Cet après-midi, j'ai laissé sur bâbord la dernière terre avant le Horn, l'île de Fogo au cap Vert.
>
> Dans ce vent bien établi, avec une mer peu formée, je lâche les chevaux, le bateau vent de travers donne toute sa puissance. Debout dans le cockpit, je bois ce bonheur à petits coups. Solent et grand-voile haute, le pilote pousse le bateau dans le vent, on le sent prendre une grande respiration, s'élancer, concentrer sa puissance. Il démarre en vibrant sous l'effort, 15, 17, 19 nœuds, il tremble de la tête aux pieds, la quille pousse un long soupir. Ça feule le long de la coque de plus en plus fort et ça dure, comme quand nous étions petits et que le jeu consistait à faire durer son souffle le plus longtemps possible.
>
> La transe continue et continue encore, secouée de temps en temps de chocs durs et secs sur les vagues, le sillage épanoui en deux grandes gerbes comme la queue d'une comète. Le pilote a légèrement surcorrigé, le bateau retombe un peu sous le vent, épuise sa puissance, et souffle profondément, s'ébroue comme un animal pour récupérer de sa performance. Quelques secondes d'accalmie chuintante et... ça redémarre. Quel bonheur, quel cadeau, que ce simple jeu du vent et de la toile. Ces bateaux sont des bijoux, pas seulement des machines de guerre bourrées

d'électronique, mais des merveilles d'intelligence et de sensualité.

Et moi, là-dessus, souveraine de ce petit royaume, je me laisse emporter dans cette sarabande. Rien à faire pour le moment que de contempler. Tout à l'heure, cela forcira encore un peu, je sentirai la petite tendance à piquer du nez, synonyme qu'il en a assez. Il faut calmer le jeu par un ris et laisser le gréement respirer. La vitesse baissera à peine. Quelques petits réglages encore, un peu de rangement des bouts dans le cockpit, au cas où il faudrait manœuvrer cette nuit.

Pas de lune ce soir, comme depuis plusieurs jours. Un ciel bas et lourd, gris uniforme, fait une nuit d'encre. Retour à l'intérieur, je m'installe sur la banquette de table à carte, mon observatoire favori. J'y dors beaucoup plus souvent que dans ma bannette. C'est mon poste de pilotage, ma tour de contrôle, d'un coup d'œil, je vois tout : les cadrans électroniques, le réglage des voiles par le hublot. Je suis prête à bondir, à intervenir.

Je ferme un œil, les deux, j'écoute le bateau gronder, rejette un regard à la force du vent...

Je dors par petites tranches, l'oreille toujours aux aguets, emportée par ce grand torrent de vent qui fait trembler mon royaume. »

Un royaume que le vent paraît ne plus vouloir trahir. On dit de la chance qu'elle sourit souvent aux puissants. Il en va un peu de même avec les conditions météorologiques. Hasard, voilier plus rapide qui permet de mieux anticiper l'évolution du temps, meilleure préparation météo ? Tous ces éléments se combinent pour expliquer le phénomène. Lors des deux précédents Vendée Globe, les leaders d'alors, Titouan Lamazou et Philippe Poupon en 1989, Alain Gautier en 1992, avaient vu les obstacles météorologiques de l'Atlantique leur sourire avant de ralentir leurs poursuivants. Isabelle connaît bien ce phénomène pour en avoir souffert. Dans son premier tour du monde, le Boc Challenge 90/91, déjà largement distancée par les bateaux de tête, elle avait vainement prié Éole pendant 4 jours dans l'espoir de sortir du Pot au Noir. Cette fois, c'est elle qui est dans le wagon de tête. Et comme de fait, le Pot au Noir est bien plus indulgent. Elle n'y est ralentie que deux heures ! Elle n'en gardera qu'un mauvais souvenir : un affalement en catastrophe du spi au passage d'un grain orageux atteignant force 8 Beaufort. Anecdote amusante, la manœuvre s'effectue cinq minutes avant une interview en direct via téléphone par satellite avec le Journal télévisé de 13 heures de France 2 : « Heureusement qu'il n'y avait pas d'image, j'étais nue, trempée par la sueur et hirsute. » À peine Neptune a-t-il partagé avec Isabelle sa dose de champagne tiède et Yemanja, la déesse brésilienne de la mer, reçu son bouquet de fleurs, malheureusement fanées du départ, pour fêter le passage de l'Équateur, que l'alizé de l'hémisphère Sud, plus ponctuel que celui du Nord, se met à souffler. Il va en quelques jours conduire les pur-sang du groupe Finot à la lisière du Grand Sud. Car l'anticyclone de Sainte-Hélène, qui est normalement synonyme de grands calmes, a, ici, disparu sous la poussée d'un vigoureux front froid générant 25 à 30 nœuds de vent. Les calmes du Pot au Noir et de Sainte-Hélène enfuis, c'est donc pratiquement sans transition, sans avoir eu le temps de dire ouf, qu'Isabelle franchit en tête le 30e sud.

> “ « Allez j'ai remis un pull et un pantalon léger. J'ai aussi réinstallé la porte plastique qui empêche les embruns de rentrer dans la cabine quand ça déferle sur le pont... Et ça déferle copieux. J'attends le front froid dans quelques heures et j'espère qu'il va me donner un peu de soleil car j'ai passé tout le week-end dans la grisaille et la pluie. Compensation : on fait de la route. J'ai toujours Guinguin à portée de fusil. Je ne sais pas si Yves a réussi à récolter un peu d'eau mais il a beaucoup plu, de la pluie fine, pas forcément exploitable pour lui. » ”

Avant-goût de ses grandes sœurs qui attendent les solitaires un peu plus au sud, une première dépression touche la flotte. Le vent qui n'est pas trop fort – 20 à 25 nœuds – souffle de travers, la mer est peu agitée : les « pelles à feu » ne peuvent rêver mieux. À l'abri dans sa cabine, Isabelle observe de son hublot panoramique un fascinant spectacle. Elle a l'impression de foncer sans visibilité aucune sur une autoroute liquide. À des vitesses – les surfs à plus

de 25 nœuds ne sont pas rares – que l'on croyait jusqu'alors réservées aux multicoques, *PRB* progresse en ligne parfaitement droite sous la seule autorité de ses pilotes automatiques. Tour à tour Isabelle, Christophe puis Yves battent le record de vitesse en solitaire sur 24 heures. Le compteur journalier de *PRB* se bloque à 360 milles et celui d'*Aquitaine Innovations* à 369 milles. Affolons la calculette : 369 milles c'est 686 km, 15,3 nœuds de moyenne, 28,6 km/h ! Une incroyable vitesse journalière en mer, qui est celle d'un solex poussif à terre... On connaît heureusement depuis Einstein, la relativité du temps...
Il y a trente ans, à l'issue d'une sortie d'entraînement à bord de *Gipsy Moth IV*, le voilier conçu pour son tour du monde en solitaire, Francis Chichester écrivait : « Quand la brise monta jusqu'à 20 nœuds et que le speedomètre marqua 6 nœuds je palpitais de joie. C'est véritablement une vitesse sensationnelle pour un yacht mené en solitaire. » En matière de comparaison, Isabelle a ses propres souvenirs. Ne se réjouissait-elle pas, voici huit ans, lors de son premier tour du monde, de vitesses de 10/12 nœuds ? Afin de maintenir sa moyenne, elle était alors contrainte de barrer 8 à 10 heures par jour au près et 10 à 15 heures au portant, chantant et se racontant des histoires pour ne pas s'ennuyer. Mais pour le « marin d'intérieur » qu'elle est désormais devenue, capable de battre des records sans jamais barrer, ni pratiquement sortir sur le pont, la vie à bord n'est pas forcément plus agréable. En pleine mer, à des milliers de kilomètres des grandes métropoles, ces solitaires ont été rattrapés par une curieuse nuisance, l'un des maux favoris de notre civilisation urbaine : le stress. Dans la coque en carbone, ça crisse, ça trépide, ça secoue. En mer aussi, la vitesse a un prix.

> «Cela roule mais ce n'est pas très drôle : tout gris, 20/25 nœuds de nord-nord est. Cela va durer au moins deux jours, le temps que la première dépression passe. Ce bateau fait bien du potin, très fatigant et très secouant. Il produit des démarrages foudroyants à plus de 20 nœuds en lofant un peu. Ça cogne assez violemment, je sens la coque qui est en monolithique bouger sous mes pieds. Puis ça ralentit un peu après le passage de la rafale en abattant. Les mouvements du bateau sont très brusques et il faut se tenir en permanence. Heureusement la quille ne vibre pas,

elle craque quand même un peu au passage des vagues et se met à souffler fortement par son évent. Mais le bruit de la mer est fort à travers la coque en carbone. Je veille à ce que tout soit rangé et assuré pour éviter de me prendre des objets sur la tête. Je dors à la table à carte pour être davantage au contact. Sur le pont, c'est un peu la guerre, l'eau submerge souvent le roof et ça remplit le cockpit. Il faut maintenant un masque de plongée pour sortir dehors et il ne serait plus question d'aller à l'avant sans être sévèrement attachée. Heureusement, avec les enrouleurs c'est un problème qui ne se pose pas. » ❞

Comme tout engin de vitesse, les monocoques 60 pieds Open ont leur limite. D'autant que la mer, à l'inverse d'un circuit de formule 1, a des courbes imprévisibles. Il faut donc rester lucide, à l'écoute de son bateau et des éléments, bref conserver son sens marin.

❝ «Foncer à 25 nœuds sous spi et sous pilote, cela change la nature des émotions. Nous sommes sans cesse sur le fil, dans une situation où il est indispensable de maîtriser son équilibre, de travailler en finesse. Quand l'on navigue à 7 nœuds sur un voilier de 10 mètres, on a encore les deux pieds solidement posés sur le béton même si cela n'empêche pas d'éprouver du plaisir. Lors de ma première transatlantique en solo, ce n'était vraiment pas compliqué : je suis partie des Antilles, je suis arrivée aux Açores, il faisait beau et j'avais progressé à 4 nœuds de moyenne. Cela n'avait certes rien d'extraordinaire et pourtant c'était déjà bien car il m'avait fallu apprendre à gérer une situation inconnue. Quand l'expérience s'accroît, il devient possible de mener des voiliers plus rapides. Pour conserver la même qualité d'émotions, c'est un peu comme une drogue, il devient nécessaire d'augmenter la dose. Mais il faut toujours rester lucide pour savoir jusqu'ou aller. Je ne suis pas du tout casse-cou, pas tout le temps courageuse, pas prête à me placer dans n'importe quelle situation. Je ne suis ni timorée, ni imprudente. Je peux foncer mais je fais quand même assez attention. Et sur un voilier stable et puissant comme *PRB*, il est encore plus indispensable de garder des signaux d'alarme dans sa tête. On conserve un ris dans la grand-voile et le foc de route et on se couche en marmonnant : "Et si les autres déboulent pendant ce temps-là? T'es petite joueuse." Mais l'on sait également que l'essentiel est de faire le tour. Et pour cela, il faut savoir parfois perdre quelques milles pour mieux préserver le bateau et se préserver. » ❞

Surtout que les choses sérieuses n'ont pas encore débuté. Centième de degré après centième de degré, l'écran à cristaux liquides du GPS indique que l'on se rapproche du 40e degré de latitude sud. Des détails de tous les jours confirment le signal électronique du positionneur par satellite. La nuit, le sac de couchage est redevenu indispensable. Dehors, les polaires et les gants sont de mise. Nul doute, la mise en jambe de l'Atlantique prend fin.

❝ Un grain arrive qui noircit l'eau. Je monte manœuvrer, un autre passe au loin, qui me laissera du répit. Un jour passe, un autre et une nuit encore. Le temps n'a plus d'autre rythme que celui de ces grains ou de ces éclaircies. Le ciel a été grisâtre presque tout le temps, depuis le départ, et ce doux coton accentue la perte de repères. Je parviens encore à m'apercevoir du week-end, car subitement il n'y a plus de message sur mon fax... mais d'ailleurs qu'importent les jours et les dates. Mon compte se fait en latitude et, bientôt, dès que nous aurons rejoint les Quarantièmes, la longue litanie des longitudes commencera. Oui, que m'importe midi ou minuit, qu'ai-je à faire des lundis ou des vendredis. C'est le temps qu'il fait et non le temps qui passe qui est mon maître.
Déjà, pourtant, je me surprends à supputer et à compter : « Ouais... 330 milles aujourd'hui, super. À ce train-là, je suis arrivée dans... Mais non, idiote, tu ne feras pas 330 milles tous les jours... bon, bon, on peut rêver, non ? » Et le temps reprend son cours.

Les 20es sud m'ont filé entre les doigts comme un collier de perles cassé. Maintenant j'attaque les 30es, et puis... et puis... commencera la sarabande.
Toute cette descente de l'Atlantique n'était qu'un long tour de chauffe. Le vrai départ est quelque part au sud de Cape Town, dans le gris et le froid. J'ai hâte, et en même temps je retiens mon souffle. Toréador pénétrant dans l'arène, chevalier s'apprêtant au tournoi, je scrute, je guette et j'organise l'affrontement dans ma tête. J'ai besoin d'anticiper pour me sentir prête. Cette fois-ci, je n'y vais pas la fleur au fusil dans l'ignorance joyeuse et l'impatience de la découverte. Mille souvenirs sont remontés au cours de cette descente tranquille de l'Atlantique, mille émotions, les bonnes et les mauvaises. Et, malgré ce que l'on dit de ces endroits abandonnés, de leur dureté, j'ai toujours envie d'y aller. Avec peut-être plus de gravité et de circonspection, j'y vais quand même avec envie... envie que mon chemin croise à nouveau ce bout du monde, ses lumières, ses vagues, ses solitudes.
Les 6 000 milles de l'Atlantique ne sont finalement qu'une sorte de retraite, avant que commence la liturgie du Grand Sud. »

CHAPITRE V
CAPE TOWN

—

UN SAFRAN BRISEUR DE RÊVE

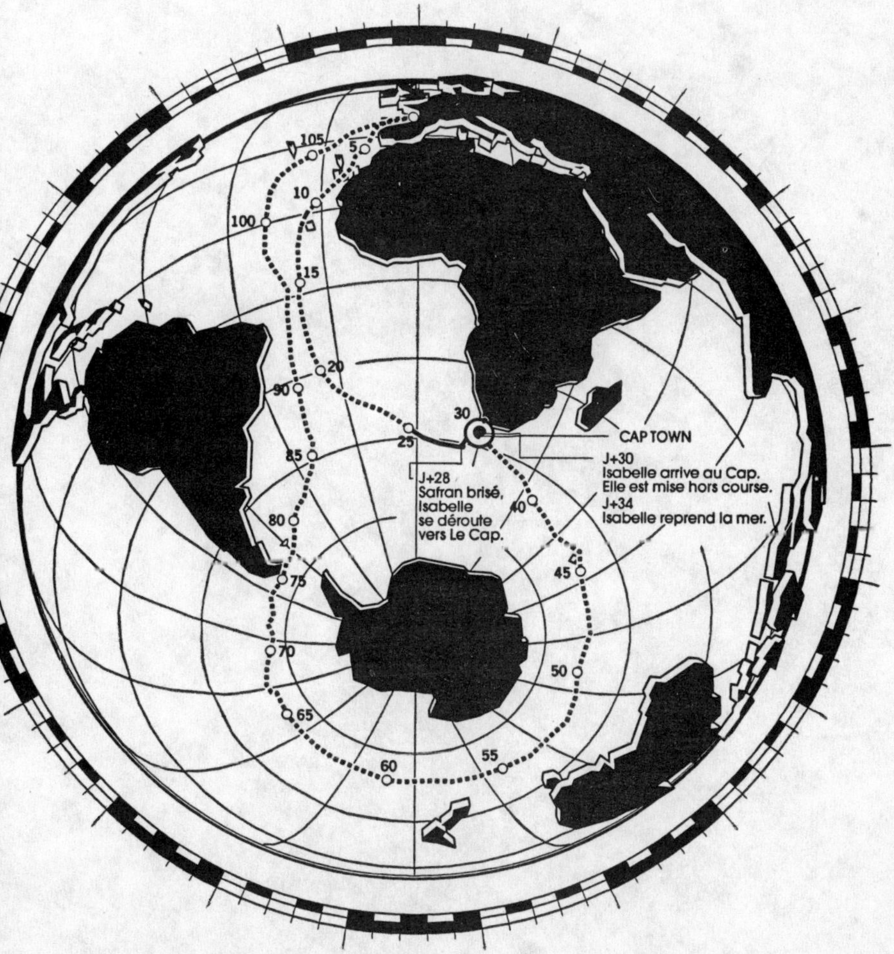

« Il fait beau, le vent est chaud et sous le pont de l'autoroute, les gamins noirs poussent le ballon en piaillant.
Mais qu'est-ce que je fais là???
Mais alors, qu'est-ce que je fais là!
Je me sens un peu comme une pièce rapportée dans cet univers policé et multicolore de Cape Town.
Qu'est-ce que je fais là, moi qui la semaine dernière déboulais à 15 nœuds dans le trio de tête d'une course autour du monde en solitaire? Est-ce que c'est simplement un rêve dont j'ai du mal à sortir? Eh bien non... *PRB* est là, amarré dans la marina du club. Ce sont bien Pascal, Jean-Charles et Christian qui se penchent sur cette grosse pièce en carbone à l'extrémité déchiquetée. Car finalement, il n'a fallu que quelques minutes, que quelques secondes peut-être, pour que tourne le vent de l'histoire, pour que deux ans de travail se résolvent par un fax laconique : « Safran tribord brisé au ras de la coque. Fais route sur Cape Town. » À quoi ça sert d'accuser le sort, la bille de bois traîtresse, à quoi ça sert, si ce n'est pour se soulager de pleurer, de maudire? La vie, la mer, ne font ni cadeau, ni traîtrise, elles nous regardent simplement passer nous, les humains pressés, avec nos heurts et nos bonheurs. »

Escale de malheur... Lorsque le 3 décembre 1996, un garde-côte sud-africain salue Isabelle, le Vendée Globe, la course en solitaire obligatoirement sans escale et sans assistance a donc pris officiellement fin pour la navigatrice. En réalité, ses illusions s'étaient déjà envolées depuis deux jours, depuis ce 1er décembre de désespérance.
Un 1er décembre qui voit *PRB* cavaler dans ces Quarantièmes rugissants tant attendus. À une cinquantaine de milles derrière Christophe Auguin, mais sur une route légèrement plus au sud, Isabelle peut être satisfaite : Yves Parlier décroché – à la suite d'une rupture de son étai, l'Arcachonnais a considérablement ralenti –, elle est la seule à accompagner le grand favori de l'épreuve en tête. Entre les deux skippers qui dominent la classe des 60 pieds Open depuis quatre ans, le duel autour de l'Antarctique promet d'être superbe.

À l'orée de l'océan Indien – Isabelle a prévu son passage à la longitude du cap de Bonne-Espérance pour le lendemain – la première tempête des mers du Sud s'annonce en guise de bienvenue. Toute la nuit le vent a soufflé à 25/30 nœuds. Maintenant l'anémomètre a des brusques accès de fièvre : 32 nœuds, 35 nœuds, 40 nœuds... Impossible de retarder plus longtemps la manœuvre : la grand-voile réclame que l'on s'occupe de sa surface devenue trop grande. Isabelle revêt une polaire supplémentaire, endosse son ciré, allume sa lampe frontale. Dehors, l'aube a pointé le bout de son nez mais de gros nuages de pluie paraissent vouloir la retarder. La navigatrice ne s'en préoccupe pas, frotte ses mains déjà engourdies par le froid et se met au travail. Plus rapide sera la manœuvre, plus vite elle pourra regagner l'abri de sa cabine. Et pour se donner du courage, rien de mieux que ce petit déjeuner gargantuesque qu'elle se promet d'avaler une fois son bateau assagi. L'écoute choquée, la voile, libérée de toute retenue, bat contre le vent. Il faut maintenant relâcher sa drisse pour lui permettre de descendre le long du mât. Puis, toujours du cockpit, souquer, à l'aide du winch, ses bosses de ris et d'amures. Ainsi tirée par ses deux extrémités, la voile se tasse d'un « étage. » Un jeu d'enfant cent fois répétés.

> “ «Qu'est-ce que c'est ce bazar ! Oh ! Tu regardes où tu vas... »
> Le bateau aurait dû gentiment garder son cap, or il vient de remonter nez au vent toutes voiles claquantes. Logique, je commence donc par engueuler le pilote. Coup d'œil sur la barre : elle est angulée à fond pour tenter de remettre le bateau à son cap. Bizarre... Je reste un moment pensive dans le cockpit. Dans mon cerveau, cela s'agite :
> « Bon, pas de panique, il y a un truc qui cloche... C'est le pilote ou les systèmes d'accouplement ou... le safran. »
> Je débranche le pilote, la barre est molle, inutile. L'idée bizarre me travaille un peu plus... avarie grave ? La réponse est tout près, là, dans le coqueron arrière. Lampe frontale en place, je rampe sous le cockpit pour contrôler la tringlerie. Tout est en place, parfaitement et désespérément en place...
> Voilà, je sais : c'est le safran et c'est grave. J'empanne. *PRB* est maintenant gîté sur l'autre côté. Le phare portable

à la main, je me penche, penche... penche... aussi loin que j'aille il n'y a plus rien que l'eau noire. Le safran tribord est cassé au ras de la coque.

Je n'ai pas d'état d'âme. L'idée n'est plus bizarre, elle est réalité et je l'ai intégrée instantanément. Le gouvernail de *PRB* est équipé de deux safrans écartés latéralement. Avec un seul, *PRB* est encore en sécurité mais n'est plus en course. Dès que son safran intact sort de l'eau, sous l'effet de la gîte, le bateau devient incontrôlable. C'est simple comme le couperet d'une guillotine. Je prends un ris de plus pour que *PRB*, assagi, reste à plat et soit manœuvrable.

Là-bas, en France, il est 5 heures. Ils vont entendre dans leur sommeil le fax crépiter et sentir immédiatement que c'est grave. Ils vont bondir, allumer, lire les deux petites lignes synonymes de disqualification. Mais il est urgent de ne pas penser, il faut remettre doucement le bateau en route vers le nord et Capetown. Il faut réfléchir à la toile à établir dans ce vent qui forcit et manœuvrer. Les larmes ne servent à rien pour le moment, juste à me rendre malhabile sur le pont. Pleurer, il y aura deux jours pour cela, pendant cette interminable route sur Cape Town. Jean-Charles n'a pas dû avoir le temps de se recoucher quand mon second message est arrivé :

« Si tu as une idée miracle pour réparer... je suis preneuse, sinon tire tout le monde du lit et vois combien de temps ça prendrait pour refaire un safran. On n'a peut-être pas dit notre dernier mot. J'ai un blues d'enfer... Bises, Isa. » ”

Aucune idée miracle ne viendra. En faisant route vers le grand port sud-africain, Isabelle sait qu'elle a mis le cap sur son abandon. Deux ans de sa vie semblent s'éparpiller sur la crête des vagues. Sur la carte de Cape Town, les larmes, une à une, font des taches translucides.

Cape Town est-elle pour autant une escale de malheur ? Trop vite dit. Réducteur et injuste. La mémoire et la mer font heureusement bon ménage. Cape Town, au contraire, a été jusqu'alors pour Isabelle l'escale de tous les bonheurs. Son approche, les calmes de sa baie, ses rafales qui descendent sans prévenir de la montagne de la Table, elle les connaît par cœur. Car l'escale imprévue de ce Vendée Globe est traditionnellement la première du Boc Challenge. Elle sonne, dans cette course, la fin de l'Atlantique et annonce l'étape de l'océan Indien. En 1990, septième, après quarante et un jours de mer, heureuse d'achever sa première traversée à bord d'un grand monocoque de course, elle y est accueillie en héroïne. Un public nombreux est venu découvrir la première femme en passe d'accomplir une course autour du monde en solitaire. Quatre ans après, dans le Boc 94/95, c'est l'apogée. La silhouette revêtue de rouge qui lève les bras au ciel dans la nuit sud-africaine vient de réussir un incroyable exploit. À la barre d'*Écureuil Poitou-Charentes II*, Isabelle remporte non seulement la première étape de ce tour du monde mais relègue, à l'issue de trente-cinq jours de mer, son poursuivant immédiat, l'Américain Steve Pettengill, à plus de cinq jours et le favori de l'épreuve, déjà Christophe Auguin, à près d'une semaine... Du jamais vu ! De quoi déplacer l'ambassadeur de France et mériter d'entendre la Marseillaise dans le pays de Mandela. Cape Town, escale du rire, des larmes, hier de joie, aujourd'hui de tristesse. Une escale qui n'en finit pas de marquer la carrière de la Française.

« 1990, je me souviens de Cape Town, une fin d'après-midi plutôt ventée, après quarante jours de mer en solitaire. Une panne de Satnav m'a fait ressortir mon sextant depuis quinze jours déjà. Je sais que la terre est là, à quelques dizaines de milles, qu'elle doit être là, qu'il le faut, mais je ressens la vieille angoisse atavique du guetteur. Ce n'est pas la première fois que j'arrive après si longtemps en mer sur un continent inconnu, mais cette première étape du tour du monde a des accents mythiques : Le Cap, la Compagnie des Indes, la route des clippers, les marins exsangues de scorbut, les premiers colons fuyant les guerres de Religion et cette terre qui devait être un havre de paix et qui a sombré dans un bourbier raciste. J'aime ce lien d'histoire, ma course n'est pas un quelconque parcours, mais la vrai route de ceux qui ont peuplé la terre. Je pense à eux lorsqu'un drôle de nuage bistre se dessine enfin à l'horizon. La grosse montagne carrée monte lentement. Le soir tombé, par cette nuit claire mais sans lune, elle forme une puissante barre d'encre dans ce ciel sombre. À ses pieds, la ville fait un fleuve de lumière. C'est beau.

Moi dont l'itinéraire est synonyme de liberté, je croise le long de l'île qui a abrité le plus vieux prisonnier politique du monde. À cette image, toute la ville n'est que contraste. Cape Town riche et blanche, Cape Town pauvre et noire, la ville a l'odeur, la couleur luxuriante de l'Afrique et l'austère architecture des protestants européens. La ville est bras ouverts sur son port qui mixe les pêcheurs-bagnards coréens, les équipages de cargos en goguette et les familles tourdumondistes en escale alimentaire ; mais la ville est aussi isolée par l'apartheid, camouflant ses multinationales sous des noms d'emprunt, méfiante et mal à l'aise envers les étrangers. Lors de mon second passage en 94, les riches et les pauvres ont gardé leur couleur, mais l'espoir, enfin, a élargi l'horizon.

Je cours les quais, comme tous les marins en escale, pour trouver la pièce indispensable, le soudeur orfèvre, la poulie exacte qui me permettront d'entrer dans ce Sud dont Cape Town est la porte historique.

Au hasard, je rencontre ce pays. Un jour, je suis reçue dans une famille de riches fermiers éleveurs d'autruches, une grande tribu hospitalière et chaleureuse qui n'en pense pas moins que les ministres noirs sont des brigands imbéciles ; un soir je dîne avec deux associés, un noir, un blanc qui me raconte leur amitié de dix ans. Je pars quelques jours en vacances, marcher dans le désert rouge du Karoo, où les élevages de moutons du siècle dernier ont stérilisé des milliers de km², je vais baguenauder dans le célèbre Kruger Park, pour côtoyer éléphants et rhinocéros avant que les derniers braconniers n'aient eu leur peau. Ce pays est si vieux et si jeune, si perclus de traditions et pourtant moderne. Drôle de pays, attachant.

De temps en temps, je quitte la ville, longeant l'immense bidonville vers la pointe de Bonne-Espérance. Au bout de la lande, il y a une falaise... et après ? Je le saurais dans quelques jours et ce nouveau départ, cette fois-ci vers les mers australes me rend plus songeuse que le départ des

États-Unis. N'est-ce pas folie présomptueuse, inconscience, irrespect, presque, que d'y pousser mon bateau ?
Cape Town est l'un des tournants du monde : historique, elle ouvre au XVIe siècle la route des épices, le commerce mondial et la richesse des pays européens en pointe ; géographique, elle borne le début des Quarantièmes que Titouan appelait le *pays de l'ombre*. ”

Comme toutes les escales du bout du monde, celle de Cape Town est également empreinte d'amitié et de solidarité. Dans le Boc Challenge, les liens entre les solitaires s'y resserrent. Leurs préparateurs donnent plus aisément un coup de main aux autres bateaux, on se prête plus naturellement l'outillage. Normal, en mer on n'a eu le temps de faire plus ample connaissance que par fax ou radio, à terre on se retrouve, on se raconte. Et, surtout, l'imminence du Grand Sud, là où l'on ne pourra plus compter que sur les autres solitaires, appelle à cette fraternité plus grande.
Seule solitaire cette fois dans la Marina du Royal Cape Town Yacht Club, la concurrente malheureuse du Vendée Globe n'en a pas moins profité de la solidarité des gens de mer. Elle a vu les marins du coin se presser autour de son oiseau blessé. Ce n'est pas chose nouvelle. Que l'on s'appelle Autissier ou Dupont, les locaux savent ici que les éclopés de passage viennent de loin, partent loin et méritent donc leur aide. Et puis ils sont quelques-uns à avoir connu la difficulté d'un tour du monde en solitaire tels Bertie Reed, visage buriné d'un boucanier, ancien du Vendée Globe et du Boc Challenge, qui a ouvert un restaurant donnant sur la marina ou Jean-Jacques Provoyeur, descendant d'émigrants français, également un ancien du Boc Challenge. Avec ces deux-là, qui furent ses adversaires, Isabelle retrouve ici la fraternité des circumnavigateurs solitaires et une entraide matérielle efficace. Il y a des visages plus familiers encore qui, sitôt débarqués de l'avion, se sont mis au travail : ses préparateurs, bien sûr, mais également son architecte, Pascal Conq, et son sponsor, Jean-Jacques Laurent, qui, en homme du bâtiment qu'il est, n'hésite pas à remonter ses manches.
Solidarité toujours, mais en France cette fois, au chantier AMCO de La Trinité, où un as du carbone, Thierry Fagnent, n'a pas fermé l'œil pendant trois jours pour fabriquer deux nouveaux safrans. C'est

Marc Pinta qui a pris sous le coude ces longues pelles de 1,40 m pour les acheminer à Cape Town. Marc, qui, en transit à Francfort puis Johannesburg, n'a pas hésité à retarder par deux fois l'envol de son 747 afin d'être certain que les précieux safrans avaient bien pris place dans la soute.
Cette mobilisation générale a produit ses effets : l'escale express n'a duré que 4 jours. Le 7 décembre au soir, trois ris dans la grand-voile, *PRB* fait de nouveau route au sud pour s'en aller parer de près le cap de Bonne-Espérance, le premier des trois grands caps. La course est finie, l'aventure continue : Isabelle redevient une solitaire autour du monde.

> « Et pourquoi s'obstiner? Et pourquoi repartir? Et pourquoi bousculer tout le monde pour y retourner le plus vite possible, rejoindre les autres coureurs, continuer comme si on n'était pas disqualifié. Pourquoi? Pour rien? Non, pour tout... Pour la fidélité à ces choix de vie, pour l'hommage à ceux qui y ont cru, qui ont financé, construit, travaillé, rêvé avec moi. Pour le principe de ne pas baisser les bras. Pour le bonheur de continuer à se battre ou à jouer dans les mers du Grand Sud. Pour l'honneur des capitaines qui jamais n'abandonnent leur navire! Pour, enfin, que la vie continue, pleine, dense, parfois amère, parfois caressante. Et puis, enfin, pour qu'un jour de février 97, je ramène mon bateau aux Sables-d'Olonne, comme prévu et tout simplement. »

CHAPITRE VI
SOUS LE SIGNE DE L'INDIEN

DÉMÂTAGES ET NAUFRAGES DANS L'OCÉAN INDIEN

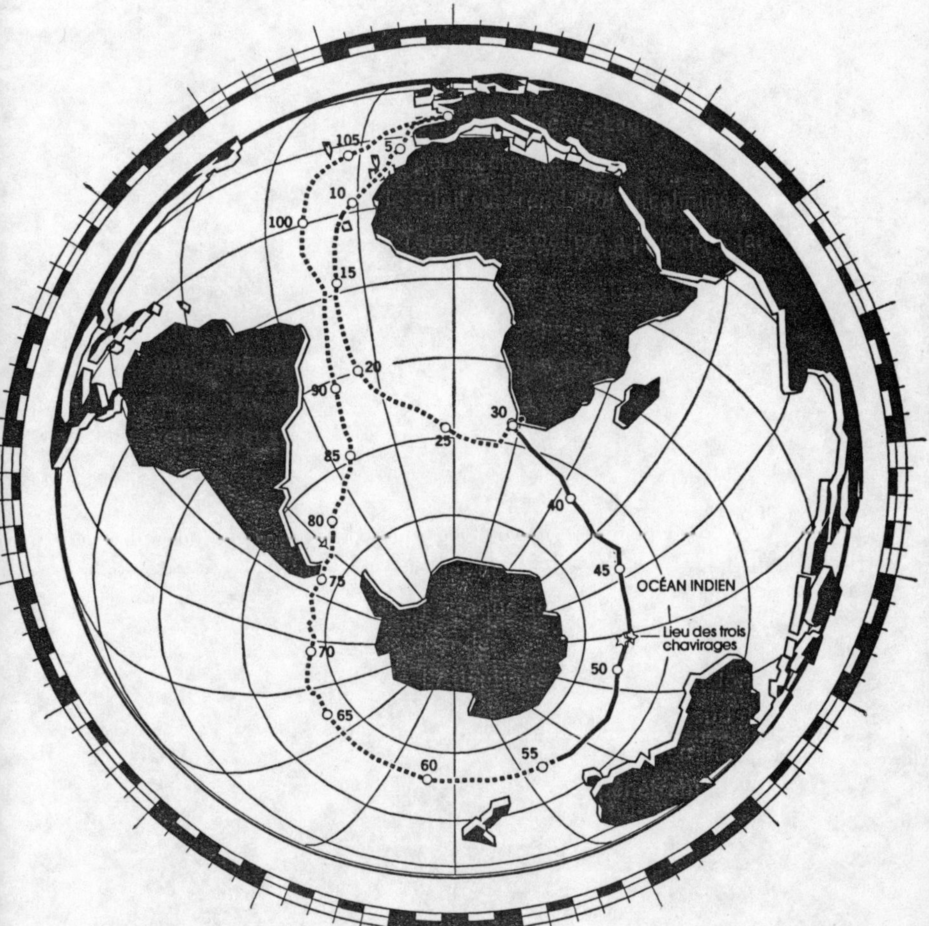

© Libération.

“Un matin, en sortant sur le pont, je sens que tout a changé. Un peu comme en haute montagne, au sortir de la vallée, le paysage a perdu son côté facile et souriant pour côtoyer le grandiose et la puissance. La mer est plus ample, la houle plus longue et je sais que bientôt les oiseaux du Sud viendront y rôder. D'un jour à l'autre il va faire rapidement plus froid et l'onglée va me surprendre à la manœuvre, le mauvais temps bientôt va s'appesantir.

Le paysage vire au noir et blanc, avec toutes ses nuances : gris foncé d'un nuage, gris laiteux de la mer en rage, gris soyeux des plumages d'oiseaux, puis un jour gris-bleuté d'un iceberg. L'air semble débarrassé de la moindre poussière, la lumière est crue et nette. Chaque objet, vague, nuage, bateau, ressort de cette pureté avec une précision froide, comme si ses contours étaient découpés au scalpel. Rien n'est plus anodin ou léger et l'on se prend, plus que jamais à guetter les moindres signes de ce paysage sans appel. Car, avec les Quarantièmes, l'éloignement et la solitude deviennent palpables et oppressants. Oui, je suis bien seule, bien petite, dans ce bout du monde qui peut autant m'offrir sa beauté extrême que m'écraser sans y prendre garde. Instinctivement, je navigue plus prudemment, le spi ne sort plus de sa chaussette, les ris s'entassent plus facilement, l'œil revient tout le temps au baro.

Ce pays ne connaît pas les bornes et ne vit que de superlatifs : désert immense, sarabande somptueuse de nuages, démences déferlantes, solitude indifférente d'un iceberg, absolu du vol des albatros. Tout ce que l'on connaît d'habitude de la mer et du ciel passe ici à l'exponentielle et prend un caractère inattendu. Pas facile, mais combien excitant de naviguer dans ce sublime. Je mesure chaque jour l'orgueil qu'il faut pour y entrer et l'humilité nécessaire pour espérer en sortir.”

Espérer en sortir… La prière n'a, pour Isabelle, rien de littéraire. On a beau être une jeune femme rationnelle, comment ne pas croire à la vindicte personnelle de l'océan Indien ? Les dates elles-mêmes paraissent vouloir lui adresser de grimaçants pieds de nez. Ce 1er décembre quand, à la porte de l'océan Indien, un bout de carbone de misère a envoyé balader tous ses rêves de victoire, ne s'apprêtait-elle pas à exorciser un drôle d'anniversaire ? Celui du 2 décembre 1994 qui a marqué le début de son incroyable odyssée de la deuxième étape du Boc Challenge 94/95.

Écureuil Poitou-Charentes II navigue ce jour-là par 48°52 S, à 1 275 milles au sud de Cape Town, quitté cinq jours auparavant en compagnie des 13 autres monocoques du Boc Challenge. Tout va pour le mieux, le vent souffle à 30 nœuds et Isabelle, assurée depuis sa victoire dans la première étape d'une très large avance, n'a plus à forcer sa machine. Elle se situe en 4e position, à 33 milles de son plus dangereux adversaire, Christophe Auguin... Ce 2 décembre, à 8 h 06, Isabelle Autissier est le leader incontestée de ce tour du monde. À 8 h 07, son beau mât n'est plus qu'un amas de carbone inutilisable. Ce qui sépare ces deux moments a l'épaisseur du hauban qui, en lâchant, vient de briser des rêves immenses.

> « Le corps se tord, l'esprit se révolte : « Non, pas moi, pas ici, pas maintenant. » Une seconde, après le claquement sur bâbord, dans un seul craquement sans appel, *Écureuil Poitou-Charentes II* est passé de coursier fonçant à 15 nœuds sous un ris, trinquette, à bateau blessé dérivant dans les 50es sud. J'ai mal, si mal à l'âme, à mon bateau... Mais il y a urgence. À grand renforts de craquements, le winch de pied de mât est en train de défoncer le pont. Ça pète de partout, ça grince, ça cogne.
>
> Les gestes, je les connais. Scie à métaux, pinces, couteau, il faut envoyer par le fond ce qui pourrait devenir un redoutable bélier en carbone avec le vent et la mer qui fraîchissent. Je fais du quatre pattes sur le pont rendu dangereux par la rupture des filières.
>
> L'eau est à trois degrés. Il pleut. La mer vole. Est-il bien sûr que l'eau salée n'a jamais le goût des larmes ? J'ai envie de craquer, de laisser tomber cette course, qui déjà, il y a quatre ans, dans cet océan Indien, n'avait pas voulu me laisser passer. Et encore, à l'époque, j'avais démâté à 500 milles de Sydney, il me restait environ un tiers du mât en place et pour seul objectif de finir ce tour du monde. Aujourd'hui,

je perds la victoire que la première étape, trop parfaite, m'avait mise à portée de main. J'ai 5 000 milles à faire et un pont nu comme la main.

Bagarre toute la journée, en titubant sur le pont qui roule. Je réussis à ériger un fragment du petit tangon qui avait été écrasé sous le mât. Il me servira de « chèvre » demain pour hisser le grand tangon en mât de fortune. Et la nuit tombe. Je suis vannée physiquement et complètement abrutie moralement, comme si je refusais toujours la situation.

Dans le jour qui tombe, gris, sombre, noir, la mer encore grosse, dans le pinceau de mon projecteur de pont, je vois s'avancer un silencieux fantôme. Trois ris dans la grand-voile, c'est mon pote David Adams, coureur en classe 2 que la course a détourné de sa route pour venir aux nouvelles. La grande silhouette en ciré sur le pont :

« *Isa are you OK? Can I do something?* (Ça va ? Je peux faire quelque chose pour toi ?)

— *I am OK Dave. Good to see you. Nothing to do for me. Do your race*... (Tout va bien Dave. Ça fait du bien de te voir. Rien à faire pour moi. Continue ta course... !) »

David, équipier de ma première tentative de record New York-San Francisco, témoin d'autres galères et véritable ami. Il n'a pas besoin d'en dire plus. Il court lui aussi. Il sait. Il sent... La coque bleue a glissé le long de la coque blanche, l'espace d'une minute, une minute de chaleur humaine.

« *Bye, Dave, fair winds, see you in Sydney* » (Salut Dave, bon vent, rendez-vous à Sydney).

Car c'est bien là que je vais, coûte que coûte ; car, c'est là le départ de la troisième étape et mon seul espoir maintenant est d'y être à temps. Je veux y être pour le principe, pour finir honorablement ma course, mais surtout pour eux. Eux qui m'ont fait confiance, eux qui ont travaillé avec moi pour que ce bateau courre et gagne, eux sans qui le Boc Challenge ne serait qu'un tour de piste de plus. Et eux, depuis ce matin, ils n'ont pas chômé, Jean-Charles, Annick, Serge, Benoît, Fouine et toute la bande. « Oui, il y aura un mât à Sydney. Oui, il va en partir un petit de 13 mètres aux Kerguelen, où tout le monde t'attend déjà. Oui, on va y arriver. Oui, tu seras au départ de la troisième étape. Oui, oui, oui... »

Demain, donc 9 mètres de tangon remplaceront 26 mètres de mât, 15 mètres de tourmentin tiendront lieu de 250 mètres carrés de toile et il restera 1 000 milles pour les Kerguelen. Amen. Le mot de la fin vient de Giovanni Soldini, mon autre grand pote italien dans la course : « À ma vieil, cé pa tou pourdu. Terlain, il avé mi 30 jours pour revenir à ter (dans le premier Vendée Globe, Jean-Yves Terlain, après avoir démâté pratiquement au même endroit qu'Isabelle, était arrivé à Cape Town sous gréement de fortune) et il avé pa une île plein de filles pour l'attendre. » ❞

Sydney bien trop éloigné, Cape Town contre les vents dominants, la solution Kerguelen, cette île pleine de ces garçons que les encouragements de Giovanni sous-entendent, s'est rapidement imposée. Sur la carte marine, le bout de terre apparaît pourtant minuscule au milieu de l'immense océan Indien. Échelle trompeuse, ce fragment d'humanité, isolé au cœur d'un véritable désert maritime, est, en réalité, grand comme la Corse. Située par 49°30 sud et 70°00 est, l'archipel administré par les TAAF (Terres Australes et Antarctiques françaises) est certes éloigné de 1 200 milles, mais il présente l'avantage d'être à l'est d'*Écureuil Poitou-Charentes II*, là où les vents dominants peuvent plus facilement pousser son moignon de gréement. Autre avantage, l'Archipel abrite une importante base scientifique. Isabelle y trouvera de l'aide et, avec un peu de chance, du matériel de récupération pour améliorer son gréement. Vingt-quatre heures après l'avarie, *Écureuil* fait de nouveau route, « cap sur les Kerguelen, pour visiter les pingouins. » Tant qu'il y a de l'humour...

Pendant qu'Isabelle progresse tant bien que mal sous gréement de fortune, à terre s'est donc organisée une histoire rocambolesque. Ancien de la Mini-Transat – mieux qu'une confrérie décidément –, Henri Gouge, ce mystérieux « Fouine » évoqué par la navigatrice, officie à Paris pour les TAAF. Il alerte Christian Dors, son administrateur en chef, qui n'hésite pas une seconde à mettre les compétences et les moyens de son administration au service de la Française. Par un concours de circonstance exceptionnel, le *Marion*

Dufresne, navire de 112 mètres de long chargé de ravitailler quatre fois par an les îles françaises du bout du monde, s'apprête justement à appareiller de la Réunion pour l'une de ses rotations. Coïncidence encore, on signale là-bas qu'un mât de 13 mètres sommeille sur un quai. Il est le morceau rescapé d'un voilier de croisière qu'une violente tempête a récemment envoyé par le fond. Le mât prend place sur le *Marion Dufresne* dont l'escale aux Kerguelen est prévue pour le 13 décembre, le jour même où Isabelle s'annonce dans l'archipel. Seul contretemps, le navire affrété par les TAAF n'a pas pu attendre Luc Bartissol, un ancien équipier du record New York-San Francisco, qui a embarqué au débotté dans un avion à destination de la Réunion. Or le matériel acheminé par Luc est indispensable. Sans les voiles amicalement cédées par Pierre Follenfant et Philippe Poupon et le haubanage et les barres de flèche prévus pour l'adapter au grand monocoque, le mât de remplacement ne sert à rien. Chance toujours : Henri Gouge apprend qu'un chalutier de haute mer, le *Kerguelen de Trémarec*, doit appareiller de la Réunion pour une campagne de pêche. Il prévoit également de s'arrêter aux Kerguelen. Averti, le capitaine du navire accepte d'intégrer cette incroyable chaîne de solidarité en différant son départ pour attendre Luc. Le 14 décembre 1994, le *Kerguelen de Trémarec* mouille dans les eaux de l'archipel avec dans ses soutes le précieux matériel.

La veille, à 5 h 13, après 1 240 milles de navigation sous gréement de fortune, Isabelle en a terminé avec la première partie de son odyssée.

> « «Je suis à la pointe sud-est de l'île. Je remonte vers l'entrée de la baie, escortée par *La Curieuse*. C'est beau, incroyable. Ciel bas chargé de grains, falaises à pic, dentelles de roches, neige sur les sommets et, de temps en temps, un peu de lumière sur l'herbe verte.» »

La Curieuse, un chalutier transformé en navire océanographiqe, a ensuite remorqué *Écureuil* dans le golfe du Morbihan, le fjord le plus abrité de l'archipel. Les dizaines d'îlots qui le parsèment rappellent en effet vaguement son homonyme breton. Isabelle va rester là trois jours. Trois jours au cours desquels ce paysage unique va se graver à jamais dans ses rétines. Trois jours de découverte de l'une de ces îles des Quarantièmes que les explorateurs français du XVIIIe siècle ont révélée.

> « Au hasard de ces coins désolés des 40es, des îles vertes et noires montent la garde. Iles oubliées, repaires d'albatros, de manchots et d'orques, voire parfois de petites communautés de scientifiques accrochés à leur caillou.
>
> Crozet, Marion, Kerguelen et les autres, qui se souvient d'elles ? Qui les connaît seulement ? Et qui saurait dire qui furent ces fameux Crozet, Marion et Kerguelen ? C'est la particularité peut-être de ces endroits de rester dans l'obscurité du climat et des mémoires. Non, Marion ne fut pas la jolie femme d'un capitaine mais un fier marin qui après bien des explorations australes, finit au XVIIIe siècle sous le couteau d'un Maori. Et Kerguelen, le pauvre, sommé de retourner, au nom du roi, planter le drapeau sur cette terre si désolée qu'il n'avait pas osé y débarquer. Que d'histoires de vies et de destins. Aujourd'hui, comment ne pas penser à tous ces gens qui cherchant les mythiques « *Terrae Incognitae* Australis », que l'on disait fertiles et généreuses, sont arrivés dans ces parages glacials. Lorsque aujourd'hui, skipper d'un bateau de course de 18 mètres, conçu, équipé, préparé pour ces mers australes, on vit au jour le jour la difficulté du froid, du mauvais temps, de la solitude, comment ne pas penser à ceux qui, les pieds dans des sabots, couverts de mauvaises cotonnades, sur des bateaux si peu manœuvrants, prenaient des ris dans les huniers à 10/20 mètres de haut, parfois la nuit, parfois sous la neige ? Comment ne pas imaginer la somme immense de souffrance, de peur, de désespoir sans doute mais aussi de foi, d'intrépidité et de courage de ces hommes d'alors ? Car s'ils voyaient les mêmes paysages que nous, ne partageaient-ils pas aussi cette soif de l'inconnu, de l'exceptionnel et du grandiose. C'est à ces hommes d'alors que je pense, ce matin, en regardant, en écoutant tomber la grêle et le vent couiner à 50 nœuds, à ces conquérants de l'inutile, à eux qui les premiers osèrent les mers du Sud et ouvrirent la voie aux histoires d'aujourd'hui. »

Le 16 décembre, Isabelle repart, bien décidée à terminer rapidement cette deuxième étape du Boc Challenge. Rassérénée par ces trois jours de chaude fraternité aux confins des mers australes.

« Sur le drapeau d'*Écureuil Poitou-Charentes II*, ils ont marqué : « Bon vent et à toutes pattes. » Ils, c'est-à-dire tous ceux qui m'ont aidé : Pascal, sa *Curieuse* et son équipage, qui sont venus escorter et accueillir le bateau blessé ; le « Disker » (le chef de district des Kerguelen), qui règne sur ce petit bout du monde et a trouvé tout à fait naturel de mettre la base à ma disposition, en m'abreuvant de petits cafés pour que je tienne le coup ; Pete, qui en deux heures a trouvé un mât à la Réunion et a brillamment orchestré soudeurs et mécanos 48 heures non-stop, pour que l'incroyable puzzle s'assemble ; le *Marion Dufresne* et le *Kerguelen de Trémarec*, qui ont embarqué mât, voiles ou gréement.

Jean-Pierre, les trois Éric, Patrimoine et les autres, qui ont passé une nuit blanche, perceuse et lime à la main ; Jean-Charles, Annick, Marc, Fouine ou François, qu'en France je pouvais réveiller en pleine nuit pour discuter d'un détail, celui que je ne connais même pas qui m'a prêté son mât ; Philou et Pierre Follenfant qui ont envoyé leurs voiles.

Écureuil Poitou-Charentes II ressemble de nouveau à un bateau avec un curieux gréement, un petit mât de 13 mètres, certes, mais qui le reclasse dans la famille des oiseaux de mer. Il va falloir apprendre vite à manier ses voiles, un peu malcommodes car bricolées pour pouvoir juste augmenter la surface de la toile.

Mais dans ce vent léger d'ouest, sous spi je retrouve ce petit quelque chose du goût de la mer.

Les manchots que je n'ai pas eu le temps de voir, les lions de mer qui m'ont fait rire, ces montagnes où je reviendrai un jour, disparaissent à l'horizon.

Je repense que l'eau salée n'a pas toujours le goût des larmes ou alors ce sont celles du bonheur.

Et maintenant à Sydney... à toutes pattes. »

Cette deuxième étape du Boc Challenge est certes perdue, la première place au classement général également envolée, mais Isabelle reste en course. Et pour l'avenir, sait-on jamais... Elle a beau s'en empêcher, les calculs s'échafaudent de nouveau dans sa tête. Alors, voyons... avec un peu de chance, elle pourrait repartir de Sydney avec six jours de retard sur Christophe Auguin, qui vient tout juste de remporter cette deuxième étape... Peut-être cinq... Oui, sait-on jamais et puis elle revient de si loin... De cette espérance, l'océan Indien n'en a cure. Le pire est à venir.

Dix jours après l'escale de Kerguelen, le 27 décembre 1994 à 19 h 19, Isabelle pianote sur son télex à l'attention de son PC à terre : « J'ose à peine sortir l'ordinateur portable *because knock down* très sévères. Le baro a baissé de 9 millibars en une heure et j'ai eu du bol de pouvoir rentrer de la toile. À sec de toile je vais à 8,5 nœuds de moyenne. Bon, pour le moment tout est ok. » À 7 h 45, le signal d'une balise de détresse Sarsat est réceptionné par l'un des vingt-trois centres de traitement qui quadrillent le monde. Position géographique de ce signal : 48°03 sud 128°33 est. À 920 milles dans le sud-sud est du port australien d'Adélaïde, Isabelle est en perdition.

Depuis qu'Isabelle a déclenché sa balise de détresse, le film du naufrage repasse sans arrêt dans sa tête : le vent qui a soufflé pendant des heures à plus de 60 nœuds et qui, enfin, s'assagit légèrement; elle, à l'intérieur de son voilier, qui bricole dans son compartiment arrière; ce tourmentin qu'il faudra penser à renvoyer aussitôt ce travail effectué. Et puis... La solitaire a tendu l'oreille : le bruit sourd perçu est devenu grondement. *Écureuil* dévale déjà la pente abrupte, trop abrupte... Le roulé boulé est si rapide que la navigatrice n'a pas le temps de l'inquiétude. Un court moment, elle se retrouve allongée sur le plafond devenu plancher. Juste le temps de recevoir une douche glacée et le monocoque a déjà retrouvé sa position normale. Normale? Ailleurs l'expression prêterait à sourire. Décapsulé, l'*Écureuil* ! À ciel ouvert ! À la place de la casquette du rouf, un trou béant de 5 m^2 ! Le pont? Littéralement arrasé : plus de mât, plus de gouvernail, le vide. *Écureuil Poitou-Charentes II* n'est plus qu'une épave. En France, on ne connaît évidemment rien de ce scénario catastrophe. On sait seulement qu'Isabelle a appuyé sur le bouton « *distress* » et qu'à ce moment-là elle était encore vivante. L'inquiétude grandit.

En quatre jours, les Australiens vont démontrer tout l'étendue de leur savoir-faire en matière de secours en mer. Moins de 24 heures après que la balise a été déclenchée, un avion Hercules C130 des Forces royales survole une première fois *Écureuil*. Isabelle fait des signes, Isabelle est en vie ! Le 31 décembre, la frégate *HMAS Darwin*, partie de Freemantle, arrive à moins de 100 milles du voilier en perdition. Dans quelques heures, l'un de ses hélicoptères pourra porter secours à la naufragée.

Au même moment, décalage horaire oblige, il est 20 heures en France. Ce 31 décembre 1994, François Mitterrand adresse pour la quatorzième et dernière fois ses vœux présidentiels au peuple français. Il en est à la conclusion : « Je crois aux forces de l'esprit et je ne vous quitterai pas. Je forme ce soir des vœux pour vous tous en m'adressant d'abord à ceux qui souffrent, à ceux qui sont seuls, à ceux qui sont loin de chez eux. Bonne année, mes chers compatriotes. Bonne année et longue vie ! »

À 16 200 km de là, une Française, justement seule et loin de chez elle, achève sa dernière nuit à bord de son monocoque dévasté.

> « Allongée dans la voilerie humide et froide, la tête enfouie dans les voiles au goût de sel, la couverture de survie en aluminium m'enveloppe comme une géante papillote de fête. Il paraît qu'ils dansent cette nuit, là-bas, sur la terre, qu'ils fêtent ce symbolique passage du temps. Moi, je n'ai rien à fêter, alors mon repas de fête est une purée déshydratée, ma robe de bal l'épaisse combinaison de survie et le cri du vent mon air de cotillon.
>
> Et puis ce silence entre lui et moi. Qu'avons-nous à nous dire que nous ne sachions déjà ? Nous nous écoutons. Je l'imagine attentif à ma respiration assoupie, j'enregistre, pour la dernière fois peut-être, les claquements de sa coque en carbone, le chuintement de l'eau sur ses flancs. Demain, le grondement des pales de l'hélicoptère m'arrachera à ces trois années de ma vie. La nouvelle année sera une vraie page blanche, suspendue entre ciel et mer au treuil d'un hélicoptère.
>
> Quand le ventre plein d'eau d'*Écureuil Poitou-Charentes II* s'est relevé de son looping, il fallait agir, décider, trancher dans le vif. Comme toujours en solitaire, essayer de pren-

dre la bonne décision au bon moment, classer les priorités. Non, ma main n'a pas hésité à enclencher le « *on* » sur la balise de détresse. J'ai regardé clignoter la lampe témoin, imaginé le satellite captant ce clin d'œil furtif et le recrachant dans une salle bourrée d'écrans fluos où des types ont pianoté sur leurs consoles pour savoir qui était ce LKA683884212 qui avait subitement l'air mal en point là-bas, par 48° sud, puis la chaîne du fax et du téléphone, les voix ensommeillées, les ordres, les décisions, la machine qui s'ébranle.

J'ai imaginé l'angoisse aussi, les questions sans réponses, les scénarios mille fois rebâtis du pourquoi et du comment, les regards qui s'affûtent pour détecter une présence humaine sur la coque meurtrie. Et puis j'ai dû attendre le jour suivant le grondement de l'Hercule ô combien rassurant, en rase-mottes au-dessus du bateau blessé. *Something was on...*

Les trois jours suivants appartiennent aux techniques de survie, au professionnalisme des pilotes, à l'esprit inventif des équipages qui ont dû imaginer de nouvelles solutions pour larguer le matériel adéquat par 50 nœuds de vent. De longs débriefings sont programmés pour la semaine prochaine pour que notre expérience commune enrichisse celles de tous.

Tout ceci est déjà loin, cette nuit du 31 est ma dernière à bord. Je sais mon hélitreuillage programmé pour l'aube.

J'ai attendu tant d'aubes sur ce bateau, calée à la table à carte, veillant sur le pont, buvant un thé.

J'ai attendu tant d'aubes dans les calmes langoureux ou des mers de colère. Est-ce aujourd'hui la dernière ?

Ce ciel qui lentement s'éclaire, s'éclaircit comme un espoir.

Il y aura, je le sais déjà, d'autres aubes sur la mer. »

Le jour s'est maintenant levé sur l'océan Indien. Un 1er janvier triste et gris. Le bruit des deux turbines de 1 543 chevaux de l'hélicoptère Seahawk de la marine australienne trouble l'ample respiration de la houle. En position stationnaire, face au vent modéré qui souffle sur zone, l'engin domine de

25 mètres l'épave malmenée par les flots. La carène s'enfonce très nettement vers l'arrière. Une voile protège tant bien que mal le trou béant qui s'ouvre sur l'habitacle. La désolation serait totale s'il n'y avait cette silhouette agitant ses bras comme des sémaphores. Pour l'équipage de l'hélicoptère, la mission est presque de routine. Sans tarder, le plongeur équipé d'une combinaison Néoprène est descendu sur le pont du voilier. Une rapide tape amicale sur l'épaule de la naufragée et voilà cette dernière harnachée puis treuillée dans les airs agrippée à son sauveteur. Le pilote peut regarder sa montre et laisser échapper un sourire satisfait : il est 6 h 22, l'opération n'a pas duré plus de dix minutes. Isabelle était sauvée. L'année 1995 ne commençait finalement pas si mal. Mais jamais plus, elle ne reverrait son *Écureuil*.

Cette traversée inachevée de l'océan Indien, c'est à *PRB* de la conclure, deux ans après, dans le Vendée Globe. Le 28 décembre 1996, en entrant en mer de Tasmanie, le nouveau monocoque d'Isabelle en termine en effet avec l'Indien. Depuis l'escale imprévue de Cape Town, la navigation s'est déroulée sans trop de soucis sur cet océan qui semblait poursuivre Isabelle d'une animosité personnelle. La navigatrice a même pris du plaisir en allant vite, très vite. Quinze jours et 4 heures lui ont suffi pour parcourir la distance séparant les longitudes du cap de Bonne-Espérance et du cap Leeuwin. Seul Philippe Jeantot, dans le premier Vendée Globe, sur une route plus au sud et donc plus courte, a jusqu'alors fait mieux. Non décidément, Isabelle ne croit pas au mauvais œil de l'Indien. Ne vient-il pas de lui offrir cette belle traversée ? Et s'il lui a réservé, par le passé, démâtages et naufrages, elle a aussi pu goûter à des moments uniques de fraternité, moments dont l'intensité n'avait d'égal que la rudesse de ses fortunes de mer. Oui, Isabelle prend tout en bloc : le bruit sinistre d'un démâtage et l'entraide des gens de Kerguelen, la perte de son voilier et le courage désintéressé des sauveteurs australiens. Ces mêmes sauveteurs qui viennent de coordonner le sauvetage de Raphaël Dinelli.

Raphaël, premier miraculé de ce Vendée Globe 96/97. Au départ, un scénario qui rappelle le naufrage d'Isabelle : une vague géante renverse son *Algimouss* cul par-dessus tête. Tout se complique quand le monocoque refuse obstinément de revenir à l'endroit. Il va rester trois interminables heures sur le toit, son mât toujours en place servant de lest inopiné. L'espar enfin cassé, *Algimouss* bascule de nouveau, cette fois dans le bons sens. Mais la situation de Dinelli est toujours dramatique. Les coups de boutoirs du mât ont occasionné plusieurs voies d'eau, doucement le voilier blessé à mort s'enfonce. Dans cette situation désespérée, le Français a pourtant une chance. Cette chance se nomme Pete Goss. Le concurrent britannique, skipper du plus petit voilier de la course, se situe à 150 milles à l'est de Raphaël. Pour lui porter secours, Pete, guidé par le PC Course, doit affronter au près 60 nœuds de vents et des murs de vagues. L'épreuve s'éternise 36 heures. Quand il arrive sur les lieux, le pont d'*Algimouss* est submergé mais Dinelli est sauf. Raphaël devient le premier naufragé secouru de ce Vendée Globe et Pete Goss le héros incontestable.

Dans les airs, d'autres sauveteurs de la même trempe, vont également prouver tout leur courage. Ce sont les pilotes d'hélicoptère et plongeurs australiens, venus quelques jours plus tard dans la tempête récupérer Thierry Dubois et Tony Bullimore. Toujours au sud de l'Australie, à la lisière des Cinquantièmes hurlants, pas très loin des lieux de naufrage d'Isabelle en 1994 et de Raphaël dans ce Vendée Globe, deux monocoques gisent à l'envers à 15 milles l'un de l'autre. Les images sont saisissantes : les deux voiliers offrent, retournés, une stabilité parfaite. Si la quille d'*Exide Challenger* a disparu, ce qui rend la position de la goëlette logique, celle d'*Amnesty International* se dresse vers le ciel, balançant, dérisoire, au rythme de la houle... De quoi défier toutes les règles de l'architecture navale. Depuis des décennies n'est-on pas persuadé qu'à l'inverse d'un multicoque, un monocoque se redresse toujours tôt ou tard? Mais l'heure n'est pas aux interrogations. Il faut sauver les deux marins.

À terre, c'est la situation du doyen de la course qui inquiète le plus : depuis le déclenchement de sa balise, Bullimore n'a donné aucun signe de vie quand un avion a survolé son bateau renversé. En réalité, homme d'expérience, le Britannique applique tout simplement un adage bien connu des marins : ne jamais quitter son voilier tant qu'il flotte. Il reste donc à l'intérieur, perché tant bien que mal sur un hamac de survie, isolé des masses d'eau qui vont et viennent dans son bateau en inondant et dévastant tout sur leur passage. Et il attend... Au bout de trois jours, le moral commence à flancher. Transi de froid, affamé, il craint en entendant l'avion survoler son bateau puis s'éloigner, que les pilotes l'aient cru mort. Mais après tout, pense-t-il, quelle autre fin souhaiter à un marin de 58 ans venu accomplir autour du monde son rêve de gosse? Un sentiment d'abandon soudain interrompu par un bruit sec sur la coque. Nul doute, cette fois ce n'est pas une vague. *My God*, au diable les pensées morbides! Tony prend son souffle, plonge avec délice dans l'eau glacée pour enfin sortir de sa coque à moitié immergée. Dehors les plongeurs australiens l'attendaient. Sauvé!

À 15 milles de là, la situation de Thierry a paru sensiblement moins inquiétante aux pilotes qui ont également survolé *Amnesty International*. Les bras agités de la silhouette accrochée au safran rassurent tout le monde : Thierry est vivant! Illusion : sa position est en réalité pire que celle du Britannique. Dubois s'est extirpé de l'intérieur de son monocoque par le hublot prévu à cet effet sur le tableau arrière. Il espérait qu'à l'air libre sa balise de détresse émettrait plus efficacement. Dans le même temps, il a largué son radeau de sauvetage en suivant scrupuleusement le mode d'emploi. Premier avatar : sitôt parvenu sur la coque retournée, Thierry aperçoit le canot à demi-gonflé dérivant à 200 mètres d'*Amnesty*! Son filin d'arrimage n'a pas résisté aux vagues. Il voudrait bien regagner rapidement l'abri de sa coque chavirée mais c'est le ressac qui interdit désormais tout espoir de retour!

Ce marin à cheval sur sa coque, qu'aperçoivent avec satisfaction les sauveteurs australiens, n'a plus rien. Il n'est équipé que de sa seule combinaison de survie. Elle va lui sauver la vie. Le jeune Français n'a qu'une solution : plonger pour récupérer l'un des radeaux largués par les Australiens depuis l'avion. Il dérive à 50 mètres de là mais le vent souffle à 55 nœuds en levant une mer dantesque. D'ordinaire, Thierry est un honnête nageur. Là, même Marc Spitz ne pourrait lui remonter une longueur. Ouf! sa main a cramponné le rebord en caoutchouc et dans un dernier effort il se hisse sur le radeau de survie. Une fois de plus, les sauveteurs peuvent être légèrement rassurés. Ils pensent que dans cet abri précaire, le navigateur solitaire va pouvoir attendre leur prochaine rotation. En bas, le scénario est tout autre... En guise de radeau, Thierry saisit une masse informe et dégonflée. Une vague et voilà l'éphémère embarcation en lambeaux. Le skipper d'*Amnesty International* patauge de nouveau dans l'eau à 3° mais cette fois, son bateau désormais inaccessible, il n'a plus aucun refuge à atteindre. Étonnamment calme, il se demande s'il vaut mieux en finir tout de suite en ouvrant sa combinaison de survie ou bien attendre une mort plus lente. En France, au même moment, on le croit sauvé... Et puis un miracle supplémentaire se produit. Avant de remettre cap au nord, vers l'Autralie, l'avion tourne une dernière fois. Le pilote aperçoit une tête d'épingle s'agitant dans l'eau. Une chance sur mille... La chance de Thierry. Avec leur adresse coutumière, les Autraliens larguent un chapelet de radeaux reliés entre eux par un long filin. Thierry réussit à le haper, à nager encore 150 mètres en tirant sur ce cordon ombilical et à se hisser une fois encore dans le radeau. Pendant 48 heures, il va y souffrir du froid, de la faim et de la hantise de voir sa coquille de caoutchouc disparaître dans les déferlantes. Mais la mer a finalement choisi le camp du skipper d'*Amnesty International* : celui de la vie...

Dinelli sur son pont submergé, Dubois pateaugeant en plein milieu de l'océan Indien, Bullimore perché pendant trois jours dans un abri sous-marin : trois miracles... Comme pour Isabelle dans le Boc Challenge, l'Indien s'était finalement montré bon prince avec les naufragés du Vendée Globe. Le Pacifique le sera moins.

CHAPITRE VII
LA LITURGIE DU GRAND SUD

LE PASSAGE DE L'ANTIMÉRIDIEN

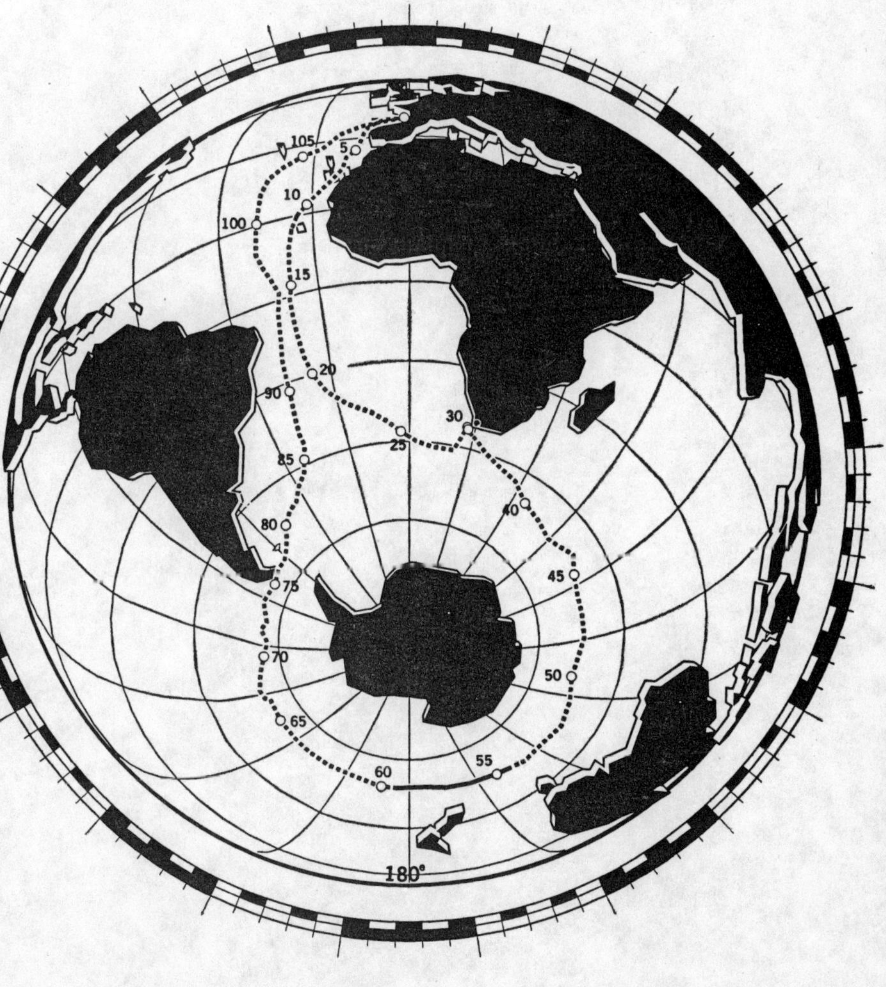

“Les jours se suivent, l'un plus gris, l'autre plus clair, l'un chargé de vent et de tempête et l'autre d'accalmie. Les nuits se suivent, l'une froide et claire, l'autre sombre et roulant ses montagnes de nuages. La lune est là, la lune se retire et tout continue dans ce bout du monde, encore et encore comme une histoire sans fin. À vivre ici, à voir passer, immuables, ces dépressions qui obscurcissent le ciel, les unes après les autres, comme un mouvement perpétuel, on est saisi d'une sorte de vertige. Jour après jour sur l'eau plus verte ou plus grise, le bateau avance comme sur une mer sans fin. Ce Sud n'a pas de limites. Seule, pour contrarier cette impression d'éternel recommencement, la petite croix qui se déplace sur les cartes et me dit jour après jour que je grignote des longitudes et, qu'au moins sur la carte, cet univers a des bornes. Pour m'en persuader, je m'invente mes fêtes. Loin de Noël et du premier janvier, ce sont les fêtes des longitudes : celle du cap Leeuwin, l'un des trois célèbres et le dernier avant le Horn ; celle de la Nouvelle-Zélande, dernière terre avant l'Amérique du Sud. La plus attendue, c'est celle, mythique, du passage de l'antiméridien, le sacro-saint 180°, est ou ouest, comme on veut. À partir de là tous les milles, toutes les heures me rapprochent des Sables-d'Olonne. Finie la quête du nulle part, la fuite vers les longitudes croissantes, bienvenue le décompte impatient qui me ramènera à la maison. Ce n'est pas que je sois mal ici, mais ce n'est pas mon but dans cette course. Mon but c'est d'aller vite et de revenir le plus vite possible. Alors d'un jour à l'autre et d'une heure à l'autre si je suis impatiente, je surveille du coin de l'œil le GPS qui donne ma position. Je fais des calculs inutiles : alors voyons, j'ai fait 9° de longitude, aujourd'hui donc, le Horn c'est dans... Ou alors, je tente des paris stupides : allez, je parie que je passe la longitude 160° avant midi ! Une façon comme une autre de mettre des bornes, des repères, à cet infini car c'est vraiment cela que l'on ressent ici après des jours et des semaines de mer : la mer est infinie, le ciel est infini et moi, petit humain, je vogue au cœur de ces infinis.

Pourtant, à mon retour, le jour où cela cessera, je percevrai que la terre n'est qu'une petite planète. »

Et elle redeviendra immense dès qu'Isabelle repartira pour un tour du monde. Car notre planète, que les progrès du transport et de la communication font rapetisser tous les jours, devrait, vue de l'étrave d'un voilier tourdumondiste, sembler encore vaste quelque temps. Les actuels bateaux, trois fois plus rapides que leurs ancêtres du Golden Globe, ont pourtant commencé à grignoter un peu de cette sensation d'infini : faire le tour du monde en trois mois au lieu d'un an modifie sensiblement le rapport au temps. Reste, heureusement, une marge encore importante... Elle constitue l'un des privilèges de la navigation à voile : celui de pouvoir oublier les jours et les dates qui organisent le temps, même si le chronomètre, juge de paix d'un record ou d'une course, reste, lui, toujours présent.

Seule l'insistance du monde extérieur rappelle au solitaire quelques îlots isolés du calendrier. Noël et le jour de l'an en font partie. Des réveillons du jour de l'an, Isabelle en a vécu plus d'un en course. Certains l'ont même marquée : celui coïncidant avec son premier passage de l'Équateur à bord de *Parole* ou, plus tumultueux, ce premier janvier 1995 qui a vu les sauveteurs australiens la tirer des eaux. Le nouvel an du Vendée Globe n'est pas en reste puisque vécu... deux fois ! C'est en effet aux premières heures de l'année 1997 que *PRB* franchit l'antiméridien. En une fraction de seconde, deux événements simultanés se produisent. Le premier, habituel : sur l'écran du GPS, à la suite des chiffres de la longitude, s'inscrit la lettre W au lieu de E, signifiant ainsi son retour à l'ouest. Le second, tout aussi normal : Isabelle passe d'un décalage « plus 12 heures » à « moins 12 heures GMT ». Un sortilège des fuseaux horaires grâce auquel Isabelle « rajeunit » de 24 heures.

Ce qui devient moins banal dans le cas d'Isabelle, c'est qu'elle se retrouve également un an en arrière, prête à revivre une seconde fois le passage de 1996 à 1997 ! Hors ce clin d'œil horaire, le jour de l'an, comme Noël, ne modifie guère ses habitudes. Des amis cuisiniers de La Rochelle, compagnons du Tour de France des devoirs unis, lui ont concocté des plats cuisinés pour chaque dimanche et jour de fête afin qu'elle puisse oublier, l'espace d'un déjeuner, sa poudre lyophilisée. Elle ouvre donc la boîte de conserve annotée «31 décembre», sort son unique assiette, ses uniques couverts (toujours la chasse au poids superflu...) et déguste son repas de réveillon. Au menu : foie gras d'oie, gigue de cerf Grand-Veneur, mousseline de marrons à la gelée de groseille, le tout arrosé d'une demi-bouteille de Bourgogne (son vin préféré) dont l'autre moitié a été bue à Noël. Toute la journée, les messages venus de terre embouteillent son standard C : ses sœurs, ses parents, ses amis, ses sponsors... «Bonne année Isa, on pense à toi très fort.» Elle aussi pense particulièrement à ses proches en ce jour de fête où, là-bas, aux antipodes on aime à se réunir.

> ❝ «Pour moi ce sont surtout ces messages de sympathie qui circulent, cet aspect humain qui est devenu si important dans la drôle de course que je suis en train de faire, cet échange avec les gens proches du bateau, c'est tout ça qui marque ces jours de fête.» ❞

Hormis ces quelques dates symboliques, le calendrier n'a plus pour Isabelle, et les autres solitaires, qu'une signification toute théorique. Si elle connaît le nombre de journées qui se sont additionnées depuis le départ, Isabelle emmêle les jours de la semaine. Elle sait heureusement que son PC à terre lui tient son agenda. Car, même aux Antipodes, il devient impossible d'avoir complètement la tête en l'air. Deux rendez-vous, au moins, obligent sa mémoire à singulariser les jours : sa chronique du mardi pour le quotidien *Libération* et celle du samedi pour France Inter. Alors, au fur et à mesure de sa progression dans le Grand Sud, ses télex se concluent de plus en plus souvent par un : «Au fait, on est jeudi ou vendredi?»

Les heures renchérissent sur ce décalage. Par commodités, un marin règle ses montres à l'heure de la longitude de Greenwich (baptisée TU pour Temps universel ou GMT pour Greenwich Mean Times, temps moyen de Greenwich) car elle est la référence commune pour la plupart de ses rendez-vous quotidiens : vacations radios avec le PC course, réceptions des fichiers météos, astreintes diverses et variées avec la terre. Le soleil, lui, n'a évidemment rien à faire de ces conventions. Depuis qu'Isabelle a entrepris son tour de l'Antarctique, l'heure locale – celle du soleil – s'est donc éloignée progressivement de l'heure TU. Comment ne pas être déphasée quand la montre du bord indique 23 heures et que, dehors, le soleil grimpe vers le zénith ?

Bref, dans le Grand Sud plus qu'ailleurs, la nature impose son rythme. L'environnement est heureusement plus contrasté que l'on ne le croit. Dans le premier Vendée Globe, Titouan Lamazou l'avait bien exprimé, lui qui pouvait s'extasier devant une aurore boréale et, quelques jours après, baptiser le Grand Sud de Pays de l'ombre.

❝ «Pays de l'ombre c'est un peu excessif mais c'est vrai que c'est un peu le pays du noir et du gris, ce n'est pas un pays en couleur. C'est malgré tout beaucoup plus varié que je ne le pensais. Il n'y a pas autant de tempêtes que je l'imaginais. Quand on lit des écrits c'est toujours échevelé avec souvent 70 nœuds de vent. En réalité, parfois le vent ne dépasse pas 10 nœuds et à d'autres moments il atteint effectivement 70 nœuds. C'est moins lyrique mais plus poétique que dans les livres. Très différent de l'Atlantique, à travers plein de petits détails : la mer n'a pas la même couleur, les oiseaux ne sont pas pareils, les cailloux, les îles n'ont rien à voir avec les Canaries et puis il y a cette lumière... Une lumière unique.» ❞

Le Grand Sud c'est aussi une tension permanente, souvent difficile à vivre. Mais si l'on compte avec impatience les jours qui séparent du Horn, il existe aussi de véritables moments de bonheur. Aussi intenses que ce pays est extrême.

❝ La nuit finit, glacée. Le vent du pôle qui m'a recroquevillée à l'intérieur a, ce matin, chassé les nuages. L'air est plus transparent que jamais, le bleu du ciel intense, presque liquide. Il règne cette fraîcheur, cette luminosité propre au Sud. La mer, bleue sombre, respire lentement. Comme souvent quand le vent est sage, les albatros divaguent en nombre dans le sillage net et serein. J'ai mis en sourdine les valses de Brahms pour accompagner leur lent pas de deux avec la houle.

Aujourd'hui n'est pas coutume, le Sud fait patte de velours et la solitude est douce. Tendre, il reste malgré tout puissant et présent et donne encore une grandeur, presque une théâtralité, à ce temps de demoiselle.

Sur le pont, profitant de ce soleil cru, je savoure ce répit. Du coup, le sentiment d'isolement, d'éloignement n'est plus une hantise mais une jouissance. Ce ballet d'oiseaux, cette lumière douce, cette mer apaisée sont pour moi seule. Luxe des luxes… cette harmonie éphémère n'est peut-être, aujourd'hui, donnée qu'à moi. Je reste les bras ballants, oublieuse de la course, contemplative.

Dans l'après-midi, le ciel se griffe de cirrus nets et étincelants, la mer s'anime, le bateau se remet à ronronner de plus en plus fort, la pause est finie. Je retrouve, déjà avec plaisir, le bateau vivant, le sillage qui recommence à bouillonner et ce sentiment de dévorer les milles. Pour le moment les vagues ne sont là que pour jouer, elles sont franches et sans danger. Je barre pour le plaisir, pour essayer de poser le bateau sur la vague le plus exactement possible, pour savourer au maximum ces heures de répit finissant. »

Les mers du Sud ont donc bien le caractère extrême qu'on leur prête. Ce pays n'en finit pas de tanguer entre beauté et danger. Toujours dans le premier Vendée Globe, celui de bien des découvertes pour toute une génération, Alain Gautier décrivait, ravi, des « embruns fumants sur les déferlantes éclairées par le soleil levant. » Précision utile : l'anémomètre de son *Generali Concorde* signalait alors 80 nœuds de vent…

Un autre danger fascinant de beauté marque de son empreinte tous les navigateurs qui s'aventurent ici : les icebergs. Détachés de leur mère-banquise, en partance pour un dernier exil vers le nord, ces montagnes de glace hantent les cauchemars des marins. Dès qu'un concurrent en signale un aux autres solitaires, leur fantomatique présence impose des veilles épuisantes. Mais la brume, qui semble prendre un malin plaisir à recouvrir les mers froides, rend souvent inutiles ces longues heures dans le froid où, les yeux écarquillés, on sonde vainement l'horizon bouché. Et si le radar laisse une chance (hasardeuse) de dénicher à l'avance le piège glacé, les growlers, eux, n'ont même pas cette politesse. Ces petits morceaux de glace (plusieurs tonnes quand même, pouvant déchirer une coque en carbone !) qui escortent les icebergs sous leur vent, dérivent à fleur d'eau, invisibles...

Alors, bien souvent, vaincu par la fatigue, le navigateur laisse sa bonne étoile le conduire au milieu des éventuels dangers. Une roulette russe qui dans le Boc Challenge 90/91 a failli mal tourner. Dans l'espoir de couper au plus court vers le Horn et de trouver des conditions météorologiques meilleures, plusieurs concurrents étaient descendus dans le Pacifique plus au sud qu'aucun coureur ne l'avait jamais fait auparavant. Alain Gautier battait une sorte de record en atteignant 65°20 sud ! Seulement, un beau matin, Alain s'était retrouvé littéralement entouré par les glaces. Il n'avait dû qu'à la coque en aluminium de son monocoque de ne pas sombrer lorsqu'il avait heurté un growler. Son adversaire, le Sud-Africain John Martin, alors leader du classement général, avait eu moins de chance. À la suite d'un choc avec l'un de ces « glaçons » son voilier s'était désintégré en quelques jours. Heureusement, un ange gardien le surveillait du coin de l'œil en la personne de son compatriote, Bertie Reed, arrivé juste à temps pour le sauver d'une mort certaine. Pour l'anecdote, ces deux hommes que la rumeur ne disait guère amis, bénéficièrent ainsi de plusieurs semaines de mer pour se réconcilier.

Dans ce même Boc Challenge, Isabelle n'avait pas été en reste. Elle aussi avait découvert ses premiers icebergs : « Les miens mesuraient 500 mètres de long et étaient distants de 5 à 6 milles. Mon radar n'a rien repéré. » Comme tous ses pairs, Isabelle avait alors vécu une sorte d'extase, doublée d'une sacrée peur rétrospective.

> “ «C'est excessivement beau et en même temps, quand l'on ferme les yeux, on s'imagine toujours s'écraser dessus. Seule la vigilance et la chance ont pour le moment préservé les courses autour du monde d'un accident mortel avec un iceberg car il n'y a aucun moyen scientifique de les détecter. Sortir le nez dehors et en voir un à 500 mètres, c'est très impressionnant et c'est plutôt une sensation qui dure longtemps... et qui n'a rien de drôle. » ”

Après ces zigzags au milieu des icebergs, décision fut prise de modifier légèrement le parcours des tours du monde suivants. Dès 1992, pour la deuxième édition du Vendée Globe, des marques de passage virtuels limitaient les flirts trop poussés avec le cercle polaire.

Si les icebergs ne sont pas toujours sûrs, le froid, lui, est permanent. Les frissons qu'ils procurent sont évidemment d'une autre nature : « C'est ce que je déteste le plus : manœuvrer devient une souffrance, on se recroqueville, on est sans arrêt trempé. » Dans cette humidité glaciale qui imprègne tout plus d'un mois durant – ah, ce duvet mouillé dans lequel il faut se glisser ! – on arrive à se réjouir dans un télex de ne porter dans la cabine que « deux sous-couches de polaires fines et une grosse... autant dire rien » parce que le vent de nord-ouest est un peu moins rigoureux que d'habitude... Et de maudire ce chauffage qui refuse obstinément de fonctionner. Pourtant même le froid peut avoir des vertus. Comme ce jour, où, légèrement engourdie par lui, Isabelle regarde tomber la neige à travers son hublot panoramique. Doucement son esprit part alors à la dérive et vagabonde dans des souvenirs aussi doux que les flocons.

> « Cent milles flocons se fondent sans bruit dans une eau gris ardoise. Le ciel, pour cracher cela, a viré en lentes masses jaunâtres. Le mousquetaire familial clapote dans une légère brise et Guernesey est encore loin. Je suis assise à l'avant, dos au mât, les bras enserrant les genoux pour garder un peu de chaleur et tenir ainsi plus longtemps contre le froid. Pour rien au monde je ne rentrerais dans la demi-chaleur de la cabine. J'ai dix ans, peut-être douze. Cette journée de mer sous la neige me projette au cœur de l'Aventure en majuscule. J'ai rêvé des Quarantièmes rugissants ou du Passage du Nord-Ouest et voici que la Manche, ce surlendemain de Noël, m'offre cette douce prémisse. Je regarde les plumes blanches dégringoler et se dissoudre ou s'accumuler dans les recoins du pavois ou les replis de mon ciré. Je n'ai pas envie de parler et de partager la joie bruyante de ceux du cockpit. Je me dois au silence qui renforce ce sentiment d'irréel, qui ouvre la porte à l'imaginaire. Me voici abordant vaillamment l'Antarctique, les flocons flottant à l'horizontal dans la tempête, me voilà

zigzaguant dans les icebergs, pied au plancher dans une course autour du monde... Un jour... Quand je serais grande... Cette neige inattendue, je la vois comme un cadeau pour aujourd'hui et un signe pour demain.

Deux heures passent, papa s'approche :

« Mon Isa, tu n'as pas froid?

— Non, juste... je regardais... »

Je ne veux rien dire, rien avouer. Il est sans doute si loin le jour où dans le Grand Sud, je me souviendrais de cette première neige. ”

ISABELLE AUTISSIER

UNE SOLITAIRE AUTOUR DU MONDE

A fond sur le petit *Mini* pour ma première transatlantique dont je remporte la première manche.

Mon petit *Mini* pour cette grande transat ne mesure guèr plus de 6,5 mètres.

Ma première course, mes premières émotions de solitaire.

Les concurrents de mon premier Boc Challenge : des potes pour la vie. Christophe Augin est déjà là.

Ecureuil Poitou-Charentes I, mon premier grand bateau, est un monocoque 60 pieds Open.

▪ course, tout est ▪texte à faire des fêtes.

Un grand tour du monde, parfois en rires, parfois en pleurs. Je démâte dans la 2e étape.

Mon arrivée à Newport. La boucle est bouclée... Le bonheur après 139 jours et 4 heures de mer.

Départ d'*Ecureuil Poitou-Charentes II* , le 19 février, pour New-York-San Francisco : un record, un mythe...

Un grand moment à San Francisco : en 62 jours et 5 heures nous pulvérisons le record.

Jamais je n'avais été si vite sur un voilier, tellement plus vite que le glorieux clipper *Flying cloud* .

Luc Bartissol, Lionel Lemonchois, Pascal Boimard : la *dream Team* de New-York - San Francisco.

L'année 1994 se poursuit bien avec une victoire de plus. Cinq jours d'avance à Cape Town : le rêve (ci-contre) ! L'équipe (ci-dessous).

u bout du filin des auveteurs e question ne ronge : reverrai-je *Ecureuil Poitou-arents II* ?

Deuxième étape catastrophe : naufrage et cauchemar dans mon bateau décapité.

Le bonheur de retrouver la terre, l'envie de repartir.

La bande de *PRB* au grand complet. Parmi eux : J. M. Finot, P. Conq, M. Pinta, D. Horeau, G. Céméli, E. Coquerel, B. Gaillard, J. C. Pascaud.

Départ du Vendée Globe : 27 000 milles devant l'étrave, la planète bleue pour moi seule.

Jean-Charles Besnard et Sergio Viviand : plus que des préparateurs, des compagnons d'aventure.

Salut ma Catherine, fais-toi plaisir, mais fais attention !

Va mon bateau, vole !

Horn, le vieux caillou, pour la troisième fois.

Il faut parfois mouiller sa chemise.

Le bonheur de l'arrivée, tout simplement.

Cent jours de solitude en mer est un privilège. Vous retrouver est un vrai bonheur.

CHAPITRE VIII
UNE SOLITUDE PARTAGÉE

LE DÉBUT DE L'OCÉAN PACIFIQUE

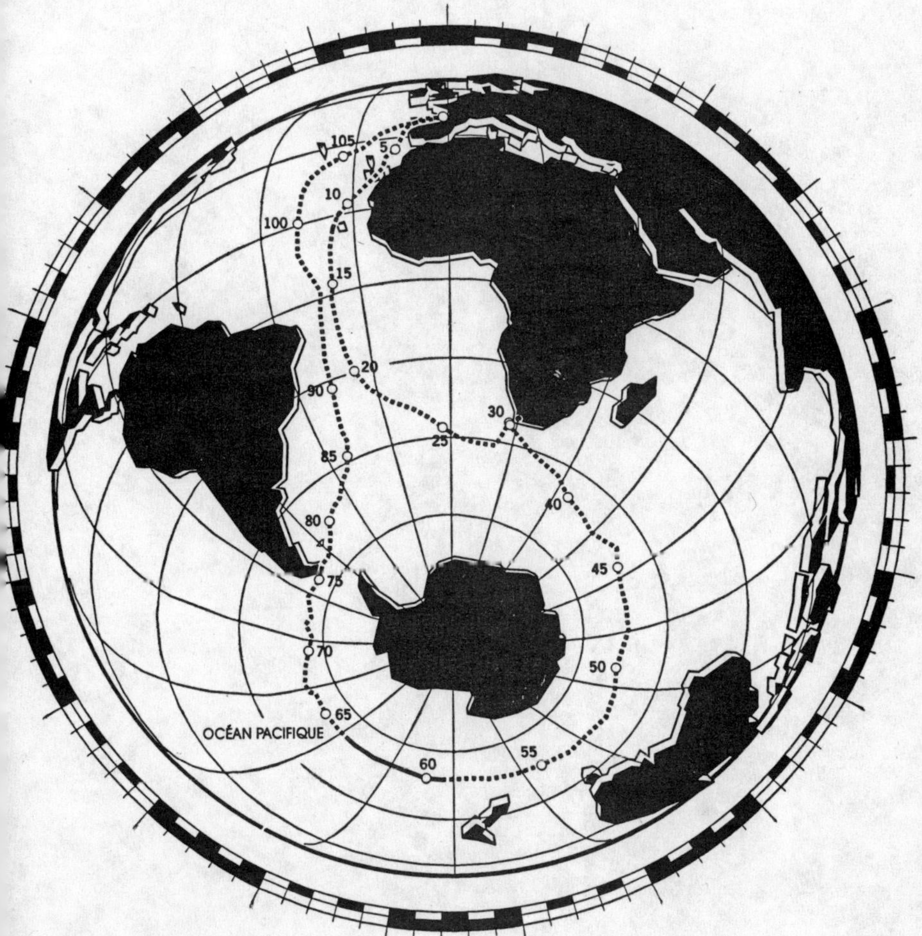

« À l'école on l'appelait le cahier de texte, celui sur lequel on notait jour après jour les numéros des exercices à faire et les énoncés des problèmes à préparer. J'ai mon cahier de texte à bord. Liste mi-poétique, mi-technique, une liste à la Prévert où voisinent les détails d'un « bug » informatique, les soucis du réchaud grippé ou une fastidieuse réparation de la chute de la grand-voile. Aujourd'hui où *PRB* ronronne dans une légère brise, c'est l'occasion rêvée : avant même le petit déjeuner, je cours de la cave au grenier pour inspecter mon domaine. Ancrage, poulies, écoutes, petites fuites : je questionne chacun pour traquer faiblesse, fatigue ou amorce de rupture. Avant que le soleil ne se voile à nouveau, j'ai eu le temps de jouer de la clef et du tournevis. Maintenant le froid m'a rejetée à l'intérieur. Le temps reste propice au « bidouillage » informatique ou au check du groupe électrogène. Bientôt la sarabande qui recommence ne me laisse que le loisir de consulter mon fameux cahier et de cogiter aux bricolages futurs en échangeant avec la terre :

— « À J.-C. de Isa. En montant faire un petit contrôle de routine, je vois que l'ancrage de basse-bastaque tribord est partiellement arraché. Quand le temps le permettra, j'ai envie d'aller y mettre quelques vis Parker. Vois avec le fabricant de mât ce qu'il en pense. À plus. Isa. »

Le lendemain :

— « Pascal, j'ai ouvert le radar comme tu m'as dit. Apparemment, il n'y a pas de mauvaises connexions. C'est plutôt l'impression que c'est le tube cathodique qui est mort. As-tu une procédure pour le tester? Sinon tant pis, il faudra que les icebergs se poussent. »

Deux jours après :

— « À l'attention de Grégor. Télex tardif car mon disque dur de PC a sauté. J'ai provisoirement changé de machine, je continue à regarder ce que je peux faire mais passe-moi la procédure pour le Mac au cas où... »

De jours en jours j'égrenne les petits bobos que le Sud, le froid et les chocs imposent au bateau. Certains sont des broutilles vite expédiées, d'autres comme la casse du réa de grand-voile exigeront de multiples interventions (je ne compte plus mes escalades en tête de mât) et de nombreux télex pour mettre au point un plan de réparation. Petites misères ou grandes conséquences, un léger raguage peut entraîner une catastrophe lors d'une manœuvre. Alors j'écoute, je guette, je scrute, je rumine jour après jour, saisissant au vol les quelques heures d'accalmie qui permettront d'entamer un bricolage assez complexe sans s'interrompre cinq fois pour manœuvrer. Gouverner c'est prévoir, naviguer aussi. Heure après heure, j'accompagne mon bateau pour l'aider à porter le poids des milles. »

Au fur et à mesure que *PRB* s'enfonce dans le Grand Sud, ce poids ne cesse de s'alourdir. Pour définir la Transat anglaise en solitaire, son créateur, le colonel Blondie Hasler, avait inventé une expression devenue célèbre : un homme, un bateau, l'océan. Jamais elle n'a été aussi vraie – si l'on excepte que les femmes ont désormais droit de cité dans l'univers de la course – qu'ici, dans le Pacifique Sud, à des milliers de kilomètres de tout port. À la fois moyen de propulsion et seul refuge dans ce désert maritime, le voilier est naturellement au centre des préoccupations et de l'activité du solitaire. Il accapare même une bonne part de ses communications avec la terre. Car si les concurrents du Vendée Globe n'ont plus le droit de bénéficier des conseils d'un routeur, l'assistance technique par correspondance est, elle, autorisée. Deux hommes entretiennent à ce propos des liens épistolaires privilégiés avec la navigatrice : Jean-Charles Besnard (J.-C.) et Grégor Céméli.

Le premier connaît *PRB* dans les moindres détails. Normal, il est le bras droit d'Isabelle, son responsable technique, celui qui a coordonné à ses côtés toute la construction et l'équipement du voilier. Taciturne et réfléchi, passionné par les aspects technologiques de son métier, Jean-Charles travaille avec Isabelle depuis l'aventure *Écureuil Poitou-Charentes II*. Sensible mais introverti, il vit intensément le tour du monde de la solitaire. Dans le rôle d'un SOS Assistance, il reste disponible quasiment 24 heures sur 24, prêt à répondre à la moindre interrogation de son skipper. Ses télex sont techniques, sans fioritures. Mais derrière l'aridité des mots se cache une inquiétude permanente, l'angoisse tourmentée de ne pouvoir apporter la bonne solution. Les ruptures fréquentes des drisses de *PRB* hanteront ainsi les cauchemars de Jean-Charles et reviendront souvent dans ses échanges de télex avec Isabelle. Dialogue choisi où l'on apprend que le Vectran, une qualité de textile dont sont faits les cordages du bord, a une âme...

POUR J.-C. DE ISA

LE VENT EST PÉPÈRE. JE SUIS MONTÉE AU 3e ÉTAGE. J'AI FAIT LES 2 BRELAGES PRÉVUS... ÇA MARCHE, J'AI LA GV À 2 RIS. POUR LE MESSAGER DE GV IL EST DÉCOLLÉ DU MÂT MAIS IL A L'AIR TRÈS DUR, PEUT-ÊTRE COINCÉ. TU EN PENSES QUOI ? J'AIMERAIS BIEN REPASSER UN VECTRAN À LA PLACE. UNE OPINION ? BISES. ISA.

ATT DE ISA DE J.-C. SUPER ALORS ! C'EST NORMAL D'AVOIR BEAUCOUP DE FROTTEMENT CAR LA DRISSE NE PASSE PAS SUR LE REA MAIS SUR LES COLLIERS. MAIS DÈS QUE TU AURAS MIS LE VECTRAN TU POURRAS METTRE DE LA TENSION ET ILS CASSERONT – POUR CONNECTER LE MESSAGER AU VECTRAN IL FAUT DÉGAINER LE VECTRAN SUR AU MOINS UN MÈTRE, COUPER L'ÂME, ENFILER LE MESSAGER SUR 20 CM ET REGAINER LE TOUT, COUDRE ET SCOTCHER LA CONNECTION POUR FAIRE LISSE. BONNE NUIT À TOI. J.-C.

Autre confident technique, Grégor Céméli, 40 ans, basque (presque) bondissant, paraît de prime abord moins inquiet que Jean-Charles. Ses deux paquets de cigarettes quotidiens infirment cette première impression. Des cigarettes qui d'ailleurs, tout au long du tour du monde d'Isabelle, ont connu une tendance inflationniste. Il est vrai qu'il a dû plus d'une fois prolonger les grises journées d'hiver parisiennes par des nuits blanches. Car les neurones de Grégor ont parfois oublié le sommeil à force de cogiter sur les soucis informatiques de *PRB*. Pas facile de résoudre à distance les avatars inévitables d'un dispositif fondé sur un micro-ordinateur qui centralise et gère les fonctions d'appareils de navigation de marques et de conceptions diverses. L'ordinateur a fort à faire avec les pilotes automatiques, le GPS, le terminal Inmarsat C, le récepteur d'images par satellite Dartcom et la centrale d'acquisition qui, elle-même, mesure et mémorise plusieurs paramètres comme le cap et la vitesse du bateau ou la direction et la vitesse du vent, etc. Sans parler de la présence d'un deuxième ordinateur, un Mac celui-là, qui, équipé du logiciel de routage Maxsea, est utilisé pour les calculs d'optimisation de route. Pour contrôler le bon fonctionnement de ce dispositif, l'informaticien aurait aimé bénéficier avant le Vendée Globe de plusieurs jours d'essais en mer. Cela n'a pas été le cas. Au contraire, un problème informatique de dernière minute, a encore raccourci le temps de préparation. C'est dire si lui et Isabelle travaillent sans filet. Plus fleuris que ceux de Jean-Charles, ses télex sont encore plus incompréhensibles au profane. Comme quoi un tour du monde peut aussi devenir un cours accéléré d'informatique :

ISA DE GRÉGOR,

APRÈS MEETING AU SOMMET :

– LA MANIP 1 (AUGMENTER LA MÉMOIRE MOVIE PLAYER) NE PEUT PAS FAIRE DE MAL

- LA MANIP 2 (TECHTOOL) EST MOINS RISQUÉE QUE LA 3 (POMME ALT P R)

A TOUT', GRÉGOR.

POUR GRÉGOR DE ISA

POUR LE MAC :

PREMIÈRE SOLUTION : IL NE TROUVE RIEN QUI S'APPELLE MOVIE PLAYER

DEUXIÈME SOLUTION : JE SUIS ALLÉE JUSQU'À ZAP THE FRAM. MAIS ALORS IL ME DIT : TECHTOOL WILL NOT ZAP THE FRAM WHILE THE FOLLOWING ITEM IS ACTIVE : HP BACKGROUND... JAMAIS ENTENDU PARLER DE CE GONZE-LÀ : JE FAIS QUOI ?

BON VOILÀ OÙ J'EN SUIS

A + ISA.

ISA, BIEN RECU LE 177120 [1]

LE HP BACKGROUND EST A PRIORI LE GESTIONNAIRE D'IMPRESSION HP. C'EST PEUT-ÊTRE LUI QUI MET LE FEU. J'ENQUÊTE POUR SAVOIR COMMENT LE JETER.

A +, G.

POUR GRÉGOR DE ISA

J'AI ZAPPÉ LA PRAM, ÇA NE CHANGE RIEN

1. Chaque télex est référencé sous un numéro.

JE VAIS ESSAYER LA MÉTHODE DÉFINITIVE MAIS... SUR LE MAC LA TOUCHE ALT ELLE EST OÙ ????????

De quoi faire sourire les albatros moqueurs et laisser le marin solitaire dans un abîme de perplexité...
Tous les échanges d'Isabelle avec la terre ne sont évidemment pas de cet ordre. Au gré de ses interlocuteurs, les sujets varient. On y parle de la course, du moral, des affaires du monde, de la famille et des amis, de tout souvent, de rien parfois... Une consultation avec le docteur Jean-Yves Chauve, le médecin de la course, est même possible pour traiter un rhume, une rage de dents ou une foulure. Ces télex quotidiens renvoient bien sûr à une question. En 1969, le Grand Sud imposa une retraite quasi monastique de trois à quatre mois aux concurrents de la première course autour du monde en solitaire, le Golden Globe. Dès le cap de Bonne-Espérance paré, quasiment aucune nouvelle d'eux ne parvint à terre jusqu'à ce que le cap Horn franchi, ils aient retrouvé un océan plus « civilisé. » Personne ne s'en étonna d'ailleurs tant leur équipement était fragile et aléatoire : seul le Britannique Robin Knox Johnston disposait d'une vieille radio. Dans ce domaine également, la révolution du satellite a été aussi rapide que profonde. Quelques caractères tapés sur le clavier du terminal Inmarsat C (plus connu sous le nom de Standard C) et le lien avec la terre est quasi immédiat. Et que dire de ce standard M qui permet de décrocher un combiné et de parler avec votre voisin d'à côté situé... à l'autre bout du monde. « Allo bonjour, c'est Isa, tu m'entends ? » Bien sûr qu'on l'entend cette voix fraîche qui surgit des Quarantièmes avec, en prime, le bruit des vagues en arrière-fond... Mais la solitude dans tout cela ?

« « Les drisses, vous êtes des vraies pétasses... avec ce que vous m'avez coûté, passer votre temps à faire les intéressantes en cassant à tour de bras, vous êtes gonflées... Et mon pauvre bonhomme de pilote, toujours un peu souffreteux, hein ! Tu sais le génois, il est juste un peu mauvais garçon, mais pas vraiment méchant, fais plus gaffe à la grand-voile, elle se la joue un peu et a tendance à régenter son monde... impose-toi, bon sang... »
Ça y est, dans mes 360 degrés d'horizon vide, j'ai déjà recréé mon royaume, mes sujets, mes interlocuteurs. Un

peu par jeu, un peu pour le plaisir d'entendre ma voix, me voilà causant aux nuages, aux oiseaux, comme une enfant seule dans la cour de récré...

Ma solitude, je l'ai choisie et je l'accueille. Je ne suis ni détenue à la solitude imposée, ni immigrée rejetée, ni femme âgée oubliée des siens. Ma solitude est un luxe subtil; elle est choisie, temporaire et fertile. Je m'y retrouve, je m'y découvre.

Un jour je me sens fragile, angoissée, malhabile, un autre je suis sereine et capable de déplacer seule ces montagnes, que personne ne bougera pour moi.

Puissant révélateur qui accentue les noirs et les blancs, savant projecteur qui sait si bien souligner les reliefs du caractère, l'isolement me décape, me dévoile et me rend à moi-même.

Suis-je seule?

Plusieurs fois par jour, le standard C cligne de son œil orange et me dit que loin, à terre, un fax a sussuré un message pour moi au satellite... trois touches sur le PC et apparaissent quelques lignes de conseils techniques, de tendres papotages ou de témoignages d'amitié. Quand je veux, je peux décrire par le menu une panne de générateur, faire partager l'émotion d'un coucher de soleil ou raconter des histoires idiotes à Catherine ou Christophe. Et encore, je ne parle pas des standards M, mini M, A ou B qui peuvent nous permettre, du fin fond du Pacifique, de téléphoner comme à la maison, d'envoyer des images filmées ou de surfer sur Internet.

Trente ans plus tôt, Bernard Moitessier entrait en solitude pour 300 jours, seulement armé de sa fronde pour bombarder de messages les rares cargos de rencontre... Il y a 6 ou 7 ans, il n'y avait encore que les voix chantantes de la station toulousaine de Saint Lys Radio, pour tenter de capter mes appels et me donner le contact du monde. Oui, tout s'accélère,... mais la solitude reste.

Elle reste la voix qui se perd dans le vide, elle reste la main amie qui manque à la manœuvre, elle reste la connivence de pensée qui fait défaut quand de difficiles décisions de route sont à prendre, elle reste présente à chaque instant, aussi totale qu'au premier jour.

Elle reste, la solitude, avec ses formes et ses couleurs.

Plus sereine en Atlantique, elle souligne un coucher de soleil somptueux que l'on croit créé pour soi, elle amplifie cette légère ivresse que donne un ciel étoilé ouvrant sur le cosmos. Plus crue, ici, dans le Sud, elle accentue l'éloignement et renvoie à sa propre fragilité. Elle est tantôt grave, faisant peser l'absence, tantôt exubérante abolissant toutes les conventions. Elle a des accents de liberté absolue mais aussi de totale et parfois cruelle responsabilité.

Voilà donc l'isolement en Monsieur Plus, qui n'invente ni sensations, ni idées nouvelles, mais redonne une autre lumière à son regard sur soi-même, sur les autres, sur le monde, regard plus élémentaire, plus basique : l'humain, la vie, la nature, les autres.

Mais la planète solitude prend surtout sa valeur parce qu'un jour revient le monde des vivants, que je vous y retrouve et vous y sens plus proches, plus riches, plus simplement humains. Vivre seule, par moments, accomplir seule, ressentir seule redonne un sens au travail des autres, à leur enthousiasme et à leur affection. ❞

Cette affection, Isabelle n'en a jamais manqué. À terre, elle est tout sauf une solitaire. Comment pourrait-elle ne pas être sociable, elle qui a été élevée dans une sorte de grande maison du bonheur.

❝ «Ma famille était une tribu douillette composée de trois grand-parents, une grand-tante, une cousine, deux parents, cinq filles, quelques chiens, chats, canaris et poissons rouges. Bref, nous étions douze à table tous les jours.» ❞

Cet esprit de fratrie lui est resté. Témoin sa maison à La Rochelle, conviviale et largement ouverte aux amis. Avant son départ, Gerry Roufs confiait que la vraie solitude était «celle du

SDF isolé au milieu d'une grande ville, pas la nôtre». Isabelle ne pense pas autrement : « Cent jours en solitaire, c'est un choix, un luxe que très peu de gens peuvent s'offrir. Cela n'a rien à voir avec la solitude que beaucoup de personnes sont obligés de subir. » Alain Gautier a inventé une belle expression pour définir la solitude du marin : « C'est la diète de l'esprit. »

Une solitude partagée avec des confidents à terre mais également avec les autres navigateurs. Esseulée dans une nature souvent hostile, Isabelle se sent proche de ceux qui sont embarqués dans la même aventure. Les connivences déjà anciennes se renforcent, de nouvelles affinités se créent. Isabelle échange de fréquents télex avec Christophe Auguin et Catherine Chabaud, bientôt avec Gerry Roufs et Bertrand de Broc, d'autres encore. Au cours de chacun de ses périples dans le Grand Sud, Isabelle a toujours aimé ce lien privilégié avec ses pairs.

> ❝ «Alors, Tophe, comment ça le fait, en ce moment, pour toi? T'as du boulot ou t'es plongé dans SAS? Ça fait un moment qu'on n'a pas causé... des bises ISA. »
>
> Je ne sais pas si Christophe Auguin va répondre à mon télex dans 10 minutes ou dans 10 jours. Le temps n'est pas vraiment important, ce que l'on se dit non plus d'ailleurs : mélange de badinages, faux détachements et vraies pudeurs. L'important est le fil, invisible mais têtu qui rapproche nos solitudes.
>
> Bien sûr, au départ, il y a les vieux compagnonnages, la trace des courses passées côte à côte, les amitiés préalables qui rapprochent spontanément. Mais, au fil des milles, les inconnus d'un briefing de départ deviennent de vrais compagnons d'aventure, pour peu que nos performances nous situent dans les mêmes parages. Nous partageons alors intimement bonheurs et dangers quotidiens.
>
> « Bon, ça fait du bien aussi d'être dans l'alizé, on a quatre ou cinq jours de vacances devant nous... profitons-en. J'ai fini *Le Maître et Marguerite*. C'est super... j'attaquerais bien le Chatwin sur la Patagonie, mais il faut d'abord que je bricole le pilote bâbord qui déconne. À Plus. »
>
> « Gaffe, derrière, je viens de croiser trois glaçons, genre plutôt gros, 200 mètres de long environ, par 59 21 S et

147 28 W. Ils étaient assez groupés, sinon la nuit a été tranquille, vivement qu'on en finisse de cette caillante. C'est comment pour toi ? La bise. »

Parfois les positions trop proches font monter un peu la tension, aiguisent la compétition, ralentissent le bavardage. Un mot, une expression, une information lâchée renseigneraient trop l'autre sur les conditions de navigation, les problèmes, le moral et fourniraient les bases d'une tactique. Il est de toute façon de bon ton de ne donner ni demander aucunes informations précises sur la météo, la toile portée ou la route suivie à des concurrents voisins.

Mais que la mer montre les dents et tout le monde se ressoude car, au-delà du jeu, il y a la vie. Nous percevons les nôtres si fragiles, si isolées, dans ces milliards de m^3 d'eau. Ils sont moi, je suis eux, animés par les mêmes buts, les mêmes espoirs et les mêmes peurs. Qu'un seul d'entre nous n'arrive pas et nous avons tous tout perdu, puisque c'est un peu de nous-mêmes qui disparaît. Chacun a son caractère : Christophe malin et convivial, Thierry droit et sans concession, Hervé secret et pince sans rire. Avec ces hommes, ces femmes si différents de moi, je partage pourtant l'indicible, ce qui parfois est au-delà des mots et des explications. Il me suffit du ton de leur voix à la radio, de leur regard à l'arrivée pour reconnaître mon histoire. Cette connivence née de la mer et de la solitude est l'un des cadeaux secrets, l'une des perles discrètes de notre errance autour du monde. Il nous rappelle, ce que peut-être nous ne devrions jamais oublier, que nous sommes si humainement semblables. »

CHAPITRE IX
LA TEMPÊTE D'UNE VIE

AU MILIEU DU PACIFIQUE

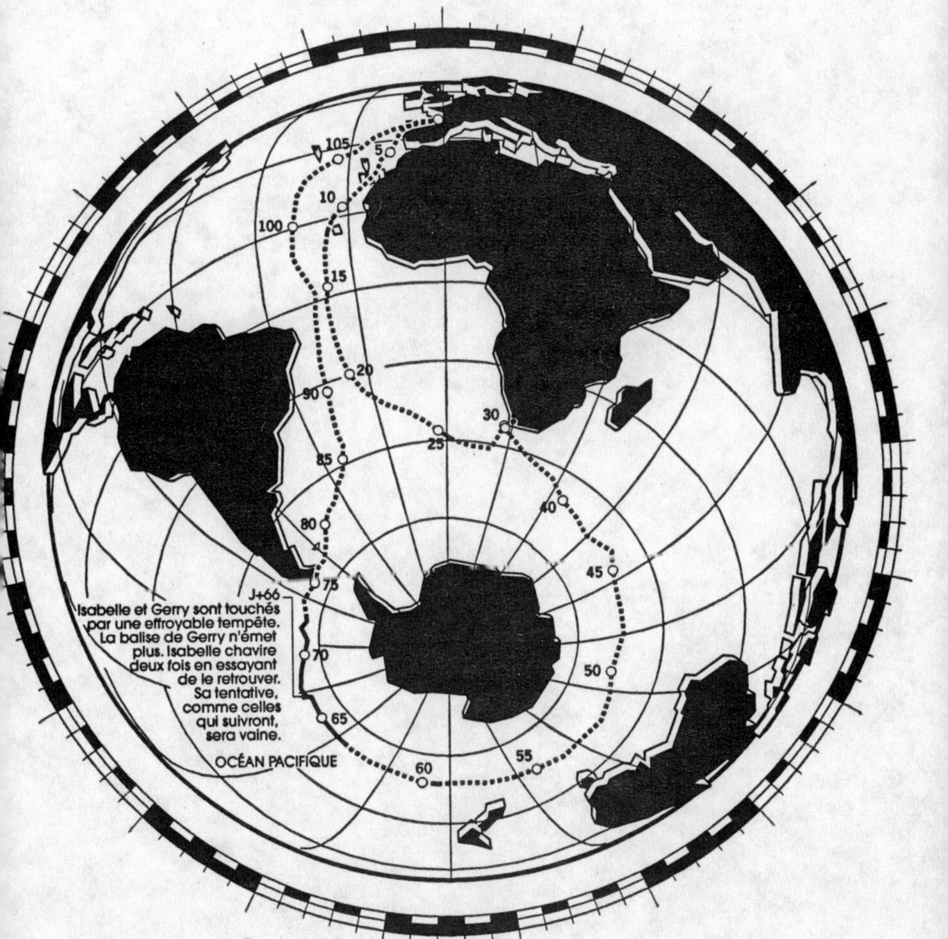

© Libération.

“Le grain approche et la grêle, en son centre, fait une lueur pâle qui tout à l'heure claquera contre les Plexiglas du rouf. Le bateau gîte sous la risée, part au vent, accélère, se bat pour redresser le cap et enfin démarre sur la vague. Parfois, il plante le nez dans la mer, c'est un peu comme si la marée arrivait à l'assaut, tantôt douce venant mourir en vaguelette, tantôt sauvage et noyant le pont dans son déferlement qui retentit longuement dans le cockpit. Souvent le bateau, fier, lève le nez et surfe longuement, déjaugeant presque jusqu'à la quille. Oh moi, vous savez, dans ces cas-là, je reste à l'intérieur... en tout cas le plus possible.

Quand la mer est sauvage, il faut lui laisser épuiser sa rage ; ici, c'est interdit aux héros, il faut être prudent, et prudent, et encore prudent, car elle vous guette, la sournoise, une seule vague suffit, une que l'on n'attend pas qui vous cueille sans défense, forte de ses tonnes d'eau... au mieux c'est la chute, la blessure, au pire... ah ! le pire n'est pas toujours sûr, m'apprenait-on quand j'étais enfant. Donc, lovée sur la banquette de la table à carte, l'œil sur les cadrans et les voiles, par les hublots, je guette et j'écoute. À l'oreille, maintenant, je reconnais la vitesse du bateau, aux craquements de la quille, au grondement de la vague, au sifflement de la carène. Instinctivement, mon corps se crispe et se déporte au vent quand je sens le bateau peiner comme si je pouvais l'encourager à redresser le cap.

Pendant des heures parfois, je reste là, bricolant distraitement une carte météo et écoutant le vent et la mer se répondre. Impossible d'aller dormir dans ma bannette, je m'y sens trop retranchée, trop protégée, trop loin des commandes du pilote automatique, presque en exil. Alors, je vis, je dors, je mange dans ce mètre carré. Régulièrement, pour une manœuvre ou juste pour voir, j'endosse bottes, ciré, cagoule, gants et je pointe mon nez dans le cockpit, écoutant les vagues qui s'écrasent à l'avant et prête à baisser la tête.

Dehors le froid, dehors l'eau glacée et l'onglée, dehors aussi les merveilleux nuages et leur reflet liquide. Je m'y plonge l'espace d'un instant, j'y oublie la peur ou la course perdue, j'y fais provision de cette dure pureté du Sud... et je replonge dans ma tanière écouter voler mon bateau. »

Cela, c'est le coup de tabac habituel du Grand Sud, le lot commun des Cinquantièmes hurlants... Rien de drôle, rien de vraiment inquiétant non plus. Parfois, vent et vagues, copains comme cochons, dépassent les bornes. Le pilote automatique, aussi « intelligent » et costaud soit-il, crie alors grâce. Brutale embardée, voilier couché sur le flanc, quille en l'air et tête de mât dans l'eau : tous les équilibristes du Grand Sud savent qu'ils devront gérer un jour cette figure de style. La première fois, aussi bouleversé que son bateau, on peut mettre plusieurs jours à s'en remettre. Après plusieurs dizaines de milliers de milles effectués dans ces eaux-là, on arriverait presque à n'en retenir que les tâches ménagères.

« «Vrac monumental : en revenant d'une manœuvre, mon bras a accroché la commande de pilote. Aussitôt le bateau a empanné : chavirage, mât dans l'eau. En plus, quand le bateau est couché, l'eau rentre par le haut de la boîte de quille. Pas très grave mais une heure et demie de boulot pour remettre en ordre. » Et comme si un nettoyage ne suffisait pas, on remet ça une demi-journée après : « Encore un vrac, cette fois-ci c'est le pilote tout seul sur une grosse vague. Je suis en train d'éponger, tout commence à être trempé, c'est vraiment chiant. L'eau doit passer par les soufflets des vérins de quille, c'est difficile à étancher. » »

Isabelle n'aimant guère s'appesantir sur ses problèmes, ses télex ne disent évidemment pas tout. Ils ne disent pas le corps qui vient s'écraser lourdement sur la paroi opposée de la cabine, les objets transformés en missiles, le frisson qui parcourt l'échine de crainte que le monocoque ne bascule complètement ou que le mât ne tombe, l'escalade sur un pont à la verticale balayé par des trombes d'eau glacée, le combat acharné avec la grand-voile, lourde comme du béton, qui plaque *PRB* dans l'eau... Tout juste apprendra-t-on, une semaine plus tard, au détour d'un télex, que parmi bien d'autres objets, une perceuse a fusé dans la cabine. Et, bien plus ennuyeux, qu'un cadeau de Philippe Poupon, le magnifique *Sea Birds*, référence en matière de guide des oiseaux de mer, a séjourné dans l'eau des fonds. Isabelle n'en sait pas moins ce qu'inquiétude veut dire.

> ‹‹ «Une tempête n'est jamais une partie de plaisir. À part quelques images magnifiques c'est surtout très impressionnant. Je me dis que je peux y rester et je suis sans cesse tendue. J'ai recours à des trucs pour me décontracter : pour couvrir les à-coups et les bruits stridents du bateau j'allume le groupe électrogène parce que son ronron bien tranquille, bien régulier évoque la civilisation. Ou alors j'écoute des chansons françaises et je m'attache aux histoires qu'elles racontent, je mets facilement du Bobby Lapointe, des morceaux qui vont me faire rigoler, me faire sourire, me décontracter, me permettre de relativiser le mauvais temps. Je parle aussi beaucoup à mon bateau du style : ça va passer, t'inquiète pas.» ››

Dans cette interview donnée avant le départ du Vendée Globe, elle se réjouissait cependant de n'avoir jamais cédé à la panique. Aucune forfanterie là-dedans, juste un constat.

> ‹‹ «Je crois effectivement que je suis un animal à sang froid. Mais c'est pour cela que je peux faire ce métier-là. Nous sommes tous pareils, tous assez calmes. Avec des bateaux aussi stressants, il vaut mieux éviter d'être trop émotif sinon c'est la mort assurée. Quand on prend le départ, on sait que l'on peut se retrouver debout sur la coque à faire du stop, c'est une situation que l'on a intégrée. Lors de ma pire expérience, mon naufrage dans le Boc Challenge, j'étais évidemment choquée mais je ne me suis pas mis à claquer des dents, je n'ai pas paniqué. La première demi-heure, avant d'avoir le temps d'analyser la situation, c'est vrai que j'étais stressée. Après je me suis dit : "voilà, il faut faire telle chose et telle chose", je suis

rentrée dans une démarche d'urgence et cela évite la panique. » ❞

Ce n'était que partie remise...

Le 7 janvier 1997, par 54°26 sud et 131°33 ouest, quasiment au milieu du Pacifique Sud, à mi-distance entre la Nouvelle-Zélande et le cap Horn, la peur, la vraie, a pris rendez-vous avec Isabelle. Le dicton dit que tout marin rencontre un jour la tempête de sa vie, une tempête plus énorme que toutes celles qu'il a surmontées. Pour la navigatrice, ce jour est venu. À quelques milles de *PRB* navigue le *Groupe LG2* de Gerry Roufs. Le Canadien est solidement installé à la 2e place de la course derrière l'intouchable Christophe Auguin. À 7 h 56 GMT (8 h 56 en France), Isabelle envoie un télex à son PC : « Ici c'est un peu le "bordel". Baro en chute libre mais pas plus de 40 nœuds de vent théoriquement annoncé. J'ai recassé la drisse de grand-voile que pourtant j'avais vérifiée hier. Je suis sous solent. Tout cela n'est pas bien drôle mais ça va quand même. »

Cette histoire de grand-voile inquiète la navigatrice. Quelques jours avant, la poulie dans laquelle passait la drisse d'origine avait cassé. Exercice répété à maintes reprises depuis le départ (et toujours détesté), Isabelle avait joué les filles de l'air à 27 mètres d'altitude afin de gréer une drisse de secours. C'est cette dernière qui vient de rompre à son tour. La mer déjà formée empêchant de rééditer immédiatement l'escalade, Isabelle s'apprête à affonter un coup de vent avec une voilure réduite et surtout déséquilibrée. Elle en connaît le risque. Moitessier, voici trente ans, le dénonçait déjà. Sa *Longue Route* n'a, en effet, pas seulement légué une philosophie des mers du Sud aux solitaires d'aujourd'hui, mais également des techniques de navigation. Deux méthodes prévalaient jusqu'alors pour résister à la tourmente : soit se laisser pousser dans le lit du vent mais en ralentissant au maximum le voilier à l'aide de longs filins pris en remorque; soit se mettre à la cape, c'est-à-dire faire le gros dos à sec de toile. L'épopée de *Joshua* dépoussière les conventions : Moitessier parie sur la vitesse pour rester synchrone avec les vagues au lieu de les subir. Cette conduite exige évidemment une surface de voile suffisante. Isabelle en a déjà fait le constat amer lors de son naufrage dans le Boc Challenge : c'est en partie parce qu'il était prive de son mât d'origine et donc sous-toilé, qu'*Écureuil Poitou-Charentes II* a été ainsi roulé dans une vague.

Mais cette fois les fichiers météos ne prévoient que 40 nœuds de vent : Isabelle en a vu bien d'autres. Seulement voilà, difficile de quitter ce fichu baromètre des yeux. Son tracé plonge vraiment trop pour que tout cela soit honnête.

À la même heure, dans les pages Vendée Globe du quotidien *Libération*, Pierre Lasnier, un orfèvre en matière de routage météo, livre son analyse : « Danger. Après la tempête qui a provoqué le chavirage de Dubois et Bullimore, un autre système dépressionnaire, plus à l'est, va s'intensifier pour produire une violente tempête de sud-ouest qui va se manifester devant le trio Thiercelin-Laurent-de Broc (ces trois-là naviguent alors à environ 400 milles derrière Isabelle), sans le toucher vraiment, avant de rattraper Roufs et Autissier. Cette dépression, d'une taille exceptionnelle, fruit d'un conflit entre une vaste poussée d'air chaud venu d'Australie et d'une poussée d'air polaire libérée par le pôle Sud, va produire des conditions extrêmes : neige, grêle, grains violents, vents moyens de plus de 110 km/h et rafales à plus de 180 km/h, vagues énormes de 10 à 15 mètres en moyenne avec des maximales de 30 mètres... Ces vents polaires (les plus forts étant à l'arrière du front froid) vont aussi entraîner de nombreux et dangereux growlers vers le Horn, en dehors de leur zone de concentration (160°-120° ouest). » L'apocalypse se dessine.

15 h 54. Un autre télex en provenance de *PRB* signale :

> BARO EN CHUTE VERTICALE. LE FRONT VIENT DE PASSER. ÇA VA, DEMI-SOLENT SUFFISANT POUR ENVIRON 50 NŒUDS DE VENT. CAP AU 110, VITESSE 12-13 NŒUDS.

Le front vient de passer... La tempête en a donc fini avec les politesses d'usage. Le pire arrive. Lasnier avait vu juste.

Isabelle, elle, n'a jamais vu ça. Derrière le front, le vent a tourné au sud-ouest et a forci, considérablement forci. L'anémomètre a du mal à suivre, oscillant sans cesse entre 50 et 70 nœuds de vent (force 10 à 12 Beaufort). La houle majestueuse du Grand Sud a laissé place à un gigantesque carambolage de vagues. Le danger vient de partout, rugissant, vertical, imprévisible.

Maintenant l'anémomètre se tait. La girouette qui, tout en haut du mât, l'alimente en informations, est sous l'eau... *PRB* vient de chavirer pour la première fois. Sa tête de mât marsouine pendant de longues secondes. Le monocoque semble hésiter et puis il se redresse. Là-haut, girouette et antennes ont payé la note. Cramponnée à sa table à carte, Isabelle se dit que c'est un moindre mal. Elle a eu beau arrimer tout ce qu'elle pouvait, le capharnaüm règne dans la cabine. Mais cette fois, le nettoyage passera après... Après quoi ?

« Les heures passent et je n'en fais plus le compte. Chaque minute est un fardeau, un danger, mais aussi une minute gagnée sur le délire régnant. Comme un noyé guette une bouée que les courants approchent et éloignent à nouveau, je guette les oscillations du baromètre. Je l'encourage :

« Allez, un dixième de millibar de hausse, vas-y petit, accroche-toi... Non, non, non, ne redescends pas... Aïe, salaud, tu crois que l'on n'est pas déjà assez dans le pétrin... »

Agrippée à la table à carte, j'ai, pour la première fois, l'impression de ne faire que subir. Hors de question de sortir, le pont est régulièrement noyé de blanc. Blanc, comme un linceul ? Dehors règne le gris. La mer et le ciel semblent attirés l'un par l'autre jusqu'à se confondre en une lourde masse qui monte à l'assaut du bateau, et les vagues bavent leur colère en longues stries blanchâtres. Rien, je ne suis rien, et rien ne semble me séparer de ce qui peut être la fin, la mort blanche, dans un dernier déferlement imparable.

J'improvise dans cette démesure inconnue. Je sens qu'il faut aller vite, fuir au mieux ces gueules béantes en cherchant constamment l'angle le moins dangereux. Sous un tiers de solent, à 13 ou 14 nœuds de moyenne, la main sur les commandes du pilote, le regard tourné loin derrière vers la mer qui arrive, je cherche à conserver 150° d'angle par rapport aux vagues. Mais dans ce capharnaüm haineux, il n'y a bientôt plus de logique, la mer est croisée, affolée, sans limite.

Je vis seconde par seconde. Allez, je suis toujours là, après cette vague et cette autre encore. De temps en temps, l'une d'elle réussit son coup, elle est restée tapie derrière une autre et soudain déboule en grondant, imprévue, elle jette le bateau à plat en une seconde avec une violence incroyable, puis s'éloigne en grommelant de plaisir de ce bon tour. Instinctivement, je me suis laissée glisser sur la banquette pour aller m'arc-bouter au plafond de la cabine, tenir cramponnée, le bateau à l'horizontale, et attendre qu'il se redresse, tout aussi violemment, et reprenne sa route, obstiné et groggy comme un boxeur en fin de round. Une fois... deux fois... il ne se redresse pas, comme épuisé de ce combat inégal, luttant pour ramener sa grande carcasse contre la poussée du vent. Je sais que le pire, alors, est tout proche. La vague d'après peut donner le coup de grâce, le mettre complètement à l'envers... respirer... souffler... ramper jusqu'aux commandes de quille... respirer... souffler... il faut briser cet équilibre... actionner la quille... ça marche... on est reparti... jusqu'à quand ?

Peu importe, je suis maintenant hors du temps, il n'y a ni avant ni après, plus rien d'autre n'existe que ce corps à corps. Il faut attendre, il faut durer, il faut tenir. »

Près de 24 heures maintenant que le vent souffle comme un forcené et rien n'indique qu'il veuille se calmer. Isabelle ne parvient ni à manger ni à dormir. On s'habitue à tout, parait-il, mais cette fois la navigatrice ne s'habitue pas. Pour la première fois, la solitude lui pèse vraiment. Si au moins, ne serait-ce que l'espace de cinq minutes, un coéquipier pouvait la relayer... Juste cinq minutes. Son coéquipier, il est là-bas, à quelques milles. Il vit la même horreur, la même peur, la même souffrance. À défaut de se parler, Gerry et Isabelle s'échangent de fréquents télex. Ils s'y remontent le moral, s'essaient à des plaisanteries sur le temps – ce qui ne laisse pas l'autre dupe –, avouent crûment leur trouille quand une vague déferle trop haut. L'un et l'autre donneraient cher pour, à ce moment donné, être réunis dans la même cabine. Au moins, il y a ce clavier. Allez encore un petit mot, la touche « envoi » et hop c'est parti. Voilà un peu de réconfort contre lequel les vagues ne pourront rien. Pas de réponse. Deuxième message, toujours pas de retour. Que Gerry ne réponde pas n'a rien d'anormal, lui dort peut-être. Mais son standard C devrait répercuter automatiquement un accusé de réception. Deux autres messages et encore cet insupportable vide. À 5 heures, le 8 janvier, Isabelle se penche de nouveau sur son télex. Elle sélectionne dans son annuaire le numéro du PC Course et y diffuse son inquiétude sur le silence de Gerry. À Paris, cette alerte renforce le doute car le satellite n'a plus capté de signal de la balise Argos de *Groupe LG2* depuis 21 h 44, la veille.

Les heures passent, pareilles aux autres.

10 h 40, le 8 janvier. Isabelle transmet un nouveau télex à son PC.

C'EST LA GUERRE. MER ÉNORME. GERRY INTROUVABLE. IMPOSSIBLE DE FAIRE DEMI-TOUR CAR PAS DE DRISSE DE GRAND-VOILE ET DRISSE DE SOLENT CASSÉE AVEC SOLENT 1/3 DÉROULÉ, IMPOSSIBLE À RÉENROULER. DRISSE DE SPI CASSÉE. ANTENNE DARTCOM ARRACHÉE. PLUSIEURS CHAVIRAGES (ISABELLE EN EST À SON 5e...). JE SUIS EN SURVIE JUSQU'À CE QUE CELA SE CALME.

À Paris, dans le vieil immeuble du Marais qui accueille les bureaux de Seven Seas, Denis Horeau lit, livide, le fax qui vient de tomber. Il connaît bien Gerry. Avant de créer l'agence Seven Seas, Denis a été comme Gerry un équipier renommé dans le circuit des multicoques océaniques, les deux hommes se sont plus d'une fois croisés sur les plans d'eau et les pontons. Et puis le sort d'Isabelle, dont il s'occupe depuis maintenant sept ans, est préoccupant. Il y a deux ans, Denis a déjà vécu les mêmes tourments lors du naufrage de la navigatrice dans le Boc Challenge mais, cette fois, il sait qu'en cas de fortune de mer, la situation serait bien pire. À près de 5 000 km – la distance Paris-Djibouti –, de toute terre habitée, un naufragé ne peut espérer ni le survol d'un avion, ni l'arrivée d'une frégate porte-hélicoptère. Seul un autre solitaire peut lui porter secours.

Dans le cas de Gerry, l'autre solitaire c'est Isabelle.

Au début de l'après-midi, Philippe Jeantot officialise ses craintes sur le sort de Gerry Roufs et demande à la navigatrice de rebrousser chemin vers la dernière position connue du Canadien.

Isabelle tente d'obtempérer, mais son solent, au tiers déroulé, offre une surface bien trop grande pour espérer naviguer au près dans la tempête.

16 h 45. Enfin, elle y parvient :

BON J'AI FAIT DEMI-TOUR... ENFIN AUTANT QUE JE PEUX. CAP 300°, VITESSE 7 NŒUDS. J'AI RÉUSSI À ENROULER LE SOLENT. DÈS QUE CE SERA PLUS MANIABLE, JE FERAIS ROUTE AU PLUS PRÈS (DU VENT) SOUS TRINQUETTE. ENCORE BEAUCOUP DE MER SUR ZONE. LE BATEAU EST EN VRAC, PAS MAL DE PROBLÈMES ET JE SUIS CREVÉE. JE SOMNOLE ASSISE EN CIRÉ SOUS LA TABLE À CARTE EN CAS DE CHAVIRAGE. JE FAIS LE PLUS VITE POSSIBLE.

PRB se situe alors à environ 150 milles à l'ouest de la dernière position émise par la balise Argos de *Groupe LG2*.
N'importe quel plaisancier sait que, même sur un plan d'eau abrité, une seule voile d'avant interdit de remonter efficacement contre le vent. Que dire alors de cette situation quand le vent souffle en tempête et que les vagues dépassent largement les dix mètres de haut?
À son domicile du Havre, Jean-Charles Besnard se gratte la tête. Il ne sait que répondre au télex d'Isabelle qui lui demande s'il a une solution pour renvoyer un peu de grand-voile afin de gagner en efficacité. Le responsable technique du bateau n'est pas seulement dubitatif, il est inquiet. Il sait que si la seule drisse intacte de *PRB* – celle de la trinquette – venait à rompre à son tour, le voilier, à sec de toile, serait le jouet des éléments. Mais Jean-Charles a beau crayonner des croquis, il ne trouve aucune solution pour la grand-voile.
23 h 58. Un nouveau télex d'Isabelle tombe sur le télécopieur de son PC :

PROGRESSION TRÈS LENTE. J'AI GAGNÉ QUATRE MILLES DEPUIS CE MATIN. GERRY EST PILE DANS L'AXE DU VENT ET JE VAIS À 80° DU VENT. VITESSE DE RAPPROCHEMENT ENTRE 0 ET 1,5 NŒUDS. MER ENCORE TRÈS FORMÉE MAIS PAS DANGEREUSE.

Pendant encore douze heures, Isabelle va ainsi tirer ce que les marins appellent dans leur jargon des « bords carrés. » Traduction : *PRB* ne se rapproche quasiment pas de son but. Et que dire de l'état de son skipper? Pour la première fois depuis le début de sa carrière, Isabelle ne sait plus où elle en est. Épuisée par la tempête, rongée d'inquiétude pour Gerry, elle ne parvient même plus à réprimer les sanglots qui l'agitent régulièrement. Et si au moins ce maudit vent pouvait changer de direction et rendre un peu plus utile sa recherche aveugle?

Pendant ce temps-là, le CROSS Etel – l'organisme français responsable de la sécurité en mer qui a été chargé de coordonner la recherche de Gerry Roufs – a délimité une zone de dérive possible de *Groupe LG2* en forme de quadrilatère très évasé vers le haut. Le 9 janvier au début de l'après-midi, *PRB* parvient enfin dans le coin nord-est de ce quadrilatère. Le vent s'est un peu calmé mais les creux sont encore de 8 mètres... Plus de 48 heures maintenant que la navigatrice n'a pas dormi. Sans cesse elle secoue la tête pour éviter de sombrer dans le sommeil. Hors de question de fermer l'œil tant l'angoisse de passer à côté de Gerry sans l'apercevoir est grande – la brume maintenant tombée, la visibilité est réduite à moins d'un mille.

Mais que cherche-t-elle : une épave démâtée, une coque renversée, un radeau de sauvetage, rien? Qu'importe, Isabelle continue de tirer des bords, l'un vers le sud, l'un vers le nord sans quasiment parvenir à gagner dans l'ouest. Dans cette zone de 17 000 km², *PRB* progresse à environ 1 à 2 km/h sur la route! Un peu comme si vous cherchiez à pieds une voiture dans un territoire grand comme la moitié de la Belgique. Si encore, comme Pete Goss à la recherche de Dinelli, Isabelle pouvait connaître la position et la situation de Gerry... Chaque mille gagné aurait alors valeur d'espoir... mais ce n'est pas le cas, ni signal de détresse, ni position Argos, Isabelle n'a aucune indication.

16 heures, le 9 janvier. Elle s'adresse au CROSS pour demander des consignes. L'officier de quart lui indique une position à gagner. Ce point géographique se situe au milieu de la zone de recherche. C'est là qu'elle devra faire jonction avec un cargo, le *Mas Enterprise*, qui patrouille également sur zone. Problème de taille : la position indiquée se situe à 47 milles dans le sud-ouest, là d'où vient le vent. À un nœud de vitesse de rapprochement, le calcul est vite fait : il faudra deux jours à *PRB* pour rejoindre ce point. Impossible... Et kafkaïen : en admettant que *Groupe LG2*, en détresse, continue à dériver vers le nord, la zone de recherche aura quadruplé de volume d'ici là... Isabelle indique au CROSS qu'elle est dans l'incapacité de rejoindre cette position et demande en conséquence d'autres instructions.

En spécialistes de la sécurité en mer qu'ils sont, les hommes du CROSS ont immédiatement analysé la situation. *PRB* est incapable de patrouiller efficacement dans la zone et, une tempête étant de nouveau annoncée pour dans 48 heures, le bateau endommagé pourrait se retrouver dans une mauvaise posture. Sa vocation n'étant pas de risquer inutilement la vie de navigateurs, le CROSS donne alors « liberté de manœuvre » au skipper de *PRB*. Exténuée, Isabelle sait que cette décision est la bonne. Mais dans son esprit tout s'embrouille.

Gerry est un bon pote, elle a navigué avec lui lors de la Course de l'Europe, tous deux s'estiment. S'il n'y avait même qu'une chance sur un milliard ? Et puis que signifie « liberté de manœuvre » ? Comme anesthésiée, Isabelle se sent incapable de prendre une décision. Elle renvoie un message au CROSS pour demander des éclaicissements.

20 h 56. La réponse tombe : « Vous pouvez reprendre votre route. Et encore merci pour tout. » Isabelle agit sur le boîtier de commande de son pilote automatique et choque l'écoute de sa trinquette. Doucement l'étrave de *PRB* pivote vers l'est. L'âme en berne, la solitaire s'allonge sur la banquette de sa table à carte et s'endort à la recherche de rêves meilleurs.

Ils ne viendront pas. Le réveil est douloureux. Impossible de ne pas penser à Gerry. Jamais, sans doute, Isabelle ne s'est sentie aussi près d'un autre navigateur qu'avec le Canadien au cours de ces quelques heures de tempête. Qu'est-il arrivé ? À terre, s'échafaudent toutes les hypothèses : chavirement, bateau resté sur le toit, chute à l'eau, rencontre avec un iceberg (le *Mas Enterprise* en a aperçu un dérivant dans la zone de recherche), pannes concomitantes de balise Argos et d'énergie privant Gerry de toute communication avec la terre. Ni le cargo, ni Marc Thiercelin, ni Éric Dumont, arrivés sur zone à leur tour, ne trouveront un quelconque indice.

Au fond d'elle-même, parce qu'elle est la seule au monde à savoir ce que Gerry a vécu – « Je pense qu'aucun bateau ne peut sortir indemne d'une tempête comme ça. Moi avec mes avaries et mes cinq chavirements, je peux considérer que j'ai eu beaucoup de chance », commentera-t-elle à l'arrivée –, Isabelle ne croit pas une minute à la thèse de la panne. Elle sent que cette fois l'océan n'a eu aucune miséricorde. Elle le sent si profondément que lorsque le mauvais feuilleton du cap Horn débutera, elle n'y croira pas. Une histoire pitoyable qui, sur la foi d'affirmation d'un pilote de l'armée de l'air chilienne, reprise par une dépêche d'agence datée du 17 janvier, fera renaître l'espoir. La dépêche signalera qu'un avion chilien avait repéré et pris contact avec *Groupe LG2* au large du cap Horn. Cette fiction, dramatique pour la famille de Gerry, ne cessera que dix jours après, quand des journalistes français iront interviewer le commandant en chef de la base aérienne de Punta Arenas qui infirmera cette malheureuse rumeur.

Pour l'heure, seule dans son coin, seule avec ses noires certitudes impossibles à chasser, seule avec le chagrin de n'avoir rien pu faire, Isabelle espace les contacts avec la terre. Moralement et physiquement usée, sachant son voilier trop amoindri pour supporter la nouvelle tempête annoncée, Isabelle recourt à une assistance météo afin de rejoindre, vers le sud, une zone plus calme. Là elle pourra songer à se reposer et à panser les plaies de son bateau.

Cinq jours après le drame, encore tenaillée d'une sourde douleur, elle a envie de dire la mer, de dire la mort. L'écriture est son seul exutoire.

> « À bord de *PRB*, par 57°13 sud et 98°9 ouest
>
> Alors, tu croyais t'en tirer comme ça, discreto, je traverse le Pacifique Sud les mains dans les poches avec 40 nœuds de vent maximum... Ma pauvre fille... est-ce parce que tu es déjà venue, que tu te considérais comme dédouanée, ou plutôt parce que dans toute la première moitié du parcours, c'était Byzance, 20/25 nœuds, du soleil, la pile de bouquins qui commençait à fondre tellement c'était tranquille... je t'ai bien eue, hein, t'as vu quand je veux, comme je sais faire le Raminagrobis des Cinquantièmes, comme je sais calmer mes vents et t'envoyer tournoyer mes albatros dans le soleil pour endormir ta méfiance... ah, c'était bien, c'était beau, au début tu y croyais à peine et puis on s'habitue et te voilà à sourire, à aller taquiner ton copain Gerry que tu poursuivais depuis Cape Town, vous voilà tous les deux tactiquant et papotant par fax comme si vous étiez sur le plan d'eau d'Asnières. C'est peut-être ça qui m'a agacé.
>
> Je n'aime pas trop qu'on ne me prenne pas au sérieux. Dans le temps, les marins priaient la Vierge matin et soir

pour que je les épargne. Vous voilà maintenant sur vos machines de course, sophistiquées, bichonnées, invincibles... Voire... Vos antennes satellites et vos ordinateurs, c'est bien pour faire joujou ou causer à la télé, mais moi, je n'ai pour m'exprimer que la myriade de gouttes d'eau que je forme et déforme, je ne vois que le nuage, je n'entends que le chuintement ou le grondement de mes vents, je ne sens que la pente de mes vagues, je ne respire et ne goûte que le sel, le sel à l'infini. Alors j'ai, ce jour-là, décidé de vous parler comme je sais le faire et de montrer ma colère. Ah, j'ai bien rigolé en voyant ta tête devant la chute du baromètre : lisse et verticale comme un mur de varappe, tout d'un coup tu as flairé le grabuge, trop tard ma belle, vas-y, amarre bien tout, la danse commence, le rock sauvage des Cinquantièmes. Un peu, beaucoup, à la folie. Entrée en matière, je lance mes vagues, je fais voler leur crête, je fais gémir mes vents... puis peu à peu je me déchaîne, je laisse venir le cri des profondeurs... allez, hurlez, grondez, volez, que l'on ne distingue plus de la mer qui bouillonne, de la vague qui déferle, du nuage qui rase le sol, dans un même grondement de bataille. Voilà, tu vois, quand je veux... ah ah on dirait que tu es crispée, hein, l'œil saute de la courbe du baro au cadran de l'anémomètre... figée à ta table à carte, te cramponnant quand ça s'enrage. Tiens..., regarde... tu vas au tapis, couchée sur ton beau bateau blanc, à plat, carpette... t'en veux encore... en voilà... je peux même faire mieux, en voilà une bien baveuse, claquée cette fois-ci, mât sous l'eau, et toi qui voles à travers la cabine et te récupères au plafond de la couchette, bobo ? En voilà une autre, et je garde le bateau couché comme un prisonnier que l'on maintient la tête sous l'eau pour le faire parler, tu te débats, tu rampes actionner la quille pivotante... OK, pour cette fois tu t'en tires, mais attention dans une heure, je remets ça... Oh, ça n'est pas de la haine, non c'est juste comme ça par hasard, d'ailleurs c'est bien toi qui es venue là, tu l'as même voulu farouchement, alors ?

Ah, les petits mots avec Gerry ça n'est plus la critique littéraire, ou les commentaires culinaires. Au début, il faisait le malin à dire qu'on aurait dit le mont Blanc mais que c'était pas de la neige dessus. Son dernier message demandait juste quand ça allait finir ce bordel, oui lui aussi criait grâce, eh bien tu vois ce que j'en fais du Gerry, je le broie, oui, où je veux et quand je veux, je le broie. Peut-être lui ai-je envoyé la mort blanche, celle dont les tonnes d'eau déferlantes ne laissent rien survivre, peut-être lui réservais-je l'iceberg qui traînait sur la zone dans un dernier craquement... Tu ne le sauras jamais car c'est notre lugubre secret, d'ailleurs je sais que tu imagines, tu imagines tout, tu ne cesses d'imaginer, et c'est ma revanche sur ta désinvolture. Maintenant tu peux pleurer, tu peux hurler... me maudire. Je ne suis rien, juste un peu d'eau et de vent, un vieil océan au sud d'une petite planète inconnue. Va, erre sur l'eau grise à chercher ton ami, je te laisse même l'espoir qu'il ne s'agit que d'un banal problème de batteries et de communication et qu'il ressurgira vers le Horn... rêve, ma chère. Allez, va, file d'ici, laisse-moi faire crier mes vents dans la solitude, je sais que je t'ai marquée, aujourd'hui et pour jamais d'un signe où se mêle la mort et ça sera notre secret. Je sais que tu vas continuer, naviguer encore, peut-être revenir. Mais toujours tu te souviendras qu'à quelques milles de toi, un jour de janvier, un homme est passé dans l'envers de la vague. Ils sont cent, ils sont mille, ceux que je berce de mes silences, pêcheurs, découvreurs, marchands, coureurs des mers. Toujours il en viendra et toujours je prélèverai mon dû [1]. »

1. *Libération*, 14 janvier 1997.

CHAPITRE X
CAP-HORNIÈRE POUR LA TROISIÈME FOIS

LE PASSAGE DU HORN

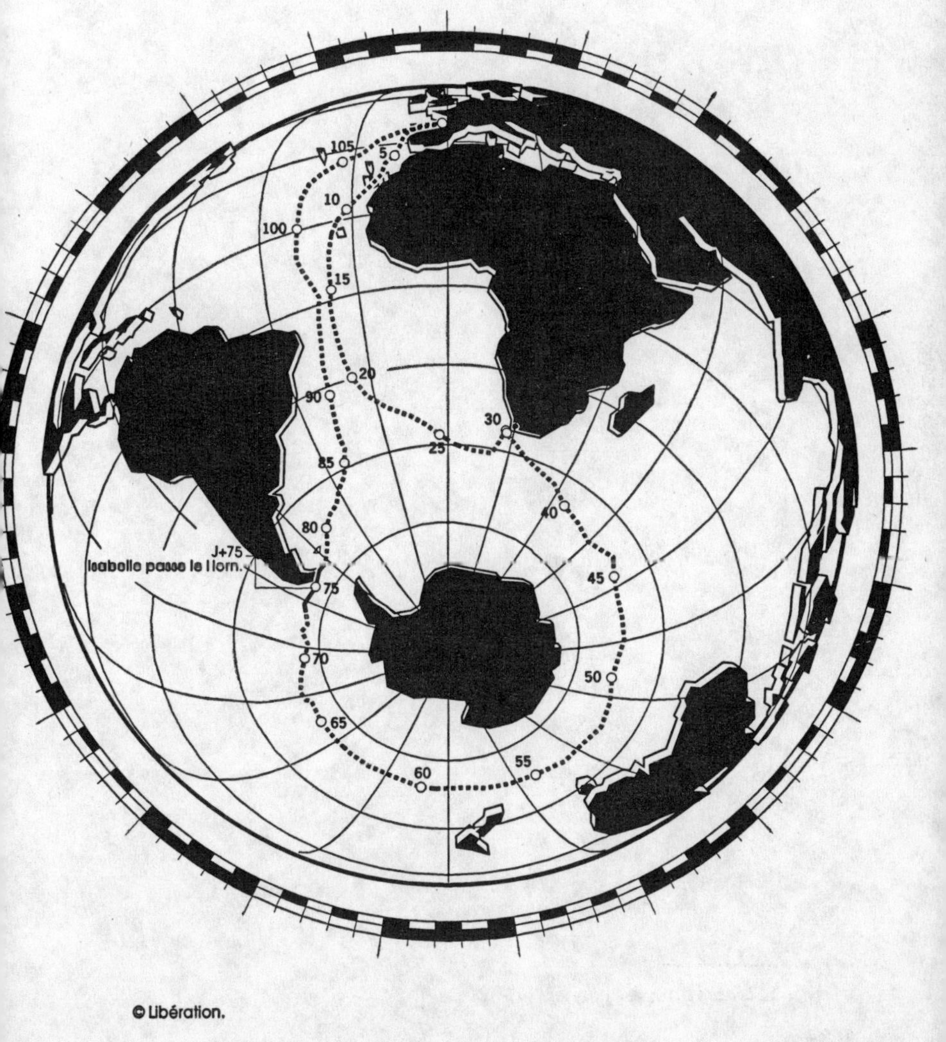

Jamais Isabelle n'aurait pensé dérouler avec autant de plaisir la carte marine n° 1373. Une carte en langue espagnole qui dessine par 55°58 sud et 67°17 ouest les détails du plus célèbre rocher du monde : l'Islas Hornos, le Horn... Les instructions de toutes les courses autour du monde, qu'elles soient en solitaire ou en équipage, avec ou sans escale, auront beau jeter sur le papier un réglementaire « cap Horn à bâbord », jamais cette marque de parcours ne sera tout à fait comme une autre. Du haut de ses 425 mètres, cette falaise déchiquetée restera toujours synonyme de délivrance pour les circumnavigateurs qui l'abordent par l'ouest. Ce fut vrai pour les Clippers et trois-mâts barques du siècle dernier qui forgèrent la Route par les Trois Caps. Cela reste vrai pour la nouvelle génération de cap-horniers, ces coureurs d'océan dont Isabelle fait partie, qui depuis la fin des années 60 ont remis le Horn sous les feux de l'actualité. La vigie de granit, plantée à l'extrémité sud de l'Amérique, signifie la fin du périple autour de l'Antarctique, la fin des icebergs et du froid, des tempêtes australes et des vagues géantes.

La porte de sortie vers l'Atlantique ne s'entrouvre cependant pas aisément. Bloquées au nord par la cordillère des Andes et au sud par le haut relief de la Terre de Graham, les dépressions du Pacifique s'engouffrent avec une violence accrue dans l'étroit couloir de 500 milles qui séparent la Terre de Feu de l'Antarctique. De violents courants s'additionnent également dans ce goulot où Pacifique et Atlantique fêtent leur épousaille. Enfin, la grande houle des Cinquantièmes hurlants se déchire en cimes abruptes et désordonnées après s'être cassée sur le plateau continental (à environ 50 milles dans le sud-ouest du Horn, les fonds remontent subitement de 3 000 mètres à... moins de cent mètres). Un cocktail qui rend, même au portant, la navigation très dangereuse.

Le soulagement des cap-horniers du XIXe siècle qui, à l'image d'Henry Jacques, un jeune Parisien embarqué en 1832, doublait le cap Horn sans (presque) trop d'encombres, n'a donc rien de surprenant :

« C'est alors que j'ai entendu pour la première fois ce cri d'espérance et d'encouragement : hardi, les gars, torche encore un coup, pour doubler Chiloe ! Somme toute on s'en tire bien du cap :

la passerelle enlevée, la misaine arrachée, des apparaux en miette, des pavois ouverts, les marmites du coq à la mer. Mais il y a aussi le corps du grand François suspendu là-bas, derrière nous, dans la mer du pôle. Il n'y aura que ce souvenir pour gâcher encore un peu notre plaisir. Tout de même, on aurait pu voir pire et rouler ensemble dans les grands fonds. »

Mais il est un Horn bien plus terrible. Un Horn de sang et de souffrance : celui que les navires, venus de l'Atlantique, affrontaient contre les vents dominants. En janvier 1616, ses premiers visiteurs, les Hollandais Shouten et Lemaire, arrivant par le levant, avaient pourtant bénéficié de vents portants pour déboucher dans le Pacifique. Signe que la chance sourit parfois aux découvreurs. Car dans ce sens est-ouest, le scénario s'apparentait le plus souvent à l'horreur : privés d'informations météos fiables, les voiliers qui s'étaient engagés au sud de la Terre de Feu avec un temps maniable, se retrouvaient rapidement au près dans une tempête de sud-ouest qui n'avait pas crié gare. Lourdement chargés, mauvais marcheurs au près, les voiliers de commerce entreprenaient un stupéfiant louvoyage, allant jusqu'à frôler l'Antarctique dans l'espoir de doubler la pointe sud-américaine. Près d'un bateau sur dix y disparaissait corps et bien.

Le sort des autres navires n'était guère plus enviable :

« Les longues heures de cape ébranlent les gouvernails et leurs appareils, usent terriblement la voilure – raconte un cap-hornier, le capitaine au long cours Louis Lacroix. Les manœuvres incessantes de louvoyage, changement de caps épuisent les hommes. Il faut sans répit parfois, amener, carguer et serrer de la mâture glacée où les doigts raidis ont peine à se maintenir, les hommes d'équipage descendent souvent les mains ensanglantées par le battement des ralingues, et gercées par le froid. »

Un calvaire qui pouvait durer plusieurs dizaines de jours, le triste « record » en la matière revenant au quatre-mâts barque américain *Edward Sewal* qui, en 1904, mettra soixante-sept jours pour franchir le redoutable promontoire.

Et que dire du trois-mâts *Garthway* qui, devant la tempête, ne trouva son salut que dans la fuite? Il rebroussa chemin et, cap à l'est, rejoignit sa destination chilienne en opérant un tour de l'Antarctique bien imprévu... Après la fin de la marine à voile de commerce, il fallut attendre 1952 pour que *4 vents*, le voilier du français Marcel Bardiaux franchisse de nouveau le Horn dans ce sens. Depuis, malgré des unités modernes capables de mieux remonter au vent, rares sont les coureurs qui s'y sont essayés. S'il n'y avait eu la création récente d'une course autour du monde en équipage « à l'envers », la British Steel, organisée par le Britannique Chay Blyth (le premier navigateur solitaire à avoir accompli en 1971 un tour du monde sans escale dans le sens est-ouest), on les compterait même sur les doigts des deux mains.

Sur la carte n° 1373, que la navigatrice déploie pour la troisième fois de sa vie, le tracé au crayon noir qui enroule l'Islas Hornos, rappelle que depuis son record New York-San Francisco, Isabelle fait partie de ce club très fermé. Mais sur le papier, d'autres pointillés légèrement effacés, la renvoient bien plus loin en arrière : quand par un beau jour de mars 1991, concurrente du Boc Challenge, elle est devenue cap-hornière.

> « Je me souviens de mon premier Horn. Il faisait beau, clair avec un léger et inhabituel vent d'est qui s'obstinait à m'en éloigner. Le bateau passait, au près, en chuchotant sur une eau gris clair. Je n'en ai vu qu'une petite silhouette foncée, un peu brumeuse, comme s'il avait des pudeurs de jeune fille. J'ai aimé ce Horn atypique, loin des rugissements et du grand jeu qui le caricaturent; un Horn secret et serein.
>
> Il a pourtant tout pour montrer les dents, ce bout du monde : le froid de ses 56° sud, ses hautes montagnes qui barrent le passage des dépressions et accélèrent ses vents, les fonds qui remontent brutalement et lèvent des mers violentes; tout le cocktail pour swinger dur. Les nuages qui s'entassent, trois cents jours de pluie par an qui dégouline sur son roc noir et volcanique, un couvert d'arbres torturés... il est bien comme dans les livres et c'est, d'ailleurs, beaucoup de son charme... être comme dans les livres, être cette mémoire collective qui le différencie de tout autre Finistère.
>
> Il plane sur ce vieux Cap Dur quelque chose des Indiens Yagans et de leurs pirogues, des vaisseaux malhabiles des

premiers Européens et des centaines de navires de tous poils qu'il a coulés ou épargnés.

Aujourd'hui, il est pour moi, cet ogre triste. J'en suis là, au coin de ce monde et je l'ai mérité après des semaines d'austères latitudes. Je suis fière de ce premier Horn.

« Yves, t'as tourné le coin, aussi ? »

La présence de mon pote Yves Dupasquier, copain de la première heure de Mini-Transat, naviguant à quelques milles, participe au vertige. Quatre ans à peine en arrière, nous préparions côte à côte nos minis, ignorant que ce tour du monde deviendrait si vite une urgence dans nos têtes et que ce qui nous animait, à fond la caisse sur l'Atlantique, nous conduirait un jour sur ce sommet.

Plus tard, il y aura d'autres Horn.

Je me souviendrai de celui grincheux et pluvieux de New York-San Francisco. Il avait joué à nous faire peur, la météo nous annonçant 60 nœuds, tous, à bord, avions la gorge sèche, loin des fanfaronnades de bistrot. Il s'était finalement laissé faire, de nuit, sans autre spectacle qu'une petite croix sur le routier. Il fallait ce jour-là, le passer « à l'envers », contre les vents dominants. À 9 nœuds, trois ris et trinquette bien plate, nous pensions tous, à bord, à ceux qui avaient passé plus de cinquante jours d'enfer, sur des goélettes pourries à enrouler le vieux rocher.

Je me souviendrai, encore, du Horn de ce Vendée Globe qui n'était plus que la balise tant attendue qui me délivrait d'un Pacifique enragé.

Pour la première fois je me suis approchée de la dentelle noire de la falaise... L'herbe était crue sous la lumière rasante de fin de coup de vent, les trois petites maisons des gardiens de phare émergeaient comme un décor de poupée. Cétait beau, mais je ne sais pas si j'ai vraiment savouré ce Horn, ces jours-là. Le Pacifique venait de voler un marin.

L'amitié, pourtant, était là : les voiles arrisées de *Kotick* et *Valhalla*, deux bateaux charters français, embusqués dans la baie suivante pour me catapulter sur le pont gâteaux, fruits et petits messages...

Peut-être y en aura-t-il d'autres, des Horn, des beaux, des colériques, des tendres. Le premier Horn, pourtant, seul est le bon, qui donne le droit de porter l'anneau d'or et de cracher au vent. Il est le signe qu'un jour, on a tutoyé son rêve, que l'on a pu, que l'on a su venir ici, dans ce bout du monde où se rejoignent l'imaginaire et la réalité. Passer le Horn n'est pas seulement doubler un cap, pas uniquement en finir avec les peurs du Sud ; ce n'est pas toujours un plaisir, mais pas forcément une agonie. Passer le Horn c'est regarder la carte, monter sur le pont, regarder le caillou et sentir que quelque chose est arrivé. »

CHAPITRE XI
QUAND LE MONDE RESURGIT

RETOUR EN ATLANTIQUE

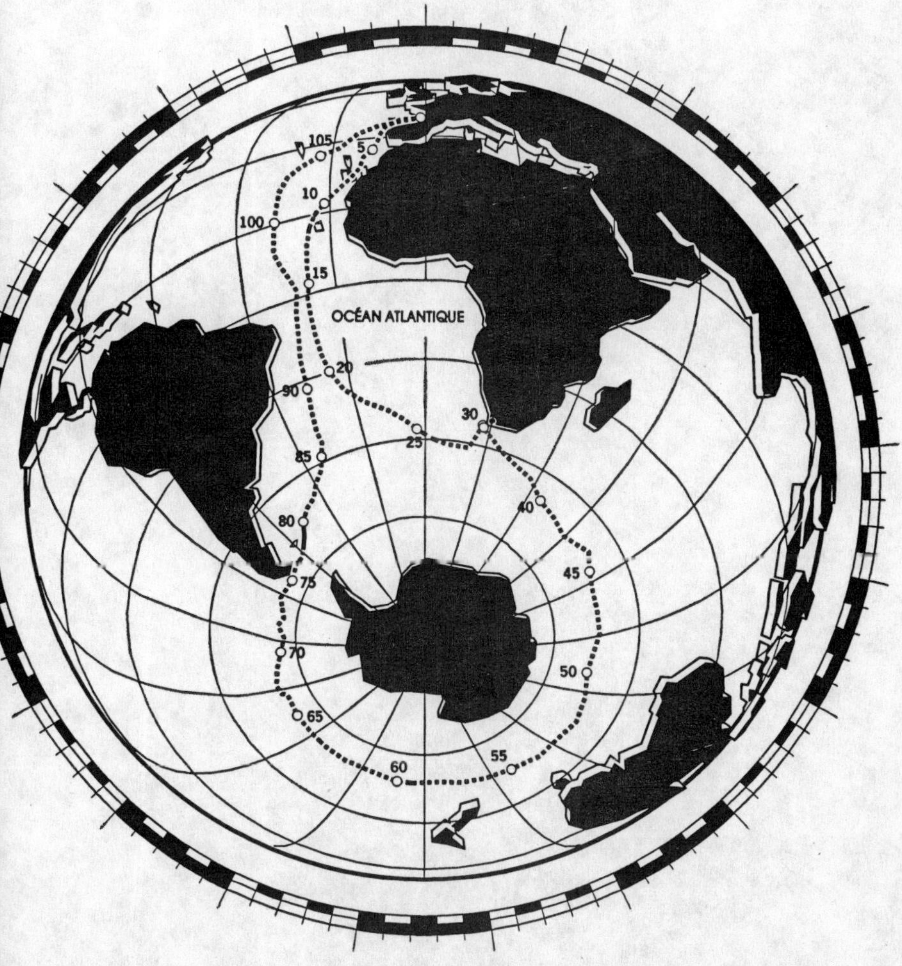

© Libération.

C'est dans ce coin-là, après les Falklands, quand le Horn est déjà loin derrière, que Bernard Moitessier avait pris, voici près de 30 ans, sa décision d'abandonner le Golden Globe. L'idée de ne pas retourner vers notre civilisation – ce « Monstre » tant dénoncé au fil des pages de *La Longue Route* –, le hantait depuis plusieurs semaines. Une fois sorti des mers du Sud, le souffle familier de l'Atlantique l'avait obligé à se déterminer. Alors Bernard avait poussé la barre de son *Joshua* et mettant cap à l'est vers Bonne-Espérance était entré dans la légende.
Le retour en Atlantique après l'exil volontaire dans le Grand Sud sonne en effet le retour au monde, le nôtre...

> ❝ J'ai tant besoin de la terre et de ses humains,... ne serait-ce que pour donner un but à mon bateau, parce que je dois le diriger vers un port et vers des hommes. La mer, la terre, elles, se moquent de mes envies et de mes désirs. Elles ne m'ont pas attendue pour dérouler leur histoire. Que sont quelques fous naviguants qui jouent à se poursuivre d'un océan à l'autre et à quoi servent-ils ? Je ne me sens pas dans la peau du misanthrope inutile. Je ne me réfugie pas, en course, loin de la société. De mon pont désert, je me sens très intégrée à mon monde, à sa vie économique, sociale, culturelle. Les marins découvreurs du XVIIe siècle faisaient sponsoriser leurs navires par de riches marchands à l'affût de nouvelles routes commerciales ; sur ces mêmes routes, nous portons les couleurs d'entreprises marchandes qui convertissent notre notoriété en développement économique. Les marins de jadis concouraient au partage du monde, étaient les chantres de la civilisation blanche et de ses valeurs ; nos aventures fascinent en partie car elles portent un retour aux sentiments de nature, de simplicité, de solidarité et d'engagement individuel. Ainsi, seuls au bout de la planète, me voilà actrice, comme tous, du monde tel qu'il est. Tant mieux, je le revendique, j'espère en vivant ainsi apporter ma petite pierre de couleur dans ces sociétés souvent grises et noires. De loin, j'écoute le bruit de l'humanité et je m'en sens partie prenante.

Un œil sur le compas, l'autre sur la vague qui fuit, par ce bel après-midi du Pacifique, je barre en écoutant Radio France International. À part la revue des événements que je réclame toutes les semaines à mon PC à terre, peu d'informations filtrent jusqu'à mon repaire. La mer est d'un beau bleu métallique, le bateau dévale les vagues en chantonnant et le soleil me chauffe agréablement les jambes; tout à l'heure, j'ai papoté en Standard C avec Christophe, puis Catherine comme si nous étions à la terrasse de la buvette du coin. Le monde est beau et fraternel. La radio me susurre posément que 50 villageois algériens ont été égorgés et que l'on a plus ou moins renoncé à se préoccuper des 200 000 Hutus qui agonisent dans une forêt d'Afrique. Mon monde tout à coup vacille. Comment est-ce possible que tout cela coexiste, comment peut-il y avoir, d'un côté, la douceur et l'harmonie et, de l'autre, l'horreur pure. Est-ce de n'être plus submergée de nouvelles futiles, surchargée d'informations qui rend si fort le peu qui me parvient? Est-ce que mon monde est fou ou me suis-je simplement désaccoutumée de la barbarie? Est-ce de vivre dans le beau qui rend plus poignante l'horreur, pourtant quotidienne?

Moi ici, eux là-bas. Il ne suffit pas de dire que j'ai de la chance. Bien sûr, je mesure ma différence de statut avec la femme afghane que j'aurais pu être, je sais que, vivant dans une famille heureuse, j'ai eu les bases d'un développement personnel idéal. Oui, je me sens privilégiée dans ce que je vis et dans ce que je suis. Venant d'ailleurs, je n'aurais sans doute pas pu accéder à ce statut de solitaire hauturière. Tant et si peu de choses en même temps me séparent de ceux qui meurent inconnus sur le rivage. Je trouve parfois de l'indécence à parler des souffrances et des difficultés du marin solitaire quand d'autres agonisent dans des prisons obscures pour des questions d'ethnie, d'idées ou de couleur de peau.

Pour nous, bientôt, sous les feux de la rampe, les difficultés cesseront, on nous célébrera comme des héros quand d'autres finiront anonymes, assassinés pour avoir seulement voulu vivre.

Un jour, la mer qui se sentait en appétit avait tenté de me croquer d'un coup de déferlante baveuse. Des hommes, bien loin, des inconnus, australiens, vinrent à la rescousse me tirer de ce mauvais pas, avec tout le naturel dans le courage dont est capable un sauveteur. En écoutant ces nouvelles terrifiantes à la radio, en ce jour de beau temps, je me prenais à rêver que le dixième de la solidarité des gens de mer s'appliquerait un jour à notre bonne vielle terre. »

Et puis tout là-haut, dans le coin supérieur droit de sa grande carte de l'Atlantique, à 7 000 milles de là, il y a les siens, sa famille. Oh, une famille à la Autissier, très élargie, qui mêle dans une seule vague les liens du sang et de l'amitié. Tous ceux dont les visages ont peuplé son cockpit et les cadrans de sa table à carte quand tout allait mal. Maintenant qu'ils paraissent si proches sur ce grand rectangle de papier humide, jamais l'envie de les retrouver ne s'est fait aussi pressante.

« Jours de mer après jours de mer. Il y a si longtemps, déjà, que les terriens ont disparu dans le sillage. Les autres ne sont plus que la pâleur de ces lettres sur l'écran du PC, un mot d'amitié, un clin d'œil. Cette relation de l'absence a une étrange force, jamais peut-être je ne me suis sentie si proche d'eux, jamais ma relation aux miens n'a été si forte et si complète. Est-ce l'absence, est-ce le sentiment du risque, est-ce la force simple de la vie que je mène, est-ce le recul que prend le regard, qui redonnent ainsi cette puissance aux relations humaines. Ceux que j'aime sont là, qui peuplent mes pensées, comme jamais, ils sont rieurs ou inquiets, ils m'accompagnent. Notre relation est devenue lente du fait de la distance et de la difficulté de communication, un peu grave et plus tendre encore, comme chargée un peu plus chaque jour par les degrés de latitude qui nous ont si longtemps éloignés et qui désormais nous rapprochent. Je sais leur inquiétude, j'imagine leur impatience à consulter le Minitel ou les journaux du matin, je sais leur plaisir à communiquer entre eux pour commenter les nouvelles et créer un réseau vivant autour du bateau.

Aujourd'hui, le bateau cogne, au près, sur la route du retour. J'ai peu à faire sur le pont et je laisse courir mes pensées vers eux, dans un cœur à cœur imaginaire qui se moque des milles. J'entretiens ma correspondance imaginaire et je m'amuse à regarder ces petits mots se faufiler sur un bureau parisien. Je les vois lever la tête, comme s'ils m'entendaient, tout à coup.

Je sais ce que je leur dois. Je sais ce que ma liberté, mon bonheur d'être ici doit à la confiance et à la tendresse de mes proches, à leur aptitude à supporter l'absence et l'inquiétude. Eux, si loin, sont impuissants, si la vague, un jour, m'emmène, si un iceberg est là, ils ne peuvent que guetter avec angoisse les moindres signes venant du bateau pour se rassurer quelques heures durant. Si leur regard est fier, quand j'approche du ponton du retour, c'est que leur amour est fier, mais j'espère qu'aussi ils sont fiers d'eux. Eux, qui le jour du départ, savaient dire dans un sourire :

« Va, navigue bien, sois heureuse... prends soin de toi... reviens vite... on pense à toi si fort... »

Je sais ce que je dois à mon équipe de la première heure, ceux qui ont travaillé lorsque tout n'était que projet de papier. Ils ont été là, rêvant avec moi, imaginant, travaillant à toute heure, du premier trait de crayon au coup de canon fatidique du départ. Ils étaient peut-être fiers, eux aussi, de voir tout ce travail accompli en si peu de temps, de voir leur œuvre à son apogée. Mais ils étaient sans doute aussi déjà inquiets, lourds de leur responsabilité, prêts à prendre la veille devant le fax. Je les ai dérangés des dizaines de fois pour un conseil de réparation, une procédure, quels que soient l'heure ou le jour de la semaine ; il leur a fallu se rappeler dans les moindres détails tous les montages, comprendre la description de mes avaries, tirer un fournisseur de sa grasse matinée dominicale... ou mettre un frein à mon impatience... et trouver avec moi, pas à pas les solutions de dépannage.

De la minute du départ à celle de l'arrivée, ils ont cauchemardé d'un téléphone qui sonne à quatre heures du matin porteur de consternation. Ce bateau est si profondément le leur. Je sais aussi qu'ils guettent mes humeurs, mes joies, mes angoisses, car le travail en commun, toutes ces années, nous a forgé une belle amitié et qu'ils sont tout simplement mes frères.

Alors, quand ça va mal, c'est pour eux que je me bats, quand il faut se tirer du duvet pour aller attraper l'onglée en pleine nuit, monter en haut du mât en maugréant, ou résister à l'impérieux besoin de dormir. J'ai besoin de bien accomplir mon travail comme ils ont bien accompli le leur, j'ai besoin de leur procurer joies, soulagement et fierté à la mesure des angoisses que je leur impose.

Pour mes proches, pour mon équipe, pour tous ceux qui croient en moi, connus ou inconnus, il faut, si non gagner, du moins tout mettre en jeu, aller jusqu'au bout, à l'extrême bout du bout...

Plus je suis seule, plus je suis proche des autres, ce mystérieux et enivrant paradoxe n'en finit pas d'emplir mes journées. Aujourd'hui, sur la route du retour, il me donne un peu d'impatience à les retrouver tous et me fait sourire, bêtement, toute seule, en écoutant craquer la coque qui sort des Quarantièmes. ”

CHAPITRE XII
DÉJOUER LES CALMES

SAINTE-HÉLÈNE

© Libération.

« Le vent est mort. J'ai suivi avec angoisse son agonie. Je savais bien que ça mollirait, pas moyen d'y couper, mais... pas si vite, Monsieur le bourreau... j'aurais aimé profiter encore un peu du brave Éole.

Non ! la fin de nuit a été de plus en plus calamiteuse, je suis retournée plusieurs fois à la manœuvre pour renvoyer le plus de toile possible et voilà, le petit jour se lève quand s'endort la dernière brise. Les voiles pendent, lamentables chiffons secoués uniquement par la houle. Flatch... flatch... chaque vague ne provoque qu'un grognement maladif du bateau, qui met inutilement le gréement à rude épreuve. Calmes dévastateurs pour poulies, écoutes, chariots de lattes et voiles bringuebalées en tous sens.

« Du calme, ma fille, y'a plus qu'à en sortir... facile à dire... »

Premièrement : réfléchir, traquer sur la carte météo et les photos satellite le moindre espoir de voir s'achever cette punition.

Deuxièmement : réfléchir encore et imaginer la route, même à 90 degrés du cap théorique qui me permettra de progresser le mieux possible. Chaque mille est sacrément important qui me rapproche de la délivrance, chaque heure compte alors que la concurrence déboule peut-être à 12 nœuds. Le vrai problème n'est pas que j'aille lentement, ce qui pourrait se savourer comme un répit sur ces machines épuisantes, mais le risque d'être engluée alors que d'autres, plus malins ou plus chanceux, marchent à pleine vitesse. Le calme est donc un lent et lancinant cauchemar. Bouteille d'eau, lunettes de soleil, casquette, musique, peut-être, sur les haut-parleurs extérieurs... je prends mes quartiers à la barre, pour tirer le meilleur parti possible des brises évanescentes.

Je vais de réglages en manœuvres, je m'obstine pour quelques centièmes de nœuds, crispée des pieds à la tête.

Vers midi, la mer n'est qu'un immense miroir où se reflètent, parfaits, les quelques nuages. L'horizon est gorgé de brume. La vie est figée et le sillage réduit à quelques bulles peu convaincantes, le speedomètre voisine zéro. Parfois lors d'une manœuvre le pilote n'arrive même plus à tenir le cap. Le bateau, ivre, entame alors, un tour d'horizon dans les couinements du pilote déboussolé. Il faut de longues minutes pour ramener tout ce petit monde dans le droit chemin. Le paysage, plat, sobre, pourrait être magiquement beau, mais je n'y prends pas garde. Je lutte contre l'accablement dû au manque de sommeil, renforcé par cette chaleur de four, la tension mentale, la vanité de mes efforts s'en mêlent. Je m'énerve toute seule, je suis prête à crier, pleurer, je commence à taper sur le bateau pour me calmer, à insulter le vent.

« Crétin, ça suffit, bouge-toi un peu... saleté de nuage, pas foutu de donner un pet d'air... »

Je me calme, me renverse un seau d'eau sur la tête pour m'éclaircir les idées et retourne à la barre. Et passent les heures, les minutes, les secondes. J'angoisse déjà de découvrir le prochain classement, toute l'énergie des jours précédents pour gagner le moindre nœud est peut-être en train d'être anéantie en cet après-midi torride.

J'entends déjà les commentaires :

« Qu'est-ce qu'elle fout? Elle fait du tricot ou quoi? Moyenne de touriste... »

— Arrêtez, taisez-vous... qu'est-ce que vous croyez, que je roupille?

J'aimerais vous y voir avec ce vent de naze et la houle qui empêche simplement les voiles de porter... facile de commenter quand on est au bureau. »

Je rêve du soir, de sa fraîcheur et, peut-être des petites rides qui doucement vont entamer cette platitude.

« Chut... ne rien dire, ne pas effrayer ce frémissement timide... Là... c'est mieux... viens par là... »

La coque se remet à chanter, les voiles respirent, j'ai l'impression que mes épaules s'allègent. Je reste quelques heures encore à savourer le lent rétablissement du vent, je retrouve mon rythme : grignoter, carte météo, petite sieste.

Qui sait si, demain, cette même mer lisse ne sera pas secouée de déferlantes? »

L'anticyclone de Sainte-Hélène possède la réponse. Elle est négative : Isabelle devra longtemps attendre le réveil de la brise. Quasiment absent lors de la descente de l'Atlantique, l'anticyclone de l'hémisphère Sud a cette fois décidé de se rappeler au bon souvenir des solitaires qui viennent de doubler le Horn. Il forme une véritable barrière sur l'Atlantique Sud : une gigantesque zone de calme qui s'étend sur 2 000 km en latitude (de 40° sud à 20° sud) et 3 000 km en longitude. Le vent de nord, donc contraire, qui sévit le long de la côte sud-américaine, ôte toute envie de le contourner par l'ouest; tenter l'opération par l'est reviendrait à aller frôler la lointaine côte africaine... Impossible ! Isabelle a une seule solution : traverser ce mastodonte, un anticyclone qui a décidé de l'accompagner dans sa lente progression en se décalant également vers le nord. Treize jours à naviguer au près dans des brises évanescentes. Treize jours penchée sur la table à carte dans l'espoir d'une sortie anticipée. En vain...

Christophe Auguin, qui a doublé le Horn une semaine avant elle, n'a pas plus de chance : Sainte-Hélène va ralentir pendant 16 jours sa marche impériale vers la victoire. Le dauphin de Christophe, Hervé Laurent, a, lui, paré le Horn quarante-huit heures après *PRB*. Hervé, qui tire le meilleur parti possible de son *Groupe LG Traitmat*, le plus vieux bateau de la flotte, surprend de plus en plus tous ceux qui ne connaissaient pas ses remarquables qualités de navigateur. Mais pas plus qu'Isabelle, il ne trouvera un raccourci dans l'anticyclone.

Une fois cet obstacle franchi, Isabelle sait qu'elle n'en aura pas fini avec les calmes. Il lui faudra déjà songer à négocier le Pot au Noir. Encore une zone où le vent aime jouer avec les nerfs des coureurs... Pourtant, le skipper de *PRB* aime cela... Rien à voir avec un quelconque masochisme. Simplement, après le Grand Sud où le seul intérêt tactique est de se positionner au mieux dans les inlassables bascules de vent nord-ouest/sud-ouest générées par les dépressions, l'Atlantique, par sa diversité météorologique, offre un terrain de jeu bien plus intéressant. Anticyclone, « Pot au Noir », alizés, dépressions : la gamme est complète. C'est ici que plus d'un tour du monde s'est gagné. Le premier Vendée Globe l'a parfaitement montré : l'Atlantique avait été le témoin d'une gigantesque et passionnante régate entre Jean-Luc Van Den Heede, Loïck Peyron et Titouan Lamazou, ce dernier l'emportant finalement. Dans cette véritable partie d'échec qui se joue à l'échelle océanique, Isabelle a, par le passé, démontré toute son intelligence. Son plus beau fait d'arme : le sans-faute qu'elle réalisa dans la première étape du Boc Challenge 94 entre Charleston et Cape Town. Après s'être jouée de l'anticyclone des Bermudes puis du Pot au Noir, elle se retrouva face à cet anticyclone de Sainte-Hélène qui, aujourd'hui, lui cause tant de misères. Fort déjà d'une confortable avance sur son plus proche poursuivant, l'option «naturelle» eût voulu qu'elle contournât Sainte-Hélène pas sa face ouest jusqu'à toucher, au-delà de 25° de latitude sud, des vents d'ouest salvateurs. Isabelle en avait décidé autrement. Sur les cartes météo, une veine de vent s'offrait à elle pour traverser l'anticyclone. Elle avait saisi cette chance qui lui permettait de couper au plus court vers Cape Town. L'option était assez inédite mais la prise de risque ne devait rien à la chance ni au hasard. Pendant plusieurs jours, Isabelle avait navigué avec l'œil en permanence sur le baromètre et les nuages dans la crainte de perdre ce mince filet de vent. Le coup fut parfait : Isabelle était sortie de ce voyage de six jours au cœur de l'anticyclone avec plus de 1 000 milles d'avance sur le deuxième. Un écart abyssal dans une course moderne !

La météorologie n'est pas encore une science exacte. Aucune formule mathématique miracle ne permet au navigateur de décider de sa route. Tout est dans la lecture et l'analyse des cartes isobariques et des images satellite, l'utilisation du logiciel de routage, l'acquisition de recettes. Bref pour «sentir» une situation météorologique, le vieil adage «cent fois sur le métier remettre son ouvrage» reprend toute son actualité... Pour le Vendée Globe, Isabelle avait choisi deux des meilleurs professeurs en la matière, deux «sorciers» : Pierre Lasnier et Jean-Yves Bernot.

Le premier, qui dirige à Antibes un bureau d'études spécialisé dans les services de météo océanique, a rencontré Isabelle lors de la Mini-Transat. Il l'a ensuite routée au cours de son premier Boc Challenge – le routage était alors autorisé dans les tours du monde – puis lors du record New York-San Francisco.

Contrairement à Pierre Lasnier, Jean-Yves Bernot, Malouin de naissance et Rochelais d'adoption, n'est pas un météorologue mais un navigateur qui préfère d'ailleurs jouer ce rôle à bord d'un voilier qu'à terre. De par leur formation, les deux hommes ont des approches sensiblement différentes. À Isabelle de synthétiser cette diversité. Un rôle actif qui est loin de lui déplaire. Après tout n'est-ce pas elle qui en situation réelle, sur l'eau, doit trouver la bonne solution ? De bons enseignants, voilà la base d'une éducation de qualité. Encore faut-il disposer d'outils. Un partenariat avec Météo France a justement permis à Isabelle de puiser dans un véritable trésor météorologique : la base de données océanographiques « Aviso Vent-Flux. » S'y trouvent archivés les relevés de vents effectués depuis des années sur tous les océans du monde. De quoi lever un peu plus le voile sur les configurations météorologiques – « elles sont innombrables », aime à rappeler Bernot – qu'un bateau peut rencontrer au cours d'un tour du monde. Pour aider Isabelle, Bernot lui a concocté un « *Road Book* ». Sous forme de trois classeurs – de couleur jaune pour la zone *Sables-d'Olonne - Pot au Noir,* noir pour *Pot au Noir - cap Horn,* rouge enfin pour *Horn - Les Sables-d'Olonne* – cette véritable encyclopédie dresse un inventaire des stratégies possibles en fonction des grandes situations météorologiques connues. « À matériel et pilotage égaux, les différences dans un Vendée Globe entre une route standard et une stratégie optimisée sont de l'ordre de 5 jours », explique Jean-Yves. Décidément la météorologie est une matière à fort coefficient...

> « Prenez Rambo, un jour où il est en forme, faites-lui envoyer le spi de 350 m² par un vent un peu établi. Nul doute qu'il en viendra à bout en un temps record, capable de lui faire gagner 10 minutes sur un tourdumondiste moyen. Prenez maintenant, au hasard, un Auguin, un Gautier, un Poupon, je les vois d'ici peinant de longues minutes supplémentaires sur leur drisse, puis descendre à la table à carte, l'air de rien, consulter attentivement les trois dernières cartes météo, quelques images satellite et une demi-douzaine de simulations de routage, et s'écarter délibérément de 30 degrés de la route normale... pour finir avec 4 heures d'avance le jour suivant. Voilà, vous avez tout compris de l'intérêt de la météo en course. Le tout n'est pas seulement d'aller vite, mais sur la bonne route que ne signale aucun fléchage. Le plus court chemin étant rarement le plus rapide, à la voile, le problème est simple : aller vite... oui... mais où ?

Le nuage ressemble au nuage, la vague poursuit la vague, il faut quitter cette vision simpliste et se glisser au creux des particules d'eau et au coin des masses d'air. L'environnement marin et ses spectacles ne sont jamais que le résultat des lois physiques qui vont décider de la déferlante dévastatrice ou de la risée secourable. Vaste science, que les marins d'antan traquaient grâce à un florilège de proverbes, plus ou moins vérifiés. Quoi d'étonnant que se soient développées croyances et superstitions quand à tout moment... le ciel pouvait vous tomber sur la tête... Aujourd'hui, restent intact le plaisir et le besoin de comprendre. Nos bateaux volent dans la brise, avancent encore, même dans les calmes et nous donnent enfin les moyens d'être efficaces dans ce jeu de chat et de souris où il ne faut être croqué ni par une dépression meurtrière, ni par un anticyclone mollasson. Au lieu de subir, jour après jour les humeurs des vents, nos vitesses commencent à nous autoriser à nous placer par rapport aux phénomènes et à mettre en œuvre une véritable stratégie.

Là où Moitessier considérait doctement le degré d'humidité de son torchon à vaisselle pour évaluer la proximité d'une dépression, nos tables à carte débordent d'électronique. Pour autant, la navigation est toujours un art difficile et les aides d'aujourd'hui nous servent surtout à naviguer plus vite et en plus grande sécurité. Pour être performant dans l'option de route, il faut anticiper trois à cinq jours à l'avance. Pas facile...

Les routeurs, ces météoroloques professionnels avec qui nous discutions régulièrement, en course, sont maintenant prohibés par les règlements. Reste à retourner à l'école avant le départ et à refaire des heures durant les parcours en discutant des milles options possibles.

À bord, la table à carte est mon fief, ma tanière. Le fax météo crache son ruban couvert des formes patatoïdesques des anticyclones et des dépressions ; l'écran du PC alterne les photos satellite des nuages et les champs de vent envoyés par la course ; le Mac cogite des itinéraires optimaux qui tiennent compte des possibilités de vitesse du bateau à chaque angle de vent ; le baromètre, paisible,

enregistre les humeurs du temps... je me débats là-dedans, il faut que tout colle, il faut une logique météo dans ce fouillis d'informations disparates... Facile à dire...
À ce petit jeu, je dois être meilleure que les autres. Le moindre nuage me plonge dans les affres :
« Quelle tête tu as, toi ! Qu'est-ce que tu me mijotes ? Est-ce que tu n'es pas en train de remettre en cause tout mon beau raisonnement en annonçant un front imprévu, une dépression mal évaluée ? »
En solitaire, le choix c'est l'angoisse, une fois l'option définie, il faut savoir la tenir jusqu'à ce qu'elle paye, parfois accepter de concéder un peu de terrain au début pour en regagner plus après, mais il faut aussi être capable de remettre en cause en permanence ses choix pour coller à la réalité et ne pas s'enferrer dans des impasses.
« J'y vais ou non ? Maintenant ou j'attends encore quelques heures ? Je continue, ça va finir par payer... mais non, imbécile, tu t'enterres, tu n'as rien compris au film... »
Je ne trouve plus le sommeil, j'ai l'estomac serré, je guette les classements du jour avec anxiété. Je maudis les minutes qui me séparent de la prochaine sortie d'image satellite qui pourra vérifier ou infirmer mon choix. Je ressors, le nez en l'air, observer ce damné nuage qui n'en finit plus de m'angoisser.
Je l'apprivoise, mon nuage, je lui vois un nez de sorcière ou une trompe d'éléphant. Je lui parle, l'interroge, l'engueule. Il se déforme, il se défait, l'éléphant devient trompette... Il avance ou s'effrite à l'horizon... à moi de le comprendre.
Même s'il est stressant, j'aime ce jeu de devinettes, cet aller-retour entre la nature observée et des connaissances théoriques, ce sentiment que, parmi les milles routes possibles d'un horizon vide, l'une d'elles se joue mieux des pièges météo. Un jeu sans fin, qui se renouvelle course après course sans lassitude. ”

CHAPITRE XIII

CHANGEMENT D'HÉMISPHÈRE, CHANGEMENT D'ATMOSPHÈRE

POT AU NOIR ET ALIZÉS

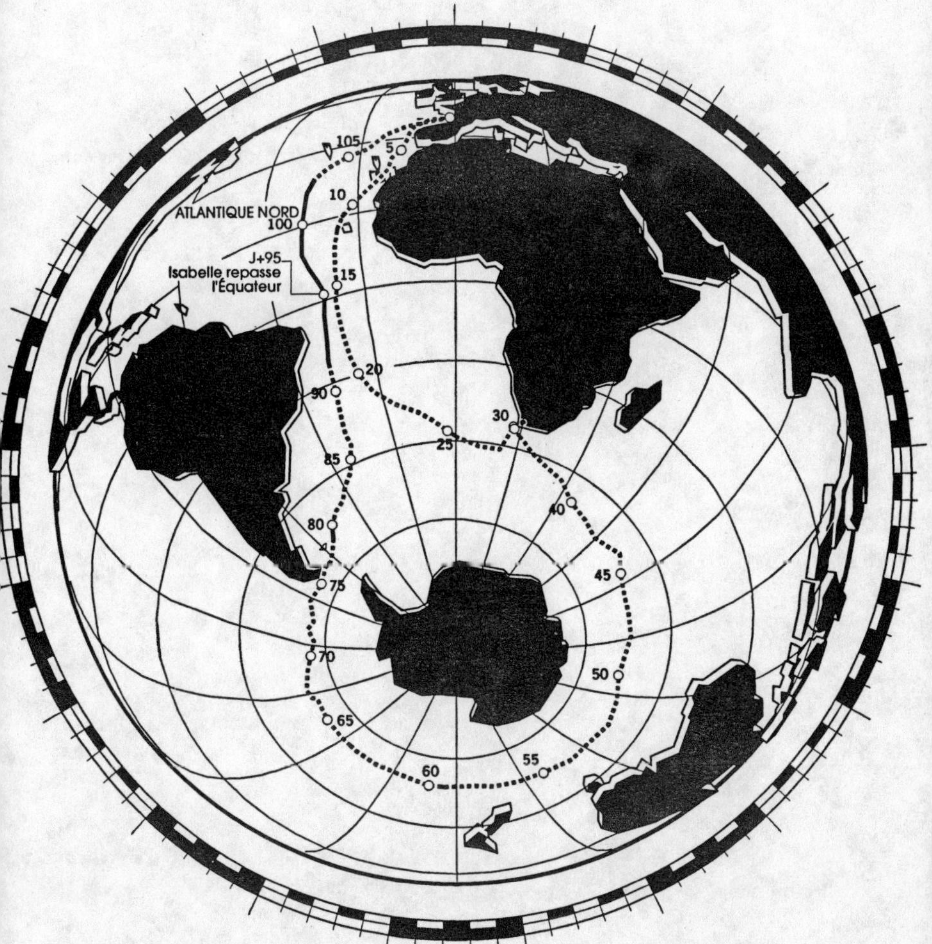

“Un bonheur ne vient jamais seul, le soir qui tombe amène et un semblant de fraîcheur et une meilleure orientation des vents. Comme les papis prennent le frais dans le Midi en traînant leur chaise dehors, je m'installe dans un coin du cockpit pour regarder le jour tomber, avec cette rapidité propre aux tropiques. Je sais que je dois dormir tôt car la seconde moitié de la nuit sera consacrée à la veille des grains qui se forment, à regarder dériver lentement ces grosses masses sombres, lourdes de pluie, qui dégagent l'odeur fade de l'eau douce.

Encore ensommeillée, il faudra jouer au jeu délicat d'évaluer leur trajectoire, éviter les surventes qui vont coucher le bateau, peut-être prendre un ris, peut-être deux, mais le plus tard possible pour ne pas trop ralentir... Jeu délicat où l'on peut risquer le démâtage si le grain est vraiment violent.

Pour le moment, ce soir, regardant la nuit envahir la mer, c'est l'heure du bilan de la journée, où l'on consulte la carte comme une flânerie, pour découvrir des villes aux noms exotiques, Caravelas..., Ileus..., Aracaju..., dont on croise la latitude. J'imagine ce même coucher de soleil, là, tout près, sur la terre brésilienne, les vendeurs ambulants qui plient bagage, les stades de foot qui s'éclairent, les bars qui se remplissent, la vie, là, tout à côté, qui ignore que je passe solitaire au large. Je me souviens du carnaval de Salvador de Bahia, la foule, la danse, les trios electricos dont la musique assourdissante fait vibrer la peau, la cachaça... six jours et six nuits, et la folie qui s'empare de tous... Est-ce que cela existe vraiment ? Comment y croire, ici, dans ce grand désert d'eau qui n'en finit pas de finir. La tombée du jour donne un semblant de fraîcheur, car, bien sûr, la température est bigrement remontée avec la latitude, au point que, maintenant, je me cache du soleil, je cherche les endroits frais de ma tanière non aérée, pour finalement me réfugier allongée contre la coque. Là, la fraîcheur relative de l'eau, 29 degrés quand même, m'est agréable, et je me sens faire corps avec le bateau, dont je perçois les mille tensions, les soubresauts, les chocs des vagues directement. L'oreille contre le carbone, la qualité du chuintement de l'eau me renseigne sans erreur sur la vitesse. Après tout, puisque les tempêtes du Sud m'ont arraché tous mes moyens sophistiqués de navigation, et que je suis réduite à un ruban dans les haubans pour la direction du vent, autant s'inventer d'autres repères, ceux que donnent l'œil, l'oreille, la sensation... les bonnes vieilles méthodes en somme.

Avec cela, il me faut parcourir encore 4 000 milles. 4 000 milles, c'est long, mais 17 000 milles ont déjà été avalés. Maintenant, je commence à faire le décompte en jours et non plus en semaines, je n'ai plus que la barrière symbolique de l'Équateur à franchir... et après... Les Sables... et après... peu importe pour le moment. Il faut finir, mais concentrée jusqu'au bout, n'a-t-on pas vu dans le précédent Vendée Globe Philippe Poupon démâter trois jours avant l'arrivée, V.D.H. finir avec un bateau qui se délaminait et des tonnes d'eau dans la voilerie... C'est au moment où la lassitude se fait sentir, où les mauvaises nuits s'accumulent, où le bateau lui aussi fatigue et le dit de mille petits symptômes sans gravité mais qui sont autant de sonnettes d'alarme, c'est à ce moment, oui, que l'impatience est la plus grande, que l'on voudrait être tout de suite à demain... et plus vite... tentation de larguer le ris... de surtoiler un peu... de lancer le bateau contre la mer pour gagner un peu contre le vent... c'est là qu'il faut tenir bon. Ne pas se laisser submerger par cette irrésistible envie du toujours plus vite, c'est là qu'il ne faut pas trop penser à ceux qui, sur le quai des Sables, vont ouvrir leurs bras. Non, il faut être dans l'instant, dans la gestion quotidienne, c'est ce qui est fascinant et fait de cette épreuve quelque chose d'unique en son genre... Une compétition sportive de 100 jours... 2 400 heures... 144 000 minutes... 8 640 000 secondes. »

L'Équateur que *PRB* s'apprête à franchir tient une place à part parmi les lignes invisibles qui quadrillent la planète. La hantise des découvreurs européens de tomber dans le vide une fois atteint les antipodes a rejoint depuis longtemps le rayon des chimères : la terre est ronde mais n'a ni endroit ni envers. Quoique... Difficile pour un « nordiste » de retour de l'hémisphère Sud et qui revoit l'eau se vider dans le sens des aiguilles d'une montre de ne pas penser instinctivement que son monde tourne de nouveau rond... Il en est de même pour le marin qui retrouve dans la rotation des phénomènes météos, dépressions ou anticyclones, un sens plus coutumier. Franchir « la ligne », repasser du sud au nord, c'est donc un peu changer de monde et de repères. Quand sur l'écran du GPS clignote, à côté du degré de latitude, la lettre N en lieu et place du S, l'instant n'est pas seulement symbolique et émouvant mais aussi concret. Toutes choses qui font du passage de l'Équateur, au-delà des rites traditionnels, un moment important dans la vie d'un marin. Comme à l'aller, Isabelle ne manquera d'ailleurs pas de fêter ce passage. Mais cette fois, plus question ni de champagne pour Neptune, ni de fleurs pour Yemanja. L'opulence des premiers jours de course est loin : les dieux se contenteront de partager avec la solitaire un peu de sirop de menthe. Dommage, le confit d'oie conservée pour l'occasion eût mérité l'un de ces Bourgogne millésimés qu'Isabelle affectionne. Qu'importe, le décompte a maintenant commencé. Dans 20 jours, Isabelle n'aura plus rien à se refuser.

Encore faudrait-il que le Pot au Noir soit de bonne humeur. Car l'Équateur n'est pas seulement le changement tant attendu d'hémisphère, il est aussi le siège de ce phénomène météo appelé Zone de convergence inter-tropicale et passé à la postérité sous son surnom imagé de Pot au Noir. Située entre les alizés des hémisphères Nord et Sud, cette zone de basse pression mérite bien cette appellation : l'air y est saturé et les calmes désespérants alternent subitement avec de gros et sombres cumulo-nimbus sous lesquels grains et orages peuvent atteindre une violence inouïe. Les marins d'antan redoutaient particulièrement cette tambouille gluante et infernale. Ne racontait-on pas que certains voiliers, prisonniers de ces calmes, étaient restés immobilisés ici plus d'un mois...

En 1562, un père jésuite portugais caractérisait d'ailleurs le Pot au Noir, passage obligatoire sur la Route des Indes, d'« arrêt le plus fastidieux pendant cette longue traversée. »

Si les navigateurs de cette fin de millénaire craignent moins ses foucades, ils savent que le Pot au Noir peut encore leur coûter une victoire. Car sa traversée s'apparente parfois à une gigantesque loterie. Cette loterie, les concurrents de la Whitbread, le tour du monde en équipage, course davantage de « contact » que le Vendée Globe, ont eu plus d'une fois l'occasion d'y goûter *de visu*. Pierre Mas, l'un des meilleurs régatiers français, en a fait ainsi l'amère expérience dans l'édition 94/95. Pierre et ses coéquipiers du monocoque *Intrum Justitia*, alors bien placés pour remporter la course autour du monde en équipage, rongeaient leur frein dans l'attente d'une improbable brise. L'espoir s'est mué en abattement quand ils ont vu, à moins de 2 milles de distance, leur plus dangereux rival s'échapper à bonne allure sous un nuage de vent isolé. *Intrum Justitia* a retrouvé du vent le lendemain mais la course était perdue... Isabelle a également connu ici son lot de déboires. C'était au cours de l'ultime étape de sa première course autour du monde, le Boc Challenge 90/91. Entrée quatrième dans le Pot au Noir à 400 milles du leader, elle en était ressortie trois jours plus tard à la 8e place à près de 1 000 milles...

D'où l'attention encore plus accrue portée à la météo afin de trouver le meilleur gué possible. Une semaine avant le passage de l'Équateur, les télex d'Isabelle témoignaient déjà cet intérêt.

> ❝ «La question qui se pose maintenant : viser le Pot au Noir au bon endroit. Ce sera le plus dans l'est possible afin de gagner du terrain en prévision de l'allure de près que j'aurais dans le futur (comme tout bon joueur d'échec, un navigateur avance un pion en pensant déjà aux coups suivants...). Mais il ne faudra pas aller trop dans l'est pour éviter les calmes de l'anticyclone. Malheureusement je suis handicapée car je n'ai plus de photos satellite, ni weather fax depuis mes chavirages dans le Grand Sud. Il va falloir se tailler le nez en pointe. » ❞

Et jouer à saute-mouton sur les nuages. Une fois entré dans le Pot au Noir, la navigation s'apparente en effet à ce mouvement de gymnastique. Après chaque nuage, il faut dénicher le souffle de vent qui permettra au voilier de « rebondir » jusqu'au nuage suivant et ainsi de suite. Prière exaucée : en 24 heures, *PRB* sort d'un « Pot » moins sombre qu'annoncé. Ce 6 février, Isabelle est heureuse :

> "«Ça y est je peux sortir le foie gras, je suis dans l'Alizé. Le Pot au Noir s'est mieux passé que prévu car il était situé très nord mais il a eu la bonne idée de redescendre en latitude donc on s'est croisé dans un énorme nuage noir... Hier j'ai eu pas mal de calme. Heureusement que ces bateaux sont des machines à fabriquer du vent. Je progresse au débridé car maintenant ça souffle et je ne veux pas fatiguer le bateau.»"

Et voilà l'alizé de retour... Dans la descente de l'Atlantique, il était attendu comme le Messie. Lors de la remontée, il promet également aux marins un vent régulier et stable pour progresser vers cette ligne d'arrivée qui jours après jours grandit dans leur tête. C'est sa seule qualité... Car cette fois, il faut négocier au près cette brise de nord-est... Le vent n'y souffle pas en tempête – il peut quand même atteindre force 6 à 7 Beaufort – mais l'alizé de l'hémisphère Nord joue sur la durée pour imposer une dernière épreuve aux bateaux des circumnavigateurs. Usées par plus de 20 000 milles effectués sur les océans les plus durs du monde, les coques doivent affronter pendant des jours d'incessants coups de boutoirs. Personne n'est à l'abri de cette épreuve casse-bateaux.
Pas même le leader, Christophe Auguin : «Tout vibre dans le bateau, il tape extrêmement fort et quand je suis assis à la table à carte, cela me coupe le souffle. C'est tellement violent que je reçois un choc dans le dos. Ma radio et mon standard C ont sauté de leurs supports. Tout se démonte, tout se dévisse à l'intérieur. Je dois régulièrement remettre tout en ordre. J'ai la nette impression de vivre dans une grosse caisse sur laquelle un gars tape en permanence comme un forcené. Ce n'est pas idéal comme conditions de vie. Le bateau tient le coup. Il n'a pas l'air de trop souffrir.»
Marc Thiercelin, engagé dans un duel avec Hervé Laurent pour la deuxième place, n'a pas cette chance. Comme Jean-Luc Van Den Heede, quatre ans auparavant, son voilier n'en peut plus de ces vagues courtes et hachées qui jouent à putching ball avec le carbone. Cent cinquante litres d'eau pénètrent par heure dans le poste avant sans que le skipper ne parvienne à déceler l'origine de la fuite. Alors Marc pompe, pompe sans cesse en espérant que son *Crédit Immobilier de France* tienne jusqu'au bout.

Si Isabelle dispose d'un voilier intact, les conditions de vie sont également éprouvantes. Comme *Geodis*, *PRB*, construit en carbone à très haut module, donc particulièrement rigide, vibre de toutes ses fibres.

> “ «C'est l'enfer. J'ai beau avoir un peu débridé, la mer est courte avec 3 ou 4 mètres de creux. Le bateau tape horriblement et c'est usant. Ça a provoqué une panne du PC. Les voiles sont sales à cause du sable du désert. Je suis sous grand-voile à deux ris et trinquette. Il y a 25/30 nœuds de vent mais c'est surtout la mer qui est pénible. » ”

Pendant cinq jours, Isabelle va avoir l'impression de vivre dans un shaker géant agité par un barman devenu fou. « J'ai la sensation de tomber dans des trous. À chaque fois cela provoque un grand craquement qui résonne dans le mât. Oh, que je n'aime pas ça… ! »

Et comme s'il fallait durcir encore davantage cette ultime épreuve, Isabelle doit jouer une nouvelle fois les acrobates. Pour la douzième fois depuis le départ, elle est obligée de grimper en haut de son mât, tout là-haut, trop haut, à 27 mètres au-dessus des flots. La faute à ces drisses qui ne cessent de rompre. Dans ce long tunnel qu'est l'intérieur du mât, une drisse a sans cesse l'occasion de frotter contre le carbone. C'est la hantise de tous les préparateurs car le moindre frottement, même minime, entraînera à la longue une rupture de la drisse. Une fois la drisse d'origine cassée, la suite tient de la réaction en chaîne. Ce qui est difficile à réaliser dans les eaux tranquilles d'un port devient quasiment impossible en pleine mer, qui plus est par une personne seule.

> “ Cette nuit j'ai bondi de la couchette en sachant déjà, à l'oreille, ce qui m'attendait. Ça avait fait « clac… fschhhh… tac tac tac… », le bruit de ma drisse de grand-voile de fortune qui casse à nouveau avec les 150 m² qui s'empilent proprement sur le pont.
>
> « Merde et re… »

Rien à faire d'autre, dans cette nuit agitée, que démêler ce bazar et renvoyer la grand-voile à deux ris en utilisant les drisses de secours que j'ai laissé brelées au troisième étage de barres de flèches. Dans ce vent un peu musclé ça suffira, mais demain, la punition m'attend : il faudra aller faire l'andouille à 25 mètres de haut ! J'ai du mal à retourner à ma sieste, cauchemardant déjà.

Maintenant l'aube respire un peu plus calmement, je n'ai pas le droit de différer. J'ai beau être montée de nombreuses fois, j'ai toujours la gorge sèche. Je prépare soigneusement mon baudrier de descendeur spéléo, vérifie que la drisse coulisse bien, love sur le pont la drisse neuve que je devrais repasser. Je me houspille un peu si je me surprends à ralentir les préparatifs comme une gamine qui traîne des pieds pour aller à l'école.

« Allez, feignante, profite donc que c'est un peu plus calme, si tu rates le coche tu auras l'air de quoi... »

Il faut maintenant stabiliser le pilote automatique pour que le bateau donne le moins d'à-coups possibles qui se traduisent à 25 m de haut par de furieux coup de butoirs.

En avant, les fesses, les mains, les pieds... 10 cm de gagnés... on recommence, les fesses, les mains, les pieds... zut, mon baudrier n'est pas assez tendu, je m'épuise à grimper de 20 centimètres pour redescendre de 10... Jusqu'au deuxième étage de barres de flèches ça va à peu près, au-delà, ça commence à être Verdun. Je pars en glissade d'avant en arrière, m'aplatis le nez sur le mât, me cramponne à l'espar jusqu'à me couvrir de bleus, peste contre mes muscles rachitiques et ma souplesse de parapluie. Le dernier tronçon est le plus dur, le plus haut et soumis au tangage, celui où il y a le moins d'appuis dans le gréement. Je gagne centimètre par centimètre en essayant de ne pas me remémorer la fois ou j'ai glissé, et suspendue par les pieds ait dû faire des efforts désespérés pour me rétablir à l'endroit. Une fois arrivée en haut, cela va mieux ; absorbée par la réparation, j'essaye juste de ne pas laisser tomber l'outil indispensable ou la drisse fatidique qui m'obligerait à tout recommencer. Je guette les mouvements du bateau pour effectuer les gestes utiles entre deux à-coups et me cramponner à bon escient. Chacun de ces mouvements doit être mesuré – je me suis déjà planté un couteau dans le nez à un centimètre de l'œil en étant déséquilibrée par une vague. Si je n'ai pas de chance ou suis trop lente à travailler, le vent tourne ou forcit, il faut descendre dare-dare rétablir le pilote et recommencer... épuisée. Logiquement, je peux redescendre avec l'immense satisfaction du travail accompli.

« C'est bien ma fille, autorisation de 2 crêpes au petit-déjeuner pour fêter cela, un peu de pommade sur les bleus et j'espère pour toi que tu as bien travaillé si non tu es bonne pour y retourner. » ❞

Isabelle n'aura pas à y retourner. Cette escapade sera bien la dernière. À 1 500 milles du terme de son tour du monde, la grand-voile de nouveau en place, *PRB* en finit avec l'alizé. Il ne reste plus à se préoccuper que de l'anticyclone des Açores. Un compagnon familier qui sent bon le retour. Après, il sera temps de ressortir la carte du golfe de Gascogne. Isabelle pense à la terre et sourit.

CHAPITRE XIV
JOURNÉE ULTIME

LE RETOUR

« Le bateau passe, sans sillage, dans la mer grise, calme. Un près tranquille qui, depuis ce matin, me donne la rare occasion de flâner à bord. Je laisse Stan Getz bercer le pilote automatique et je vais m'accroupir à l'avant, guettant mollement la terre qui doit bientôt sortir de l'horizon. La terre d'Amérique. »

Ce 29 avril 1991, c'est la baie de Newport que guette Isabelle. Dans moins de 24 heures, elle va y boucler son premier tour du monde après 139 jours de mer. Un monde que jamais Isabelle n'a senti aussi léger. Une dernière fois elle observe, tracé sur sa carte, le zigzag continu qui lui prouve qu'elle vient bien de faire le tour de la planète. Son départ de Newport lui paraît si proche. Elle s'autodiscipline avec humour pour se forcer à un brin de toilette : « T'as le poil collé et tu es habillée version secours catholique. C'est fini la solitude, à l'arrivée il y aura du beau monde. » Le skipper d'*Écureuil Poitou-Charentes I* tique affectueusement en apprenant à la VHF que son pote Mike Plant, qu'elle escomptait bien battre, se situe à moins d'un mille de la ligne : « Sacré saloperie de Mike... Ça fait trois semaines qu'on se tire la bourre tous les deux, comptant chaque jour comme des boutiquiers les milles d'avance ou de retard. J'aurais aimé me payer le luxe d'aller l'accueillir à l'arrivée et j'y ai cru jusqu'au bout, ce qui a pimenté cette fin d'étape, tant pis... *next time*, Mike... »

Mike Plant, l'un des seuls Américains à s'être intéressé à la voile open, Mike, ému aux larmes d'avoir été accueilli aux Sables-d'Olonne par des milliers de personnes quand il avait conclu hors course le premier Vendée Globe, Mike, disparu en mer, un sale jour de novembre 1992 alors qu'il s'apprêtait à rejoindre la France pour prendre le départ de la deuxième édition du tour du monde sans escale. Mais en cette belle journée du printemps 91, c'était la vie qui triomphait : Mike est cet adversaire coriace qui tout à l'heure va l'accueillir bras ouvert. Oui, cette dernière journée du Boc Challenge avait la légèreté d'un bonheur insouciant, le charme enivrant d'une « première fois. »

En six ans, entre l'épilogue du Boc Challenge 90/91 et celui de ce Vendée Globe, bien des vagues sont passées. Fidèle, Christophe

Auguin, lui, n'a pas changé. Certains sont jeunes premiers à vie, d'autres traître de service, il faut croire que son emploi à lui c'est vainqueur. Après un final d'anthologie l'opposant à Alain Gautier, Christophe Auguin avait en effet remporté à Newport son premier tour du monde. À l'époque, Isabelle, débutante et ne possédant pas un voilier capable de jouer les premiers rôles, avait assisté à cette régate en « spectatrice engagée. » Quatre ans après, en 1994, toujours dans le Boc Challenge, il n'en était plus de même. Mais le naufrage d'*Écureuil Poitou-Charentes I* dans l'océan Indien avait abrégé leur rivalité. Pour la deuxième fois, le Granvillais triomphait dans un tour du monde.
Deux victoires de suite dans le Boc Challenge : la même performance avait hissé Philippe Jeantot au rang de vedette. Était-ce la création du Vendée Globe, une course encore plus extrême que le Boc Challenge, la force de l'habitude ou l'éloignement géographique de cette épreuve américaine qui ne fait pas escale en France ? Quoi qu'il en soit, ces deux trophées n'avaient pas apporté à Christophe la consécration méritée. La troisième fois serait la bonne. Le 19 février 1997, Christophe Auguin remporte le Vendée Globe et pulvérise en 105 jours 20 heures et 31 minutes le record autour du monde en solitaire... Mais plus important peut-être, des dizaines de milliers de personnes acclament « Guinguin. » Un hommage auquel Isabelle n'hésite pas une seconde à mêler sa voix.

> « Christophe, tu es un beau vainqueur. Je ne dis pas ça juste pour te faire plaisir. Je le dis parce que c'est vrai. Tes deux précédentes victoires du Boc Challenge étaient passées inaperçues du grand public. Voici qu'on va te rendre justice. Tu es un beau vainqueur, pas seulement parce que tu as gagné mais pour tout ce que tu as fait. La préparation du bateau, la gestion de la course, du matériel, du bonhomme, moi qui suis du même côté de la barrière, j'apprécie en connaisseuse, tu as fait un sans-faute. Course parfaite, victoire sans appel, tu la dois à ton sens marin, c'est évident, à ton expérience colossale, tu la dois à ton astuce, à ta façon de ne pas flancher mais de toujours gérer les problèmes les uns après les autres. Bien sûr, j'aurais plus que tout aimé poursuivre ce corps à corps qui avait commencé à nous opposer dans la descente de l'Atlantique.

Une bille de bois cruelle en a décidé autrement. Partie remise. Se battre contre toi, c'est un bonheur. »

Le jour de l'arrivée de Géodis, *PRB* se situe à cinq jours de mer des Sables-d'Olonne. Bientôt, il sera le deuxième bateau de ce Vendée Globe à revenir à bon port. Hors course bien sûr, la faute à son escale forcée à Cape Town. Avant son départ des Sables-d'Olonne, Isabelle affirmait : « Si j'arrive cinquième et que j'ai l'impression d'avoir tout donné, d'avoir le mieux navigué possible, je serais ravie et je m'en ficherais complètement. Quand je suis arrivée septième au premier Boc Challenge, j'étais ravie. Même sensation lors de ma victoire à Cape Town avec une cerise sur le gâteau car j'avais gagné. » Dans ce Vendée Globe, même hors course, Isabelle a tout donné. Si elle n'est évidemment pas ravie de son résultat, il lui était essentiel de ne pas se trahir. Admettre cet état d'esprit, c'est comprendre les raisons qui l'ont poussé à continuer et à boucler son tour du monde le plus rapidement possible. Comme tout compétiteur, la Rochelaise ne se désintéresse pas du classement. Mais pour elle, les moyens valent au moins autant que la fin. C'est à ce critère qu'elle juge son tour du monde. Quand elle apercevra le port vendéen, cent neuf jours se seront écoulés depuis son départ. Elle en aura passé à peine cent cinq en mer : un temps de parcours exceptionnel, preuve qu'elle était capable d'aller vite, très vite à bord d'un des voiliers les plus rapides au monde. Sans oublier la performance première, l'une des plus belles de l'aventure humaine : réaliser un tour de la planète en solitaire

En 1981, au départ du premier Boc Challenge, son directeur de course Robin Knox Johnston ne s'était pas trompé sur la valeur d'une telle performance : « *the one who finishs is a winner* » (celui qui finit est un vainqueur). Le premier homme à avoir accompli un tour du monde en solitaire sans escale en 1969 n'avait évidemment pas lancé cette phrase à la légère. Il savait trop bien qu'une course de 25 000 milles en solitaire sur les mers les plus dures de la planète ne serait jamais une course comme une autre. Plus de quinze ans après, l'adage n'a rien perdu de son actualité. Dans le sillage de Christophe Auguin, cinq autres navigateurs goûteront pleinement leur part de victoire.

Il seront vainqueurs, Marc Thiercelin et Hervé Laurent qui achèveront dans la baie des Sables-d'Olonne une formidable régate engagée au cap Horn.

Vainqueur, Éric Dumont, qui, victime de multiples avaries, aura plus d'une fois failli renoncer pour toujours, tenace, reprendre le bon cap.

Vainqueur, doublement vainqueur, le Britannique Pete Goss, marin de talent à bord du plus petit bateau de la course – sans doute le meilleur navigateur solitaire que l'Angleterre ait donné à la voile depuis longtemps –, et auteur d'un sauvetage miraculeux dans l'océan Indien.

Vainqueur, enfin, Catherine Chabaud, « la petite sœur », qui, parvenue au bout de son rêve avec intelligence, deviendra la première femme à avoir accompli une course autour du monde en solitaire et sans escale.

Et si dans le Vendée Globe, vainqueur ne s'accorde qu'au pluriel – même s'il en est quand même un plus singulier que les autres –, c'est qu'il n'existe pas de perdant. Ou alors de ces *beautiful loosers* que nous a légués la littérature nord-américaine. Ceux, qui, comme Isabelle, termineront hors course pour cause d'escale mais qui auront quand même eu le privilège d'accomplir un tour du monde en solitaire.

Perdant magnifique, Yves Parlier, victime également d'une rupture de safran mais qui aura démontré que son gréement iconoclaste ne l'était pas tant que ça.

Perdant magnifique, Patrick de Radiguès, l'ancien vainqueur du Bol d'or moto, qui prouvera à tous les observateurs qu'il n'avait pas abandonné sur le bitume ses qualités d'endurance en bouclant son tour du monde début juin après avoir par trois fois fait escale.

Perdant magnifique, enfin, Bertrand de Broc dont l'épopée s'achèvera comme un conte pour enfant, l'une de ces histoires tristes sauvée par un happy end de dernière minute. L'histoire d'un marin hélitreuillé à moins de 24 heures de l'arrivée parce que son bateau a soudain perdu sa quille, un bateau que les sauveteurs assurent avoir vu couler et qui réapparaît pourtant, démâté, mais quasiment intact à quelques milles de son port d'attache comme s'il avait été porté par l'espoir des 6 000 noms qui ont orné sa coque jaune autour du monde.

Un retour miraculeux que ne pouvaient espérer Raphaël Dinelli, Tony Bullimore et Thierry Dubois, simplement heureux d'être encore en vie et de pouvoir renaître un jour à la mer comme le fit Isabelle après son naufrage dans l'océan Indien.

DI 20 FÉVRIER, VEILLE DE L'ARRIVÉE.

« Du monde, qu'est-ce qu'on garde ? », avait demandé Kriss lors de son émission dominicale de France Inter. C'était, quelques semaines avant le départ du Vendée Globe, au cours de l'un de ces questionnaires à la manière de Proust qu'affectionnent les journalistes. Comme le veut cette forme d'interview, Isabelle avait répondu du tac au tac : « Tout car je ne vois pas comment on peut sélectionner. » Oui, Isabelle savait inutile de regretter un démâtage ou un naufrage, de se gâcher l'existence en ressassant sans cesse le film de ses malheurs.
Pourtant, en ce dernier jour du Vendée Globe, elle aurait aimé cette fois appuyer sur *rewind* et effacer ce 8 janvier 1997 où la mer avait pris Gerry. À côté de ce drame, quelle importance avait ce premier décembre 1996 qui emporta son safran et ses espoirs de terminer le Vendée Globe classée ?
Cette course n'aura pas été ce qu'elle imaginait. Mais Isabelle sait depuis toujours que la mer est imprévisible. C'est en partie pour cela qu'elle l'aime, pour cela qu'elle n'échangerait pour rien au monde cette dernière journée à bord de son bateau. Alors, une fois l'ultime coup de vent passé, une fois effectuées les dernières réparations sur les lattes de grand-voile, une fois allumés les feux de route et branchée la VHF pour se signaler aux nombreux cargos du golfe de Gascogne, Isabelle a profité de cet horizon encore libre de toute terre.

> « Je sais qu'un jour..., aujourd'hui... en montant sur le pont, j'aurais cette douce commotion, ce frémissement comme en revoyant un être cher après un long voyage.
> C'est peut-être le vent d'est qui amènera les odeurs de fleurs et de poussière, d'eau douce ou de bitume, ce fumet de la terre. Il y aura peut-être, dans l'aube, la ligne violacée de la terre, d'abord comme une traînée uniforme qui s'organise d'heure en heure en collines, plaines ou caps.

Je sais que je resterai là, rivée dans le balcon, laissant monter la terre comme une ivresse et je me sentirai funambule entre deux mondes.

J'aimerais, pour en profiter pleinement, une mer sereine et laisser mon esprit arpenter une dernière fois mon royaume.

Derrière, la mer, des rires et des pleurs, le départ chargé d'angoisse, les bagarres, les exaltations ; derrière les défaites, les peurs et les absences ; derrière les surfs fumants, les aubes douces, les ciels de grand vent ; derrière ces harmonies, le chant du bateau ; derrière enfin ces émotions, ces regards, ces enchantements que je ramène en unique héritage après ces jours de solitude.

Devant la terre, telle que je l'ai laissée, ni pire ni meilleure, avec toujours ses lâchetés et ses sublimes, ses guerres et ses fraternités. Devant, vous tous, que j'aime, qui avez peuplé cette solitude bleue, qui avez donné ce vrai relief à mon aventure, sa dimension d'humanité et sa force d'émotion.

Déjà j'appelle autour de moi les petits bonheurs de demain, je les savoure à l'avance. J'aurai un regard pour répondre au mien, une voix qui fera écho à la mienne. Je retrouverai la chaleur d'une épaule, le bruit du rire. Le monde se repeuplera de ces petits riens de tous les jours : le goût du pain frais, l'odeur d'une maison, le vert d'un champ.

Bien sûr, il y aura aussi les futilités, les agacements, les incompréhensions et toutes les pesanteurs du monde des terriens. Aujourd'hui je n'y pense pas et j'ai, dans ma tête, repeint le monde aux couleurs claires des retrouvailles.

Donc je me sens bien, riche de l'avant, impatiente de l'après.

Derniers gestes quotidiens, derniers soins de routine au bateau ; à travers eux j'essaye de me persuader de cette rupture annoncée.

Que restera-t-il de tout cela ? La mémoire, je le sais déjà, magnifiera les bons moments et adoucira les mauvais, comme pour aider d'autres départs.

Mais au-delà, je sais que mon regard, à tant fixer les vagues, a changé, sur la vie, sur ce monde si proche et si lointain.

Il faudra du temps pour ce bilan intime, pour mesurer combien s'affronter seule donne du poids à la vie, pour comprendre combien les autres se rapprochent définitivement quand ils ont été loin, temporairement.

Des semaines et des mois durant, je laisserai remonter bulle après bulle mes souvenirs, et viendra l'heure des bilans et du tri de ces montagnes de souvenirs.

Pour l'instant, cette côte qui s'avance ne m'évoque que la paix, le bonheur du marin qui, tout simplement, rentre au port. J'ai le sentiment du travail accompli, d'avoir été jusqu'au bout de cette lourde, longue et belle histoire et, pour le moment, cela suffit à mon bonheur.

Je traîne sur le pont savourant le bateau qui avance en douceur. Dans quelques heures il y aura le tourbillon des vedettes, des hélicoptères et la foule incroyablement chaleureuse. Dans l'instant, il n'y a qu'un petit bateau de pêche qui s'approche, les types en chemises et Cotten jaune.

« Hé, on a lâché nos filets pour essayer de vous rattraper... on voulait être les premiers à vous trouver. Ça va?

— Oui, ça va..., ça va tellement bien... » ”

CHAPITRE XV
UN MARIN QUI RENTRE... LÀ D'OÙ IL VIENT

L'ARRIVÉE

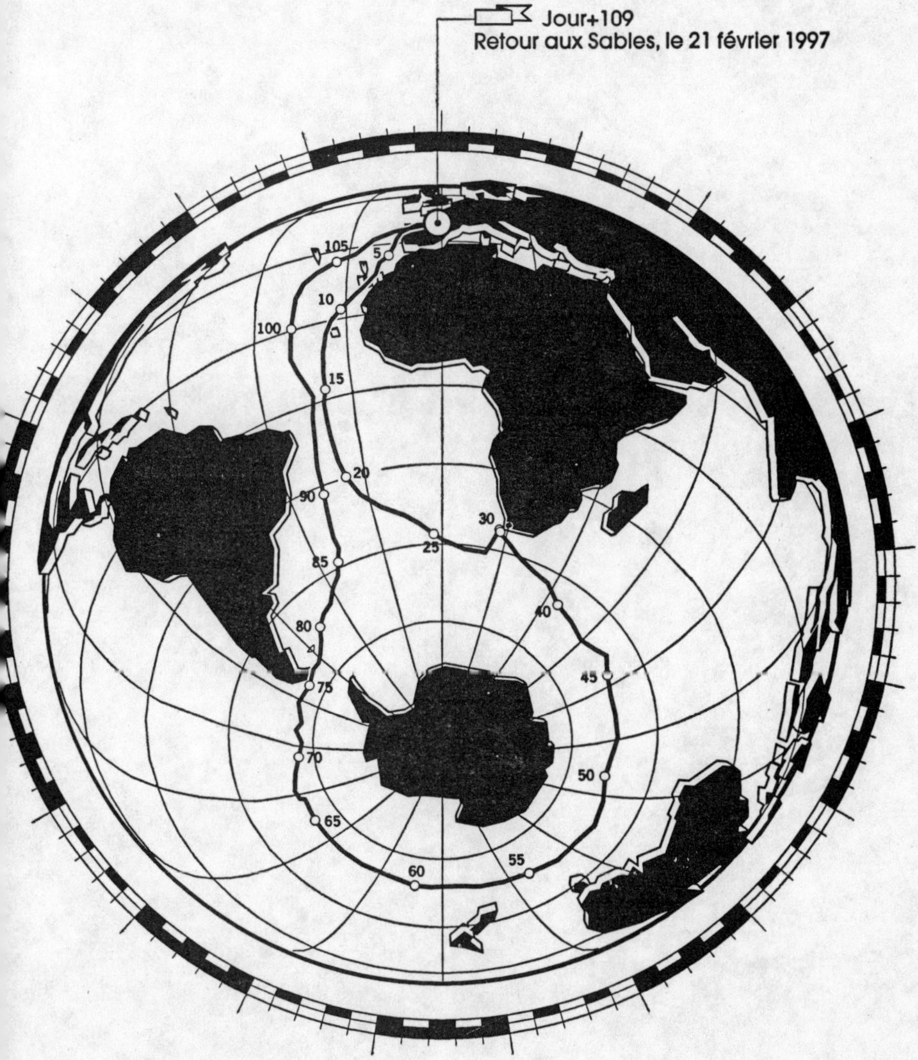

[VEN]DREDI 21 FÉVRIER, 13 HEURES. JOUR J + 109

« Un bateau va rentrer au port, un bateau, un marin qui rentre... là d'où il vient. Entre les deux, le monde, la petite planète bleue. Sur le ponton des regards, des visages, des sourires dont j'ai rêvé... Cent jours durant, vous étiez là dans les haubans, dans le sillage, sous un nuage derrière une vague, cent jours durant, je le sais, vous ne m'avez pas quittée.

Savez-vous ce que j'ai appris, savez-vous le trésor que je ramène de cette longue solitude bleue, ce qui restera à tout jamais pour moi le symbole de ce tour solitaire... c'est vous. De vous à moi, de moi à vous, ce qu'ensemble nous avons tissé, ce merveilleux côté de l'humanité, celui de ceux qui savent rêver et s'émerveiller, écouter et comprendre, donner et s'émouvoir et, disons-le, aimer. Il est à vous ce tour du monde avec ses espoirs, ses richesses et ses mauvais coups. À vous les déboulés sauvages dans l'alizé quand le bateau gronde dans l'écume. À vous la mort dans l'âme sur le chemin du Cap, à vous les ciels du Sud, la danse des pétrels et des albatros. À vous la rage des mers grises, à vous les cris de désespoir auxquels Gerry ne répond plus, à vous le Horn et ses falaises, à vous les fatigues et les veilles et la tiédeur de l'alizé. À vous enfin, un jour, la ligne sombre de la côte.

Je vous le ramène, ce monde, car il est notre œuvre collective dont je n'étais que le dépositaire. Il est à vous, pas seulement pour ce que vous avez fait mais pour ce que vous êtes et avez su créer dans ce rêve collectif, pour ce trésor d'humanité qui, grâce à un bateau, a vécu durant des mois. »

Ces « vous », ils sont maintenant là ! À bord de vedettes, par dizaines venus à sa rencontre dans la baie des Sables-d'Olonne. À pied, par milliers perchés sur les jetées vendéennes. Ils approchent de son *PRB* qui paresse une dernière fois, les voiles en éventail. Déjà, Isabelle distingue les détails, entend sur la VHF toutes ces voix familières en attente, impatientes du dialogue.

Ils sont tous là ces « vous. » Ces silhouettes rêvées cent jours durant et qui, bien réelles maintenant, « sémaphorent » à tout-va des gestes de bonheur. Cet « Isabelle on t'aime » que manifeste une banderole portée par des inconnus. Ces pancartes suffragettes « Bravo les filles » et « merci Isabelle » qui semblent se tendre, revanchardes, vers cet océan que les hommes, longtemps, ont voulu misogyne.

Ils sont tous là ce vendredi 21 février pour voir Isabelle fière de revenir à bon port et de signer, ainsi, son deuxième tour du monde. Et qu'importe pour cette foule de dizaines de milliers de voix, habitants des Sables-d'Olonne, voisins de La Rochelle venus célébrer la leur, qu'aucune ligne d'arrivée ne sanctionne l'aventure. Beaucoup d'entre eux étaient là, cinq jours auparavant, pour porter en triomphe Christophe Auguin, beaucoup reviendront pour célébrer la performance des concurrents classés, mais tous savent qu'aucun tour du monde en solitaire ne mérite le silence.

Ils sont tous là pour découvrir ce visage aminci où plus que jamais les yeux semblent resplendir d'une humanité assumée. Sur les eaux endormies du chenal, *PRB* monte doucement avec le flot. Lui qui vient de tracer seul son sillage autour de la terre, accorde maintenant aux zodiacs le droit de le mener. Debout dans son balcon avant, les bras tendus et les mains ouvertes comme pour renvoyer un peu de ses sentiments à la foule, Isabelle pleure et rit à la fois, Isabelle n'en revient pas... Les jetées des Sables-d'Olonne semblent agiter de vagues multicolores, les enrochements du port sont recouverts de coquillages humains et des dizaines d'embarcations entament un flirt poussé avec son voilier.

Oui, ces regards familiers peuvent la regarder, enfin. Elle qui leur a tant manqué, eux qui auraient tant aimé l'aider quand, de là-bas, elle criait grâce. Ceux qui partagent son sang et ses sentiments, Jean, Thérèse, Hervé, Mylène, Marie-Hélène, Élisabeth, Catherine et Valérie et qui ont su lui télexer les mots simples qu'il fallait quand, à Cape Town, elle aurait pu douter : « On est avec toi, quel que soit le cap que tu prendras. » Ces sponsors qui n'essayent même plus de cacher leurs larmes tellement grand est leur bonheur de voir leur skipper rentré à bon port, Jacques, Marie-Luce, Jean-Jacques, Didier, Annette. Ceux, qui de Paris, par le lien satellitaire, ont tracé à ses côtés un sillage droit comme l'amitié, Denis et Grégor. Les « bouineurs » qui, dès *PRB* accosté au ponton, se souve-

nant immédiatement de leur rôle, viendront d'abord câliner le voilier de leurs soins attentifs avant de s'autoriser à tomber dans les bras de son barreur, Jean-Charles, Sergio, Christophe, Benoît et Robert. Les « parents » de cette coque, autrefois simple morceau de carbone, aujourd'hui enrichie de souvenirs à force de caresses et de gifles salées, Jean-Marie, Pascal et Marc. Les amis, innombrables, Annick, Annie, Benoît, Jean-Claude et les autres, qui chacun, tour à tour, éveillent chez Isabelle de tendres saluts. Christophe, aussi, son fidèle vainqueur, qui est venu applaudir « Isa. »
Bientôt le ponton, bientôt l'écume du champagne qui viendra arroser officiels, journalistes, parents et amis. Bientôt le premier pied à terre. Maintenant Isabelle marche, tangue un peu entre le cordon de protection. Là-haut, sur le quai, ils sont encore des milliers qui l'embrassent à distance. Tout à l'heure, elle leur dira ses premiers mots publics. Elle leur dira cette vérité que tout le monde désormais sent vraie mais que personne n'aimerait assumer : « On a tous perdu quelqu'un, Gerry. Je n'ai plus d'espoir pour lui. Je ne veux pas qu'on l'oublie. Je m'associe à la peine de sa famille. » Elle leur dira le tour d'un monde. Et sous un soleil précocement printanier, ils sentiront qu'il y aura d'autres départs et d'autres escales, d'autres traversées et d'autres tours du monde. Parce que Isabelle n'en a toujours pas fini avec l'immensité océane et qu'elle ne sait toujours pas pourquoi.

> « Y a t il vraiment un choix ou suis-je irrésistiblement poussée par une déferlante intérieure. Est-ce par hasard que j'ai à 7 ans écouté, ravie, le chant d'une coque. Des milliers de petites Parisiennes ont connu comme moi les vacances bretonnes villa « L'océan », et goûté des pique-niques aux îles sur le vaurien familial, tout cela ne fait pas des tourdumondistes. Il y a eu, sûrement, l'écoute que l'on a su me donner de cette nature liquide. On m'a appris que les aubes, même froides et grises, étaient des magies où tout était possible.
> Cela ne suffit pas. Cinq fillettes ont reçu le même héritage, une seule, a nourri ce rêve. Rêver, je l'ai tant fait. Je l'ai fait en silence, dans l'orgueilleux besoin de me mettre à l'abri de la condescendance amusée des adultes. Au creux de ma douillette tribu familiale, échappant d'un regard distrait à

la version latine ou au poulet-petits pois, je naviguais. J'ai pris des milliers de départs, sur des bateaux construits, achetés, volés... J'ai parcouru des milliers de milles sur toutes les mers, j'ai remâché jusqu'à l'écœurement une vieille chique d'embruns et de sel. Qu'en dire d'autre que le mystère d'une alchimie qui réussit, ma voie est celle-là, peu importe pourquoi.

De l'âge de la marelle à celui des premières amours, j'ai cherché mon propre chemin. Loin du sérail, trop technique pour moi, des régatiers, peu encline à la fugue avec un chef de bord des Glénans...

J'ai peu à peu pavé ma route en bleu : ingénieur halieute... constructrice amateur... solitaire dans l'Atlantique..., toujours partagée entre le besoin de comprendre et celui de ressentir.

Un jour il y a eu la course. Au départ, ça n'était que pour une expérience, un petit plus, pensais-je, d'émotion et de connaissance.

Et tout s'est emballé. Du cockpit de mon Mini-Transat, j'ai pris cette exaltation en plein cœur. À la mesure de mon petit bateau, accompagnant ses surfs vibrants, je me sentais sur le fil, comme le bateau sur la crête de la vague, tous les sens en alerte, funambule entre le fou et le sage.

J'ai aimé cette forme de don qu'il faut faire à son bateau, de son temps, de son intelligence, de ses peurs ou de son enthousiasme.

J'ai aimé ce paradoxe, qui porte tant d'énergie et de travail à se résoudre simplement dans un sillage fumant qui se referme sans trace. J'ai aimé ce jeu intellectuel, ce jeu de prévision et de tactique qui guide l'étrave ni trop loin ni trop près des anticyclones ou des dépressions et orchestre ce gigantesque cache-cache avec les autres, d'un bout à l'autre de l'océan. J'ai aimé, par-dessus tout, cette émotion des choses simples : le reflet d'un nuage, la couleur de l'eau, le vol d'un oiseau. La mer, immense et déserte, est telle qu'à l'aube du monde. Elle donne à ces petits riens la force, le mystère de ce commencement. Depuis tant de milliers d'années, une aile passe, jouant sur cet horizon bouleversé de vent. Aujourd'hui, je suis là. Je le vois et je fais partie de cette harmonie.

La course magnifie la mer. Les bateaux sont somptueux de vitesse et de besoin d'en découdre, ils nous bluffent par leur sens marin, leur aisance, leur bonheur à prendre la vague. La course aiguise les sens, fait prendre tout son poids à un nuage, une oscillation du baromètre, au frémissement d'une risée. Elle apprend à regarder plus, à comprendre plus... à vivre plus. Elle apprend à toujours rester en alerte et l'on voudrait que cet éveil dure toujours pour continuer à goûter, seconde après seconde, le sel des choses ordinaires.

Cette première course, ces quelque milliers de milles qui commençaient comme une ballade sur un chemin de traverse, se concluait par la découverte d'un passage secret. Au-delà, je pressentais la voie royale vers un ailleurs, qu'il y avait urgence à explorer. Je me suis laissée porter par cette exigence et ma vie a changé. Le tour du monde était devenu une évidence. C'était certes redoutable car, sur la route de ses propres certitudes, il n'y a pas d'itinéraire de délestage et pas de droit à se tromper d'histoire.

Mon premier tour du monde était une boulimie d'inconnu, d'inquiétudes et d'émerveillements. Revenant après huit mois dans la rivière de Newport, je savais que j'avais plus que bouclé la boucle, mais accompli au sens profond, un peu de moi-même.

Je ne suis pas blasée. Aucune course ne sera pour moi une routine professionnelle ; aucun départ ne sera exempt de la joyeuse impatience du cœur doublée de la fébrilité inquiète de l'esprit ; aucune arrivée ne sera sans cette commotion délicieuse des retrouvailles, aussi douce, aussi violente que la première fois.

J'apprends, bien sûr, je m'épure, peut-être, je progresse vers de nouveaux territoires, techniques mais aussi intérieurs. Tout est semblable, en apparence – la mer, le vent et le sillage –, tout à chaque fois est pourtant à recommencer, chaque fois si différent, si riche.

L'histoire de mes bateaux, de ceux qui les ont faits, des vents et des lumières, l'histoire de ces vérités que l'on retrouve au fond de soi et de ces émotions toutes nues ; tout cela est mon coffre aux trésors et chaque expédition me ramène son tribut. Il est parfois serein et glorieux, il est aussi âcre et douloureux.

Je vais, maintenant, d'une vague à l'autre, d'un océan à l'autre, surtout préoccupée de garder cette étincelle originelle et de ne laisser à personne le soin d'écrire ma propre histoire. J'irai encore tant que cette étincelle m'enflammera, les jours de grand vent. »

ANNEXES
DE LA SÉCURITÉ LORS DES TOURS DU MONDE

À l'égal du naufrage d'Isabelle dans le Boc Challenge, ceux de Raphaël Dinelli, Thierry Dubois et Tony Bullimore ont déclenché une vive polémique en Australie. Une partie de l'opinion, de la presse et de la classe politique, s'en sont pris aux tours du monde en solitaire en insistant sur le coût de ces sauvetages et le risque qu'ils font encourir aux marins australiens. Des sommes plus ou moins saugrenues ont été avancées : trois jours de navigation d'une frégate et de son équipage, trois rotations aériennes, cinq heures de vol d'hélicoptères, etc. Comme si le budget annuel d'une armée pouvait se découper ainsi...

Les responsables de la sécurité, Australiens ou Français, ont répliqué fort opportunément que sauver une vie humaine en mer était pour tout capitaine et tout pays une obligation depuis la « Convention pour l'unification de certaines règles en matière d'assistance et de sauvetage maritime » signée le 23 septembre 1910 à Bruxelles. Magnifique règle internationale qui précise que « tout capitaine est tenu, autant qu'il peut le faire, sans danger sérieux pour son navire, son équipage, ses passagers, de prêter assistance à toute personne, même ennemie, trouvée en mer, en danger de se perdre » (article 11) et qu'« il n'est dû aucune rémunération par les personnes sauvées » (article 9). Grâce à cette réglementation, réaffirmée à Hambourg en 1979, la vie en mer n'a pas de prix. Qu'elle soit celle d'un marin philippin, d'un pêcheur taïwanais ou d'une star de la voile. Pour en mesurer la portée positive, imaginons un instant les effets d'une telle obligation à terre quand, pour ne pas aller plus loin que notre pays, des SDF meurent de froid en hiver sur le trottoir de nos grandes villes.

Constatons, d'ailleurs, que cette réglementation internationale ne soulève aucune indignité quand le sauvetage concerne un chalutier, un cargo, un ferry ou un batîment militaire. Seulement, est-il parfois rétorqué, ceux-là ne prennent pas la mer pour le seul plaisir de leur capitaine. Rengaine connue qui ignore que les coureurs professionnels sont aussi, à leur manière, des travailleurs de la mer. Rengaine d'autant plus fausse que l'engouement que suscite la course au large, les progrès technologiques qu'elle a induits et les retombées économiques plus ou moins directes qu'elles engendrent lui donnent une évidente utilité sociale. Quant à la promotion de notre pays aux antipodes, l'arrivée du skipper d'*Amnesty International* à Adélaïde et ses remerciements aux militaires australiens valent bien la poursuite des essais nucléaire à Mururoa ou le sabordage du *Rainbow Warrior*...

Pour autant, il serait injurieux de balayer d'un revers de manche méprisant, comme on l'a parfois entendu pendant le Vendée Globe, toutes les interrogations de l'opinion publique sous prétexte qu'elles n'émanent pas des gens de mer qui, eux, ne trouveraient rien à redire (ce qui, d'ailleurs, n'est qu'en partie exacte). Ne pas comprendre qu'un citoyen qui paye ses impôts a, qu'il soit marin ou non, le droit de s'interroger sur leur utilisation relève d'un élitisme insupportable. Limiter ce genre de réactions en arguant de la nécessité de conserver une réglementation qui place la vie humaine au-dessus de tout est déjà une bonne chose. Si une brèche venait à fissurer ce code, si un dédommagement venait à être réclamé pour une vie sauvée, parions que les premières victimes n'en seraient pas les grands noms de la course au large mais bien le marin anonyme et insolvable. Cette réponse ne clôt pas pour autant le débat car d'autres questions persistent. Le développement des balises de détresse satellitaire en concentre une bonne part. Elles changent en effet les données du sauvetage en mer. Au moment de la convention de Bruxelles, un SOS ne pouvait être transmis que par signal visuel ou en morse. Si, plus tard, la phonie améliora les communications, il n'y avait là rien de comparable avec l'efficacité d'un signal satellitaire capté, pratiquement en temps réel, où que vous soyez dans le monde, par l'une des vingt-trois stations de réceptions au sol existantes.

Dans les années 60, un Moitessier ou un Knock Johnston s'aventuraient dans les Quarantièmes rugissants, en sachant très bien qu'un naufrage y serait pour eux rédhibitoire. Le Vendée Globe vient de le démontrer, ce n'est plus forcément le cas aujourd'hui. Cette véritable révolution est évidemment bénéfique. Mais elle peut, on le devinera aisément, entraîner une irresponsabilité qui serait humainement et économiquement insupportable. D'autant que le prix des balises de détresse satellitaires est à la baisse, ce qui devrait permettre de généraliser plus encore leur embarquement (d'ailleurs prévu dans le futur Système mondial de détresse et de sécurité en mer, SMDSM). Sans même évoquer les téléphones cellulaires qui, dans le futur proche, grâce aux satellites de basse altitude, fonctionneront partout dans le monde...

Si l'on veut éviter que de nouvelles réglementations viennent corseter ce monde de liberté qu'est la navigation à voile, il est donc impératif que ses acteurs engagent une réflexion de fond. Disposer de davantage de droits en matière de sécurité implique obligatoirement des devoirs accrus. Et si le monde de la course au large a déjà consenti beaucoup d'efforts dans ce domaine, son rôle d'exemplarité vis-à-vis de la plaisance l'oblige à toujours faire mieux.

Divers appels à des réunions de travail de tous les acteurs de la « filière » tour du monde ont eu lieu à l'issue du Vendée Globe. Elles dénotent une prise de conscience accrue du problème. Ces réunions seront d'autant plus utiles si les professionnels que sont les sauveteurs des pays « riverains » des mers du Sud y sont entendus. Les Australiens n'ont-ils pas regretté à maintes reprises de ne découvrir l'existence du Vendée Globe que lorsqu'une balise de détresse est percutée ? Mais, si les coureurs n'ont évidemment pas attendu ces accidents pour réfléchir à la sécurité en mer, leur volonté de prendre collectivement les choses en main à travers leur association de classe, l'ISMOCA (International Sixteen Monohulls Open Class Association), paraît l'une des meilleures nouvelles de l'après-Vendée Globe. Ne sont-ils pas après tout les premiers concernés par leur survie, la leur et celle de leur sport ?

> « « Oui, mais... pour gagner, il faut arriver... »
> Combien de fois cette petite rengaine s'est-elle glissée dans les discussions entre coureurs, architectes et constructeurs, combien d'innovations géniales a-t-elle renvoyé au placard et combien de débats a-t-elle clos. Cette certitude nous tient à l'abri de toutes fuites en avant. Nous sommes responsables, par rapport à nous-mêmes, à l'affection de nos proches et aux investissements de nos sponsors, de la bonne fin de nos projets.
>
> Courir en solitaire dans le Grand Sud comporte inévitablement son lot d'imprévus et de risques, mais le but du jeu, ne nous y trompons pas, est bien de régater, d'essayer de gagner et non pas de jouer à se faire peur. Nous ne som-

mes pas, les uns ou les autres, des adolescents trompe-la-mort, ou des tenants des jeux du cirque, mais souvent des chefs de famille, en tout cas tous des marins engagés depuis longtemps dans la course au large avec la ferme envie de continuer le plus longtemps possible. Bien sûr, nous cherchons tous à améliorer nos bateaux et à les rendre les plus performants possible, mais chaque innovation est automatiquement passée au crible de la sécurité.

L'histoire, sans aucun doute, nous donne raison, nos 60 pieds modernes sont infiniment plus sûrs que les bateaux d'hier. Du premier Golden Globe de 1968, un seul bateau reviendra après un tour du monde à 4 nœuds de moyenne, aujourd hui les deux tiers environ d'une flotte sont à l'arrivée après des parcours à 10 nœuds. Et c'est encore trop peu.

Les matériaux nouveaux, les technologies et l'expérience nous ont armés progressivement pour comprendre et répondre à la mer. Un mât en carbone est deux ou trois fois plus léger, plus solide et plus performant qu'un mât en aluminium, une quille pivotante comme celle qui a équipé *Écureuil Poitou-Charentes II* ou *PRB*, présente un gros avantage de vitesse en gardant le bateau léger, mais aussi de sécurité, en cas de chavirement, car cela l'aide à redresser le bateau.

Le problème demeure complexe, à l'image de nos bateaux et des parcours de course. Contrairement à la formule 1, nous n'avons ni le temps, ni les budgets pour construire vingt bateaux tests et courir avec le vingtième ; notre expérience du Sud, dans le meilleur des cas, n'excède pas quelques semaines et nous y serons peut-être passés près du pire sans le vivre. Soyons donc modestes, réalistes, prudents et audacieux à la fois et posons-nous sans cesse des questions.

Les 50 et 60 pieds Open sont par définition des bateaux très peu encadrés par des régles de jauge et de construction. Cette liberté est essentielle ; elle a permis un fourmillement d'idées et de travaux qui ont abouti à des progrès colossaux en matière de carènes et d'équipements dont une partie bénéficiera au grand public. Alors ne jetons pas le bébé avec l'eau du bain !

Pour autant, des leçons doivent être tirées de nos expériences les plus difficiles pour prévenir au maximum les dangers ou le recours à une assistance extérieure. Saluons, au passage, l'habileté et le courage des sauveteurs qui ont pu nous venir en aide.

Coureurs, organisateurs, architectes et constructeurs réfléchissent aujourd'hui ensemble pour renforcer le cadre réglementaire minimum à la lumière des accidents ou des observations des marins, organisateurs ou sauveteurs.

Ne rêvons pas, le risque zéro n'existe pas, nous n'empêcherons jamais la mer de retourner un bateau, mais nous sommes tenus de réfléchir aux moyens de retarder ce moment et à ceux qui permettent au marin, seul, de remettre son bateau à l'endroit et de le ramener quelque part. Pensons aussi au cadre de sécurité minimum, météo ou médicale, par exemple, que les organisateurs se devront de fournir.

La même logique s'applique aux parcours. La valeur humaine et sportive de nos courses réside en grande partie dans le challenge d'aller naviguer sur toutes les mers du monde. Les coureurs eux-mêmes ont demandé et défini des points de passage qui évitent à la flotte les principaux champs d'icebergs. Non seulement parce que la difficulté de détection donnait un côté trop « roulette russe » à la navigation, mais surtout parce qu'un concurrent en difficultés dans ces zones attirerait à sa suite ses camarades voulant lui porter secours. Aller plus loin et imposer une limite sud tout au long du parcours serait gravement ignorer le fonctionnement météorologique de ces zones où, parfois, la sécurité se situe justement au sud, dans les centres dépressionnaires mous où règnent des vents faibles, alors que plus au nord la tempête sévit. L'information météo correcte et précise des concurrents est ici infiniment plus efficace.

Et le solitaire, me direz-vous ? Sortons du triste constat que la course en équipage a fait historiquement beaucoup plus de victimes que celles en solitaire et que les vedettes médiatiques que nous sommes devenues disparaissent moins anonymement qu'un plaisancier inconnu, essayons d'y voir clair. Malgré le problème réglementaire qui rend obligatoire la veille optique permanente, les collisions du fait des solitaires sont très peu fréquentes... et au minimum à partager, en responsabilité, avec l'équipage d'en face.

Les risques pris par les solitaires, en course, sont souvent moindres qu'en équipage, conscients que nous sommes de la difficulté de manœuvre ou de gestion des bateaux : affalage précoce du spi, prise de ris plus fréquentes, sont notre lot quotidien. Perte de quille ou chavirement auraient autant pu arriver (sont parfois arrivés) à des équipages.

La course en solitaire existe pour qu'un être humain prenne la responsabilité de rencontrer une nature qu'il devra comprendre et apprivoiser. Elle a sa place au premier rang des aventures maritimes et sportives. Pour nous qui naviguons, pour ceux que cela enthousiasme, cette expression de soi est immense, authentique et indispensable. »

RETOUR SUR QUELQUES TOURS DU MONDE

De Magellan aux solitaires du Vendée Globe, quelques détails sur les tours du monde abordés dans le chapitre II.

REMIER TOUR DU MONDE

Quand le lundi 10 août 1519, jour de la Saint-Laurent, Magellan et ses 265 hommes d'équipage s'embarquent pour le premier tour du monde, ils n'ont aucune certitude. Le dessein du capitaine portugais se fonde en effet, davantage sur un mélange d'hypothèses et d'intuitions que sur des certitudes géographiques.

Le sel de cette aventure c'est le... poivre. Les épices de l'Extrême-Orient ont, alors, pour l'Occident, presque le même attrait que l'or. Pendant des siècles, Arabes et Vénitiens ont imposé leur monopole commercial sur la route médiévale qui passait par la Méditerranée et l'Arabie. Mais voilà qu'au XVe siècle, les Portugais ont « inventé » une autre route. Une route maritime qui contourne l'Afrique – Vasco de Gama double pour la première fois le cap de Bonne-Espérance en décembre 1497 – pour déboucher librement dans l'océan Indien. Dès lors, forts de leur comptoirs disséminés sur les côtes asiatiques et de leur maîtrise des mers, les Portugais s'imposent comme les nouveaux maîtres du commerce des épices. Pour l'autre grande puissance maritime de l'époque, l'Espagne, cette situation est intolérable. Son voisin cadenassant l'accès aux « Îles des épices » par l'est, son seul salut est donc à l'ouest.

Facile à dire ! L'idée implique tout simplement que la terre soit ronde... Fort heureusement pour nos découvreurs, en cette fin de Moyen Âge l'hypothèse frise encore l'hérésie mais ne conduit plus au bûcher. Ptolémée, un géographe grec de l'Antiquité, les a fortement aidés. Son Atlas, redécouvert depuis peu, ne laisse en effet aucun doute sur la rotondité du monde. Mais il sous-estime terriblement sa circonférence, dessinant un « Grand Océan », l'Atlantique, qui baigne les côtes européennes et asiatiques. D'où le projet de Christophe Colomb, déjà refusé par les Portugais et accepté par les Espagnols, de rejoindre la Chine par l'ouest. On connaît la suite... Depuis, les découvreurs n'ont eu de cesse de chercher un passage pour traverser ce nouveau continent qui n'en finit pas de révéler son immensité. Cette Amérique est décidément une muraille bien gênante dans la quête des épices de l'Extrême-Orient que l'on imagine à portée de main. L'idée de Magellan repose sur une intuition géniale : s'il existe un passage au sud de l'Afrique, il en est certainement un jumeau à l'extrémité méridionale de l'Amérique.

Magellan a vu juste. Le 21 octobre 1520, l'escadre pénètre dans le détroit qui portera désormais le nom de son capitaine. Après trente-huit jours de tâtonnement, Magellan débouche sur un océan si paisible qu'il le baptise « Pacifique ». L'ambiance va rapidement s'assombrir. Car si l'intuition du Portugais était la bonne, un mauvaise surprise l'attend : personne n'imaginait alors le Pacifique aussi vaste. Sa traversée – la première de l'histoire – va durer cent dix jours au cours desquels le scorbut décime les équipages. Le 6 mars, une terre est enfin en vue : c'est l'île des Larrons dans l'archipel des Phillipines. Là, devant leurs yeux, se dressent ces îles du Levant qu'ils s'étaient jurer d'atteindre en suivant le soleil couchant. Un moment, ils peuvent goûter au plaisir rare de l'explorateur qui vient de crier « Terre ! ». Un court moment... Car maintenant, il faut revenir en Espagne par le cap de Bonne-Espérance. En évitant les cachots que les Portugais promettent à ces gêneurs et le naufrage qui guette les coques vermoulues. Magellan massacré par les indigènes, c'est El Cano qui prend le commandement du seul bateau restant sur les cinq du départ. Le 8 septembre 1524, seuls dix-huit survivants sont de retour en Espagne.

LES TOURS DU MONDE SCIENTIFIQUES

Deux siècles après le voyage inaugural de Magellan, peu de choses ont changé. Les tours du monde qui se sont succédés ont surtout été l'œuvre de flibustiers – dont le plus célèbre est Sir Francis Drake – sillonnant les océans pour traquer les lourds galions espagnols remplis des richesses d'Amérique et d'Asie. Puis Espagnols et Portugais ont progressivement abandonné aux Anglais et aux Hollandais le soin de se chamailler sur les mers. Mais si l'on excepte le cap Horn, découvert en 1616, et la Tasmanie contournée en 1642, le Pacifique Sud n'est guère visité. La faute en incombe notamment à cette sacrée longitude qui se montre rétive à toute détermination exacte. D'où la volonté de ne pas s'éloigner des routes connues. Il est déjà si difficile de rester sur ces dernières : combien d'escadres ont fini sur des récifs alors que l'estime de leur navigateur les plaçait en pleine mer?

C'est pourquoi, en 1714, le parlement anglais a promis un prix de 20 000 livres à l'inventeur d'une méthode capable de calculer la longitude n'importe où dans le monde. Les plus grands astronomes et savants du royaume vont se pencher sur la question en recherchant la solution dans les étoiles.

Cette solution, c'est un modeste horloger, autodidacte de surcroît, qui va la trouver. Dans son cabinet d'horlogerie du Yorkshire, non loin de la rivière Humber, John Harrisson va consacrer presque quarante ans de sa vie à fabriquer des montres capables de conserver l'heure exacte sur tous les océans du monde. John a en effet décidé de s'appuyer sur une méthode « horaire ». Le principe en est simple : calculer une longitude c'est convertir une différence horaire en distance géographique, chaque heure équivalant à 15° de longitude. Le jeu consiste donc à conserver l'heure d'une longitude de référence – c'est aujourd'hui celle de Greenwich – afin de la comparer avec le midi local (soleil à son zénith) puis de traduire cette différence en degrés parcourus.

C'est en 1768 que James Cook, le premier, emmène avec lui une réplique d'une des fameuses montres Harrisson. Grâce à elle, il lui sera enfin possible de sillonner à loisirs les mers australes. Cook, qui disparaîtra dans les mêmes circonstances que Magellan, et ses contemporains, Byron, Wallis, Vancouver, Bass mais aussi les Français Kerguelen, Crozet, Dufresne, Bougainville et Lapérouse, vont en moins de 30 ans défricher quasiment toutes les terres australes.

À la fin du XVIIIe siècle – la période des voyages scientifiques s'achèvera vraiment en 1840 quand Dumont d'Urville touchera le continent Antarctique – le cadre géographique des actuelles courses autour du monde est donc tracé. On en connaît les escales célèbres (Le Cap, Melbourne, Sydney, Auckland, Wellington, Valparaiso), ces bornes isolées des Quarantièmes rugissants que sont les îles Falklands, Prince Edouard, Crozet, Marion ou Kerguelen et les trois caps, Bonne-Espérance, Leeuwin et Horn.

ROUTE DES TROIS CAPS

Si la période des tours du monde scientifiques n'a véritablement débuté que lorsque les découvreurs ont su mieux se positionner, celle de la grande marine à voile de commerce va connaître son essor avec les progrès en matière de vitesse. Ceux-ci passent, cette fois encore, par des progrès en matière de navigation avec l'invention des Pilots Charts. Signe des temps, l'inventeur est cette fois améri-

cain. Lieutenant de l'US Navy, Matthew Fontaine Maury, rêvait d'une grande carrière de marin. Mais voilà qu'un stupide accident l'a rendu boiteux et inapte au service. Il se retrouve donc, en 1842, affecté au poussiéreux Département des cartes et des instruments de Washington. Maury va transformer cet exil involontaire dans les bureaux en un extraordinaire voyage sur toutes les mers du monde. En compilant les centaines de livres de bord entassés là depuis des décennies et les formulaires de route que lui envoient les capitaines de l'époque, il dresse des cartes marines indiquant force et direction des vents et courants à toutes les périodes de l'année ainsi que les meilleures routes météorologiques : ces fameux Pilots Charts...
Cette innovation assure un gain de temps considérable sur les traversées : jusqu'à 25 %, dit-on. L'affaire est d'importance car l'époque n'est plus à la découverte mais à la vitesse. D'où, également, la naissance des Clippers. Ces voiliers, au nom inspiré de l'expression «*to clip a record*» (littéralement battre des records), présentent des étraves fines, des largeurs diminuées, des surfaces de voiles de plus en plus gigantesques. Apparus pour acheminer le thé de Hong Kong à Londres, la découverte de l'or en Californie va leur permettre de démontrer toute leur puissance sur la route New York-San Francisco par le cap Horn. *Flying Cloud* (Nuage volant), ce clipper dont le livre de bord ne quittait pas la table à carte d'Isabelle lors de sa tentative de record, parcourt en 1859 les 14 000 milles de cette traversée en 89 jours. Un chrono historique qui va tenir 130 ans... À bord, la propre femme du capitaine, Eleonor Creesy, officie à la navigation. Ses options permettent à son mari de franchir le Pot au Noir en quatre jours et le Horn en trois jours. Dans les mains de Mme Creesy : les fameux Pilots Charts de Maury... Mais de l'or, on en signale déjà ailleurs, sur l'île-continent du Pacifique, l'Australie. Et le flux maritime se déplace entre l'Europe et les antipodes. Si les gisements aurifères s'essoufflent vite en Australie, l'exploitation marchande de toutes les terres australes prend le relais. Les voilures ne cessent d'enfler : 40 à 50 hommes d'équipage manœuvrent les 5 000 à 6 000 m² de toile de trois- ou quatre-mâts dont la longueur peut friser les 100 mètres ! Au prétexte des impératifs commerciaux de leurs armateurs, les capitaines se prennent au jeu de la vitesse et des records. En 1870, le clipper *Patriarch* instaure ainsi un temps de référence : 136 jours de mer sur le parcours aller-retour Liverpool-Sydney.

De courte durée, cette épopée aura donc laissé à la postérité une route, celle des Trois Caps, un mythe, le cap Horn, et l'irrésistible envie de cingler au plus vite autour de la terre.

RARES SOLITAIRES PERPÉTUENT LA TRADITION

Ils sont moins d'une dizaine de solitaires qui, en 60 années, vont se risquer à la voile autour du monde. Mais si les plus emblématiques d'entre eux tels Joshua Slocum, premier circumnavigateur en solitaire de l'histoire en 1898 ou l'Argentin Vito Dumas, premier solitaire par les Trois Caps en 1943, éveillèrent l'attention de leurs contemporains, leur époque se reconnut plus volontiers dans les défricheurs du ciel, Mermoz et autres Lindbergh, que dans l'aventure de ces navigateurs si lents et anachroniques.

C'est à l'un de ces héros de l'aviation naissante que revint justement le privilège d'inverser cette tendance. Dans les années 30, Francis Chichester effectue en solitaire de multiples traversées intercontinentales à bord de *Gipsy Moth I*, un hydravion de 450 kg. Il amorce même un tour du monde aérien, tentative qui se fracasse sur une ligne électrique japonaise. Le Britannique s'en tire avec des blessures graves et la volonté de renouveler un jour l'aventure. Mais après guerre, il ne voit plus nul exploit qui vaille dans un ciel désormais livré aux lignes régulières. Il se tourne alors vers les océans. Après sa victoire, en 1960, dans la première édition de la Transat anglaise en solitaire, l'heure est enfin venue de relancer son idée de tour du monde. Il choisit comme référence les Clippers de La Route de la Laine et, comme eux, ne projette qu'une seule escale à Sydney. Physiquement handicapé, disposant en *Gipsy Moth IV* d'un voilier peu adapté à la navigation en solitaire, il n'en réussit pas moins son pari. 250 000 personnes l'acclament à son retour le 28 mai 1967. C'est avec l'épée de Drake que la Reine le fait chevalier, inscrivant ainsi son exploit dans la grande tradition maritime britannique. Chichester vient surtout de redonner le goût des tours du monde à la voile à ses contemporains.

PREMIÈRE COURSE AUTOUR DU MONDE

Le succès populaire rencontré par Chichester incite le *Sunday Times* à lancer un défi. Le quotidien britannique promet un trophée, le Golden Globe, au premier solitaire qui accomplira un tour du monde sans escale et sans assistance, un prix de 5 000 £ s'ajoutant pour le plus rapide. Le Golden Globe n'a cependant rien d'une course classique. Le seul impératif du règlement est de partir d'un port anglais entre le 1er janvier et le 31 octobre 1968. Neuf solitaires s'élancent à bord de voiliers dont la longueur varie entre 9 et 13 mètres. À la fin de l'année, cinq solitaires ont déjà abandonné. Le 6 avril 1969, Robin Knox Johnson et son *Suhaili* reviennent au pays après 313 jours de mer. L'année même où Armstrong pose le pied sur la lune, un homme boucle pour la première fois un tour du monde sans escales. Le Golden Globe attribué, reste à récompenser le marin le plus rapide. Encore en lice : Bernard Moitessier et Nigel Tetley, de retour en Atlantique, et Donald Crowhurst qu'un message radio annonce en vue des îles Diego Ramirez, non loin du Horn. Apprenant le retour imprévu de Crowhurst, Tetley force sur son trimaran fatigué qui se désagrège au large des Açores. Fin mars, Moitessier prend la décision qui va fonder sa légende : refusant le retour à la civilisation occidentale, il abandonne et poursuit son voyage vers les îles du Pacifique. Le 10 juillet, enfin, on retrouve à 1 800 milles de la Grande-Bretagne, le trimaran abandonné de Crowhurst. Des documents révèlent à bord la supercherie : l'Anglais n'avait jamais quitté l'Atlantique. Sombrant dans la folie, impuissant à assumer son mensonge, son suicide probable achève ce périple erratique. Après une course aussi dure, ils sont plus d'un observateur à penser que c'en était fini de ce genre d'épreuve.

COURIR AUTOUR DU MONDE EN SOLITAIRE MAIS AVEC ESCALES : LE BOC CHALLENGE

On va repartir en réalité assez rapidement en course autour du monde mais en équipage et avec escale. C'est la Whitbread dont la première édition a lieu en 1973. Mais au cours des *Seventies* les périples d'Alain Colas, Chay Blyth (premier tour du monde en solitaire « à l'envers ») ou Noammi James – la première femme par les Trois Caps – démontrent que la braise solitaire est encore chaude.
La flamme se ravive définitivement avec la naissance du Boc Challenge, course autour du monde en solitaire mais avec escale qui voit le jour en septembre 1982. Filiation évidente avec le Golden Globe, c'est Robin Knox Johnson qui officie en tant que directeur de course. Parmi les dix-sept concurrents, aucune des grandes stars de la voile et très peu de navigateurs professionnels. La plupart des voiliers, tous des monocoques, sont de tranquilles croiseurs hauturiers ou de très sages voiliers de course. Seul un français, Philippe Jeantot, inscrit un bateau spécialement dessiné pour l'épreuve. Long de 17 mètres, *Crédit Agricole* est équipé de deux génois sur enrouleur,

bénéficie de ballasts, d'un ordinateur de bord et d'un mât de 21 mètres. Si son cahier des charges reste raisonnable – « une coque rapide pour la longueur maximum de 56 pieds, pouvant être construite dans les meilleurs délais, au moindre coût et, par la suite, aménageable pour la croisière » – il n'en est pas moins le précurseur des futurs 60 pieds monocoques. En 159 jours, Jeantot, vainqueur des quatre étapes, survole l'épreuve.

Quatre ans après, pour la deuxième édition, naît l'actuelle classe des monocoques 60 pieds Open (soit la longueur maximale autorisée de 18,28 m). Cette fois, plusieurs véritables voiliers de course affichent, sans complexe, leur ambition. Les grands-voiles sont lattées, les spis passent de 250 m^2 à 400 m^2, en matière de navigation l'informatique embarquée se généralise. Jean-Yves Terlain équipe son *UAP-Pour Médecins sans frontières* du premier mât en carbone. Jeantot s'impose difficilement devant Titouan Lamazou.

VENDÉE GLOBE, HÉRITIER DU GOLDEN GLOBE

Des solitaires ont, depuis le Golden Globe, tenté et pour certains réussi, de tourner sans escale autour de la planète : l'incroyable Australien John Sanders dont la spécialité était d'enchaîner des circumnavigations sans s'arrêter (deux de suite en 1981-1982 et trois en 1986-1988), les Français Philippe Monnet (1987-1988) et Olivier de Kersauson (1988-1989) qui tous deux en multicoque ont battu le record de vitesse mais sans pouvoir éviter une escale, l'australienne Kay Cottee (1988), la première femme à avoir accompli – en 189 jours – un tour du monde sans escale.

C'est dire si, entre les concurrents du Boc Challenge et ces tours du monde individuels, l'idée de renouer avec une course autour du monde en solitaire mais sans escale, comme le Golden Globe, est dans l'air du temps.

De retour en France après le Boc Challenge où il en a discuté avec d'autres navigateurs solitaires, Philippe Jeantot concrétise le projet Le premier Vendée Globe part des Sables-d'Olonne le 26 novembre 1989.

Dès la première nuit, le vit de mulet de *Crédit Agricole*, le monocoque de Jeantot, casse. Le coureur-organisateur certain d'être parti pour un marathon, ne s'inquiète guère du retard pris. Parfaitement préparé, Lamazou ne partage pas cette analyse : son *Écureuil d'Aquitaine* prend la tête dès le 30 novembre. Il ne la quittera plus. Le 28 décembre, pour la première fois de sa vie, Poupon déclenche sa balise de détresse. Venu à son secours, Loïck Peyron découvre l'incroyable : *Fleury Michon* est couché sur le flanc comme un vulgaire dériveur. Remorqué par Peyron et délesté de son mât d'artimon, le voilier de Poupon se redresse. Celui que le milieu nautique surnomme avec respect et affection « Philou » abandonne. Le lendemain, c'est Jean-Yves Terlain qui démâte. Sous gréement de fortune, il fait route sur Cape Town distant de 1 000 milles où il arrivera le jour de la libération de Nelson Mandela.

Le héros des mers du Sud se nomme Jean-Luc Van Den Heede. Installé des heures à la barre, ce grand barbu optimise les performances de *36-15 Met*, le futur *Écureuil Poitou-Charentes I* d'Isabelle, un yawl en aluminium étroit et dépouillé. Il accède à la 2e place le 28 janvier. Inconnu du grand public, le prof de math de Lorient ne se départit jamais de sa jovialité. Mais le 1er février, sa voix cède à la panique : « Depuis midi, je suis entouré d'icebergs ! » Coupant au plus court dans l'espoir de doubler Lamazou, Van Den Heede navigue alors par 61°54 de latitude sud ! Du jamais vu dans une course. Les icebergs interrompent là sa descente vers le sud. Le 9 février à 5 h 15, Lamazou double le Horn suivi 24 heures après par Van Den Heede, que tout le monde appelle déjà V.D.H., et Peyron. Le suspens restera entier tout au long de la remontée de l'Atlantique. Dernier juge de paix, l'anticyclone des Açores choisira finalement Lamazou. Le 15 mars, à 23h04, Titouan rentre par la grande porte dans l'histoire maritime en remportant ce premier Vendée Globe et en pulvérisant en 109 jours 8 h et 48 mn le record de vitesse autour du monde. Sept autres solitaires reviendront aux Sables-d'Olonne sans avoir fait escale. Le 30 mai, reconnaissance symbolique d'un pays qui les a choisis pour héros pendant quatre mois, les 13 navigateurs sont accueillis par François Mitterrand dans les salons de l'Élysée.

DES RÉGATES À L'ÉCHELLE DU MONDE

En 1992, la deuxième édition du Vendée Globe compte quatorze inscrits. Courus en alternance tous les quatre ans, Boc Challenge et Vendée Globe ont fait du tour du monde en solitaire, une spécialité à part entière de la course au large. Les multirécidivistes que sont, au départ, Jean-Luc Van Den Heede, Alain Gautier, Loïck Peyron, l'Espagnol José Ugarte ou le Hongrois Nandor Fa le prouvent. En deux ans, l'architecture des monocoques 60 pieds Open a continué à évoluer. Créateur du *Generali Concorde* mené par Alain Gautier en 1989, les architectes Jean-Marie Finot et Pascal Conq ont vu leurs plans larges, puissants et stables dominer le Boc Challenge 90/91 avec la victoire du *Sceta Calberson* de Christophe Auguin. Disposant de leur tout nouveau fleuron, le ketch *Bagages Superior*, Alain Gautier est considéré comme le grand favori de cette deuxième édition du Vendée Globe.

Évoquer les tempêtes des mers du Sud, c'est parfois oublier la sale réputation de coins moins exotiques. Vérité que le golfe de Gascogne va rappeler tragiquement. Le bilan de la tempête qui y sévit en 1992 est terrible : à la disparition de Mike Plant lors son convoyage vers Les Sables-d'Olonne, il faut maintenant ajouter celle de Nigel Burgess, assommé puis éjecté hors de son bateau. Diverses avaries contraignent Jean-Luc Van Den Heede, Philippe Poupon, Yves Parlier, Vittorio Malingri et Loïck Peyron à faire demi-tour. Seul ce dernier renonce définitivement. Avec plusieurs jours de retard sur le leader, les autres entament une course poursuite impossible. Le danger pour Gautier vient finalement de Bertrand de Broc qui prend la tête le 28 novembre à la faveur d'une belle option météo. Mais dès le 13 décembre, *Bagages Superior* reprend son bien. Dès lors, Gautier va gérer son avance, accélérant quand nécessaire pour ramener à la raison tout poursuivant trop tenace.

Le 9 janvier, l'écoute de grand-voile cingle violemment le visage de Bertrand de Broc. Par télex, le médecin de la course, le Dr Jean-Yves Chauve, lui dicte les gestes nécessaires pour recoudre sa plaie. Comble de malheur, le 24 janvier les architectes de Bertrand lui annoncent qu'après avoir vérifié les calculs de résistance de la quille de son *Groupe LG*, l'ex-*Écureuil d'Aquitaine* de Lamazou, ils ne peuvent garantir la solidité de ses fixations. La mort dans l'âme, Bertrand abandonne. Le 10 février, Gautier pare le Horn avec 36 heures d'avance sur Poupon, qui, victime d'un démâtage près de l'arrivée, devra laisser cette deuxième place à V.D.H. Le 12 mars, à 16 h 22, après 110 jours et 2 heures de mer, Gautier remporte la deuxième édition du Vendée Globe dans une ambiance printanière. À l'arrivée Alain lâchera : « Je suis un sportif avant d'être un aventurier. » Mais ses premiers mots sont pour Burgess et Plant : « C'est pour ceux qui ne sont pas là qu'on a accompli ce tour du monde. » Preuve que devenus de magnifiques compétitions sportives, les tours du monde en solitaire n'en restent pas moins des histoires humaines exceptionnelles.

CLASSEMENT DU VENDÉE GLOBE 1996-1997

– 1er Christophe Auguin (*Geodis*) en 105 jours 20 heures et 31 minutes [1]

– 2e Marc Thiercelin (*Crédit Immobilier de France*) en 113 jours 8 heures et 26 minutes

– 3e Hervé Laurent (*Groupe LG Traitmat*) en 114 jours 16 heures et 43 minutes

– 4e Éric Dumont (*Café Legal Le Goût*) en 116 jours 20 heures et 18 minutes

– 5e Pete Goss (*Aqua Corum*) en 126 jours 20 heures et 18 minutes

– 6e Catherine Chabaud (*Whirlpool-Europe 2*) en 140 jours 4 heures et 38 minutes

Hors classement [2] :

– Isabelle Autissier (*PRB*) après 109 jours de navigation

– Yves Parlier (*Aquitaine Innovations*) après 118 jours de navigation

– Patrick de Radiguès (*Afibel*) après 217 jours de navigation

Abandons :

– Didier Munduteguy (*Club 60e Sud*)

– Nandor Fa (*Budapest*)

– Thierry Dubois (*Amnesty International*), naufrage dans l'océan Indien

– Tony Bullimore (*Exide Challenger*), naufrage dans l'océan Indien

– Bertrand de Broc (*Votre Nom autour du monde*), naufrage le dernier jour

Hors course :

– Rapahaël Dinelli (*Algimouss*), naufrage dans l'océan Indien [3]

---

1. Ce temps constitue le nouveau record de vitesse en solitaire autour du monde, le record toute catégorie appartient à Olivier de Kersauson et ses six hommes d'équipage qui, à bord du trimaran *Sport-Elec*, ont mis 71 jours 8 heures et 22 minutes pour faire le tour de la planète sans escale. Arrivés le 19 mai 1997, ils sont les nouveaux détenteurs du Trophée Jules Verne.
2. Car ayant dû faire escale.
3. Après décision du Jury de la course, Raphaël Dinelli n'avait pas été autorisé à prendre officiellement le départ du Vendée Globe. Il avait cependant tenu à accomplir le tour du monde hors course.

GLOSSAIRE

Abattre/Abattée : Écarter l'axe du bateau de la direction d'où vient le vent (contraire de lofer). Quand il est involontaire on parle de *départ à l'abattée.*

Affaler : Descendre une voile (contraire de hisser).

Anticyclone : Zone de hautes pressions barométriques générant souvent des vents calmes.

Allures : Route d'un voilier par rapport à la direction du vent.

Anémomètre : Appareil indiquant la force du vent.

Argos : Système de positionnement par satellite mis en place par le CNES (Toulouse). Il est apparu sur les courses de voile en 1978. Une balise émet un signal vers un satellite qui le répercute à la plus proche des trois stations de traitement existantes. Il permet 6 à 15 localisations par jour. En actionnant un bouton, il est possible de mettre la balise en mode détresse. Ce SOS sera signalé à terre dès le survol du prochain satellite. Le grand avantage de la balise Argos est de fonctionner sur une batterie disposant d'une autonomie de 90 jours.

Au vent : Du côté d'où vient le vent.

Bastaque : Cordage soutenant le mât dans le sens longitudinal vers l'arrière et dont la tension est réglable selon l'allure du bateau. Il en existe une de chaque côté du mât. Celle située sous le vent est larguée.

Barre de flèche : Pièce horizontale destinée à écarter les haubans du mât. Selon la taille des mâts plusieurs *étages de barres de flèches* sont nécessaires.

Beaufort (échelle de) : Système de graduation permettant de décrire le temps qu'il fait en mer. S'échelonne de force 1 (calme plat) à force 12 (ouragan).

BLU : Émetteur-récepteur radio à longue distance.

Bôme : Tube placé horizontalement et relié au mât ou au pied de mât par un vit de mulet. Elle tient la bordure (partie inférieure) de la grand-voile.

Border : Tirer sur les écoutes de voiles afin de les régler (contraire de choquer).

Bout : Cordage en terme maritime.

Bout au vent : Quand l'étrave du bateau est dans l'axe du vent.

Bulbe de quille : Terminaison de la quille, en plomb dans le cas de *PRB*, dans laquelle se trouve tout le lest.

Cape : Moyen de supporter les assauts d'une tempête en prenant le vent presque par le travers sous une voilure très réduite (ou à sec de toile). Le bateau dérive et crée à son vent une zone de remous aplatissant les vagues.

Carbone : Fibre actuellement la plus utilisée sur un voilier (coque, safran, voile de quille, mât) car elle allie légèreté et résistance.

Carène : Partie immergée de la coque.

Choquer : Lâcher les écoutes de voiles afin de les régler (contraire de border).

Combinaison de survie : Ce terme légal décrit les combinaisons homologuées par la marine marchande. Ce ne sont pas celles qui, embarquées sur les voiliers du Vendée Globe, ont sauvé la vie à Raphaël Dinelli, Thierry Dubois. Il s'agit des combinaisons de protection thermique TPS (Thermical Protection Suit, de marque Cotten dans le Vendée Globe) réalisées en Néoprène. Ces combinaisons garantissent le skipper contre une déperdition calorique dans une eau très froide (6 heures de protection au moins dans une eau à 0°). Énorme avantage par rapport aux « combinaisons de survie » homologuées, on peut se mouvoir avec et donc nager.

Dartcom : Marque du décodeur d'image satellite de *PRB*, un appareil qui permet de visionner la masse nuageuse située au-dessus du voilier quasiment en temps réel.

Dessalinisateur : Appareil permettant d'enlever le sel de l'eau de mer et de la rendre potable.

Drisse : Cordage destiné à hisser une voile.

Dépression : Zone de basse pression barométrique générant souvent des vents forts. Dans l'hémisphère Nord la rotation des vents s'y effectue dans le sens inverse des aiguilles d'une montre (sud-ouest, ouest puis nord-ouest) et à l'inverse dans l'hémisphère Sud.

Écoute : Bout servant à régler les voiles. Elles sont « frappées » (fixées) à l'angle inférieur libre des voiles (point d'écoute) et permettent le réglage selon la direction du vent. Plus on s'écarte du vent plus on « choque » (lâcher) l'écoute, plus on s'en approche plus on « borde » (tirer) l'écoute.

Empanner · Action consistant à faire passer la bôme d'un bord à l'autre lors d'un virement de bord vent arrière. Un empannage involontaire risque d'avoir des conséquences très graves pour le gréement, la bôme pouvant venir heurter à grande vitesse haubans et bastaques. Un démâtage est alors possible.

Enrouleur : Dispositif mécanique permettant de moduler la surface d'une voile d'avant en l'enroulant sur elle-même.

Espar : Terme générique désignant tous les tubes servant à gréer une voile (mât, bôme, tangon).

Étai : Câble en Inox soutenant le mât dans le sens longitudinal vers l'avant. Il porte la voile d'avant. À l'image de *PRB*, les voiliers de course disposent d'au moins deux étais.

Étrave : Avant de la coque.

Foc : Voile d'avant triangulaire. Selon sa surface, du plus petit au plus grand, on parle de tourmentin, trinquette, solent, génois.

Gennaker : Voile intermédiaire entre le spi et le génois, utilisée par vent de travers ou portant.

Girouette : capteur situé en haut du mât qui transmet la direction du vent.

Gîte : Inclinaison prise par un bateau lorsqu'il penche sous la force du vent.

Goélette : Voilier portant deux mâts de hauteur égale.

Gréement : Ensemble des moyens de propulsion d'un voilier : mâture, voilure, haubanage.

Guindant : Face avant d'une voile engagée sur un étai ou un mât.

GPS : De l'anglais Global Positionning System, système satellitaire de positionnement. Il est alimenté par les batteries du bateau.

Hauban : Câble contribuant à soutenir le mât dans le sens transversal. Selon leur point de fixation sur le mât, on parle de galhaubans (fixés en tête de mât), bas haubans, inter.

Heure TU : Temps universel aligné sur le méridien de Greenwich (GB).

Hisser : Envoyer une voile (contraire d'affaler).

Ketch : Voilier portant deux mâts, celui d'avant étant plus haut que celui d'arrière (mât d'Artimon).

Larguer : Choquer en grand un bout.

Lattes : Planchettes en carbone servant à rigidifier horizontalement la grand-voile.

Loch : Appareil indiquant la distance parcourue par un voilier (couplé avec un speedomètre)

Lofer/Lof : Rapprocher l'axe du bateau de la direction d'où vient le vent (contraire d'abattre). S'il est involontaire on parle alors de *départ au lof*. Au terme de cette embardée, il n'est pas rare que le voilier se couche. Dégâts à prévoir.

Louvoyer/Louvoyage : Tirer des bords pour remonter dans l'axe du vent, au près.

Mèche : Axe tenant le safran verticalement.

Mille : Mesure de distance en mer. 1 mille = 1 852 mètres.

Neptune : Dieu de la mer, bien sûr, mais également le nom du système de fichiers numériques de Météo France transmis à bord de chaque voilier par liaison satellite.

Nids d'abeille : Structure alvéolaire (elle ressemble à des nids d'abeille) très légère qui sert d'intermédiaire entre deux couches de fibre dans le cas d'une construction en sandwich.

Noeud : Mesure de vitesse du vent, du bateau et du courant. 1 nœud = 1852 mètres/heure = 1 mille/heure.

Pétole : Calme plat.

Portant : Allure à laquelle le bateau navigue écarté de l'axe du vent. Les voiles sont choquées (contraire de près). On distingue les allures de grand largue (le vent souffle à environ 120/140° de l'axe du bateau) et de vent arrière (170° à 180° de l'axe du bateau).

Prendre un ris : Réduire la surface de la grand-voile en la descendant et en arrimant à la bôme sa bordure.

Près : Allure à laquelle le bateau navigue le plus possible vers l'axe du vent (de 30° à 45° selon les voiliers). Les voiles sont bordées (contraire de portant). Dès que l'on s'éloigne légèrement du près, on dit que l'on navigue à une allure débridée.

Quille : Appendice sous-marin servant à contenir la force du vent.

Rod : Monofil en Inox utilisé pour le haubanage et les étais.

Rouf : Le « toit » de la cabine.

Routeurs, Routage : Interdit dans le Vendée Globe, le routeur est le conseiller météorologique à distance du marin.

Safran : Partie immergée du gouvernail. *PRB* est équipé de deux sa frans latéraux.

Sarsat-Cospas : Système satellitaire permettant de recevoir et de signaler les signaux de détresse émis par une balise activée. Ce système est fondé sur 6 satellites et 23 stations de réception au sol. Son autonomie électrique n'est que de 2 à 3 jours. Elle doit être, en cas de détresse, la première balise activée.

Sous le vent : Du côté où va le vent.

Sloop : Voilier à un seul mât.

Solent : voile d'avant utilisée dans la brise avec allures de près.

Speedomètre (diminutif : speedo) : Appareil indiquant la vitesse instantanée du bateau.

Spi ou spinnaker : Voile d'avant en forme de ballon utilisée aux allures portantes.

Standard C (ou Inmarsat C) : Terminal permettant la transmission de textes et de données par satellite.

Standard M (ou Inmarsat M) : Terminal permettant la transmission de voix et de données par satellite.

Tangon : Tube mobile servant à déborder le spi au portant.

Travers : Allure où le vent souffle à 90° de l'axe du bateau.

Vectran : La meilleure qualité actuelle de textile pour cordage. À bord de *PRB*, drisses et bastaques sont en Vectran. Il remplace progressivement le Kevlar et le Spectra, autres qualités de textiles, sur tous les voiliers de course.

Vit de mulet : Ferrure permettant l'articulation entre la bôme et le mât.

V.H.F : Émetteur-récepteur à courte portée (environ 25 milles). On communique après avoir sélectionné une fréquence (canal).

Winch : Petit treuil de pont actionné grâce à une manivelle. Il permet de démultiplier les forces lors d'un réglage des écoutes ou pour hisser une voile.

Yawl : Voilier portant deux mâts dont le plus petit se situe en arrière de l'axe du gouvernail.

LA PASSION, ISABELLE

Repères biographiques

1956 : Naissance dans le XIIe arrondissement mais Isabelle passe sa jeunesse à Saint-Maur dans le Val-de-Marne.

1978 : Sort de l'École nationale agronomique de Rennes munie d'un diplôme d'ingénieur halieute...

1979-1980 : Mène au sein du Groupement professionnel des pêcheurs de Bretagne un programme de recherche centré sur l'étude des langoustines et des gros crustacés.

1980-1982 : Développe des recherches sur les pêcheries du golfe de Gascogne à l'Institut des pêches de La Rochelle.

1984 : Devient enseignante à l'École maritime et aquacole de La Rochelle. Elle y dispensera jusqu'en 1990 les matières générales : biologie, économie, transformation des produits de la mer, hygiène.

1986-1987 : Croisière hauturière d'un an à bord de *Parole* (Afrique, Brésil, Antilles), un monocoque en acier de 10 mètres. Effectue la traversée retour de l'Atlantique en solitaire.

1987 : Prend, à l'automne, le départ de sa première course : la Mini-Transat, une transatlantique réservée à des voiliers de 6,5 mètres et courue en deux manches. Elle remporte la première et se classe 3e au classement général.

1988-1989 : Participe par deux fois à la Solitaire du Figaro, épreuve par étapes courue chaque été entre la France, l'Espagne et l'Irlande. Termine à la 12e place en 1989.

1990-1991 : Participe au Boc Challenge, tour du monde en solitaire avec escales, à bord du monocoque 60 pieds Open *Écureuil Poitou-Charentes I*. Cette course quadriennale part de Newport (USA) et fait escale à Cape Town, Sydney et Punta Del Este avant de revenir à Newport. Malgré un démâtage dans la 2e étape qu'elle boucle sous gréement de fortune, Isabelle termine à la 7e place du classement général après 139 jours et 4 heures de mer. Elle devient la première femme à avoir accompli une course autour du monde en solitaire.

1993 : Construction du monocoque 60 pieds Open *Écureuil Poitou-Charentes II*. À sa barre, Isabelle termine en juin à la 2e place de la

Course de l'Europe après avoir remporté deux des six étapes de cette épreuve courue en équipage.

1994 : Après une première tentative avortée, Isabelle et son équipage (Lionel Lemonchois, Luc Bartissol et Pascal Boimard) s'élancent le 19 février pour tenter de battre le record New York - San Francisco par le cap Horn détenu jusqu'alors par le trimaran *Great American* du Canadien Georgs Kolesnikovs. Le 23 avril, *Écureuil Poitou-Charentes II* pulvérise le record de plus de 14 jours. Nouveau temps de référence : 62 jours 5 heures 55 minutes et 14 secondes.

1994-1995 : Prend à Charleston (Caroline du Sud), le 17 septembre, le départ du Boc Challenge 94/95. Le 23 octobre, à Cape Town, elle remporte aisément la première étape avec une avance de plus de 5 jours sur son dauphin, l'Américain Steve Pettengill, et de près d'une semaine sur Christophe Auguin. Cinq jours après le début de la 2e étape, le 2 décembre, elle démâte et rejoint l'archipel des Kerguelen sous gréement de fortune. Elle en repart muni d'un mât de 13 mètres mais fait finalement naufrage le 28 décembre à 920 milles au sud de l'Australie. Elle est récupérée par les sauveteurs australiens le 31 décembre à 21 h 05 (heure française, soit le 1er janvier 1995, à 7 h 05, en heure locale).

1995 : Début de la construction de *PRB* fin décembre.

1996 : *PRB* est mis à l'eau le 15 juillet. Isabelle prend le départ du Vendée Globe le 3 novembre. Le 1er décembre, à la lisière des Quarantièmes rugissants, et alors qu'elle se situe en 2e position à 50 milles derrière Christophe Auguin, le safran tribord de *PRB* se brise net. Isabelle, contrainte de faire escale à Cape Town, est disqualifiée. Elle repart malgré tout d'Afrique du Sud le 7 décembre, décidée à boucler, hors course, son tour du monde en solitaire.

1997 : Le 8 janvier, en plein océan Pacifique, elle affronte, non loin du canadien Gerry Roufs, une tempête de Force 10 à 12 Beaufort (50 à 70 nœuds de vent). Sans nouvelle de Gerry avec qui elle échangeait de nombreux télex, elle avertit le PC Course. La balise Argos du Canadien a cessé d'émettre. Pendant plus de 24 heures, elle va affronter, au près, un vent et une mer resté forts dans l'espoir de retrouver le Canadien dont on ne connaît pas la position. Le 9 au soir, le CROSS, jugeant *PRB* inopérant, demande à Isabelle de reprendre sa route. Gerry ne donnera plus jamais signe de vie. Le 21 février, Isabelle arrive aux Sables-d'Olonne d'où elle était partie

109 jours et 23 heures (dont 4 jours d'escale) avant. Christophe Auguin a remporté brillamment l'épreuve cinq jours devant elle.

1998 : Isabelle prendra en janvier le départ de la première édition de la course en équipage New York-San Francisco par le cap Horn. En septembre 1998, elle devrait embarquer pour la troisième fois dans le Boc Challenge désormais baptisé Around Alone.

MON BATEAU, PAR ISABELLE AUTISSIER

MA VIE QUOTIDIENNE À BORD

LES BANETTES

« J'en ai installé une de chaque côté. En général, je dors au vent. Par gros temps, je dors sous le vent pour ne pas me faire éjecter si le bateau se couche. »

LE COIN CUISINE

« J'ai un petit évier, avec eau de mer et eau douce, grâce à un désalinisateur. Ma vaisselle est assez réduite : une assiette, une fourchette et une cuillère, quelques quarts en plastique, des grands biberons américains avec un gros trou et un petit trou, qui permettent, à la différence des bols, d'éviter de se foutre de la soupe bouillante dans les narines. »

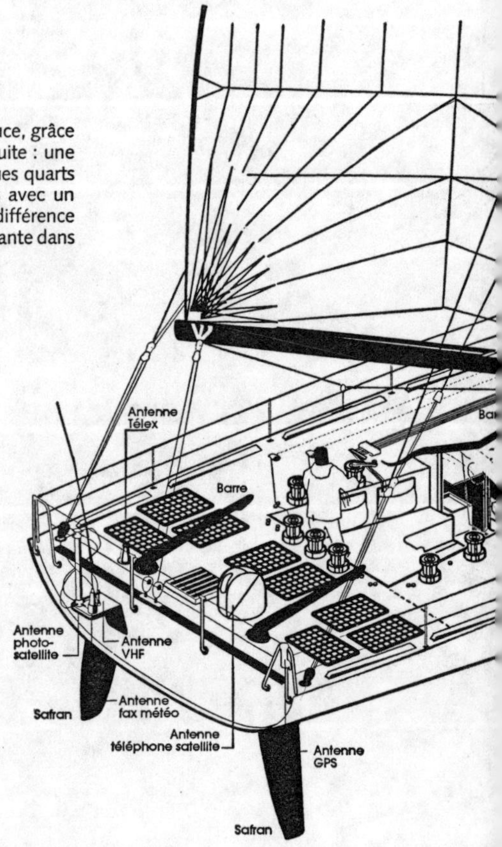

LA TOILETTE

« C'est une toilette de chat, avec un gant, autour de l'évier. Sauf quand il y a un grain et qu'il fait bon. Dans ce cas-là, on profite de l'eau qui tombe pour se laver. »

LES BESOINS

« Il n'y a pas de WC. On fait dans un seau, ou sur le balcon arrière. »

LA TABLE À CARTE

« J'y passe environ trois à quatre heures par jour pour la navigation et une heure-une heure et demie pour la communication et les transmissions. »

LES HUIT PANNEAUX SOLAIRES

« Ils fonctionnent à la luminosité et non au soleil. Ils sont là pour pallier une éventuelle déficience du groupe électrogène. »

LES DEUX BARRES FRANCHES

« J'ai choisi la barre franche parce qu'elle est plus précise et plus sensible qu'une barre à roue. »

MÂT

On a beaucoup
vaillé son pro-
et sa qualité.
st un petit
t de 25 m et
) kg. »

LES VOILES

« J'en embarque neuf : un gennaker, un génois, un solent, une trinquette, un tourmentin rouge fluo, deux spis asymétriques, une "voile magique" (un secret) et une seule grand voile. »

LE BOUT-DEHORS

« C'est là que j'accroche mon spi asymétrique. Je n'ai pas à faire de gymnastique ni à ramper dessus, car il pivote. »

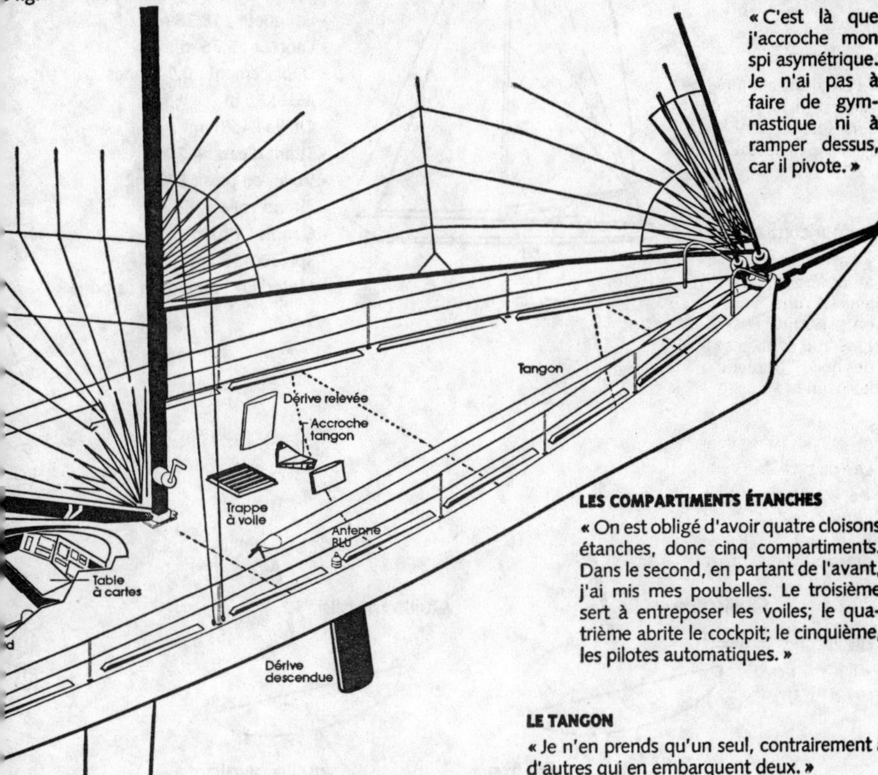

LES COMPARTIMENTS ÉTANCHES

« On est obligé d'avoir quatre cloisons étanches, donc cinq compartiments. Dans le second, en partant de l'avant, j'ai mis mes poubelles. Le troisième sert à entreposer les voiles; le quatrième abrite le cockpit; le cinquième, les pilotes automatiques. »

LE TANGON

« Je n'en prends qu'un seul, contrairement à d'autres qui en embarquent deux. »

LES DEUX DÉRIVES ASYMÉTRIQUES

« Je les utilise lorsque je suis au près. Pour compenser la perte de portance de la quille quand elle est remontée au vent, je fais descendre la dérive sous le vent, manuellement, à partir du cockpit. »

UILLE

quille en carbone
ure 4,70 m. A son
émité, un bulbe en
nb de 2,5 tonnes
re la stabilité du
au. C'est une quille
tante qui permet de se
er de ballasts laté-
. »

LE BALLAST CENTRAL

« Malgré la quille, je dispose de deux balasts nécessaires à l'équilibre du bateau. D'environ 1,5 tonnes chacun, ils sont placés au milieu et à l'arrière. »

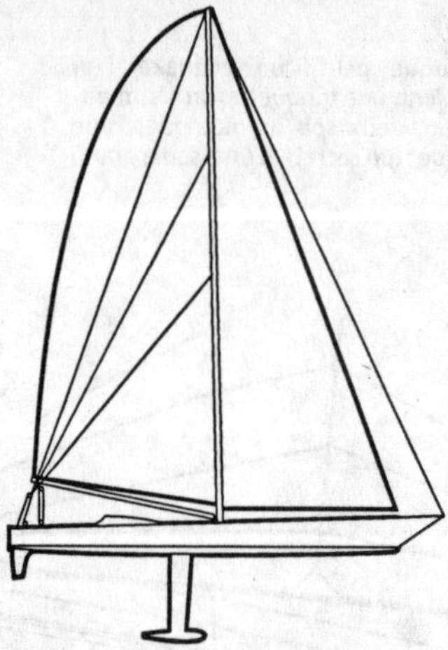

FICHE TECHNIQUE

- Nom : PRB
- Lancement : juillet 1996
- Architectes : Finot-Conq
- Chantier : Pinta (La Rochelle)
- Type : Sloop 60 pieds Open
- Longueur : 18,28 m
- Largeur : 5,76 m
- Déplacement : 9,5 tonnes
- Mât : 25 m
- Quille : 4,70 m
- Tirant d'eau : 4,20 m
- Voiles au près : 270 m2
- Grand voile : 160 m2
- Génois : 110 m2
- Spi :300-350 m2
- Matériaux :composite carbone

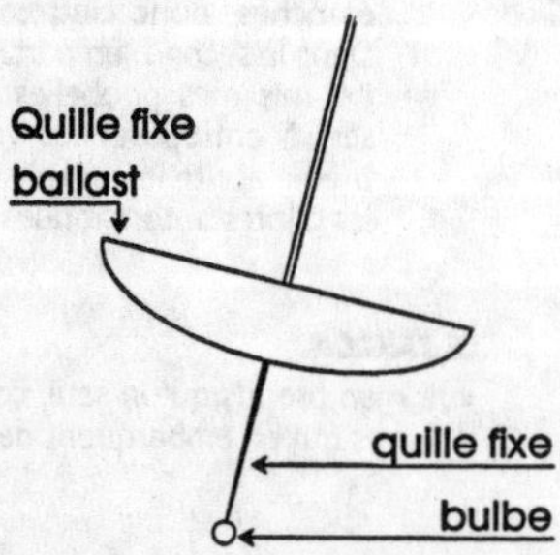

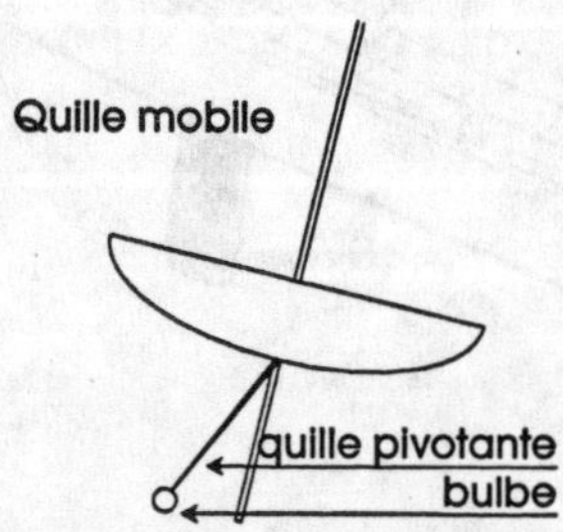

QUILLE FIXE

Avec une quille fixe, la stabilité du bateau est assurée par des ballasts. Pour redresser son bateau, le skipper doit remplir d'eau un des deux ballasts latéraux et le vider si le vent tombe ou avant chaque virement de bord. Ces manoeuvres sont assez longues.

QUILLE MOBILE

La quille pendulaire permet de se dispenser des ballasts latéraux et donc de gagner du poids (au moins 2 500 litres de ballast en moins). En outre, sur le bateau d'Isabelle, l'opération s'effectue avec des boutons pressoirs, ce qui facilite et accélère la manoeuvre.

DES PAGES AU FIL DES TOURS DU MONDE

Repères bibliographiques

Sélection chronologique et subjective des livres que les auteurs ont aimés

PIGAFETTA, Antonio, *Le Premier Tour du monde de Magellan*, Tallandier, 1991.

ANSON, *Voyage autour du monde*, Éd. Utz, 1992.

COOK, James, *Relations de voyages autour du monde*, La Découverte, 2 vol., 1980.

SOBEL, Dava, *Longitudes*, J.-C. Lattès, 1996.

Baty Rallier (du), *Aventures aux Kerguelen*, EMOM, 1991.

FAVIER, Jean, *Les Grandes Découvertes*, Fayard, 1991.

BELLEC, François, *Tentation de la haute mer*, Seghers, 1992.

LACROIX, Louis, *Les Derniers Grands Voiliers*, Amiot Dumont, 1950.

DANA, H., *Deux Ans sur le gaillard d'avant*, R. Laffont, 1990.

RANDIER, Jean, *Hommes et Navires au cap Horn*, Celiv, 1990, Hachette, 1966.

BRIOT, C & J, *Les Clipppers français*, Éd. du Chasse-Marée, 1991.

CUTLER, Carl C., *Greyhounds of the sea*, Naval Institut Press, 1966.

CHAPMAN, A., *Rencontre avec les Indiens Yohgan*, Éd. de la Martinière, 1995.

SHAKELTON, Sir E., *L'Épopée de* l'Endurance, Phébus.

SLOCUM, Joshua, *Navigateur en solitaire*, Buchet-Chastel, 1990.

DUMAS, Vito, *La Route impossible*, EMOM, 1991.

CHICHESTER, Francis, *Le Tour du monde de* Gipsy Moth IV, Arthaud, 1967.

MOITESSIER, Bernard, *La Longue Route*, Arthaud, 1971.

Janichon, Gérard, *Damien*, trois ouvrages réunis en un seul, AEJ, 1994.

CHATWIN, Bruce, *En Patagonie*, Grasset, 1995.

FLAHAULT, Gildas, *Les Carnets tempêtes, Voyage aux îles Kerguelen*, Glénat, 1996.

HEIMERMANN, Benoît, *Seuls autour du monde*, Éd. Pen-Duick-Ouest France, 1989.

CHARLES, Daniel (sous la dir. de), *Treize Solitaires autour du monde*, R. Laffont, 1990.

LEROUX, Patrick, LEVAILLANT Luc, PLISSON Philip, *Vendée Globe Challenge*, Denoël, 1990.

LAMAZOU, Titouan, LEROUX Patrick, *Demain je serai tous mort*, Grasset, 1990.

PEYRON, Loïck, *Petit Tour du monde illustré*, Denoël, 1990.

GAUTIER, Alain, BARROIS Cendrine, *Ciao-Ciao*, J.-C. Lattès, 1994.

DUBOIS, Thierry, *J'y retournerai*, Plon, 1997.

AUGUIN, Christophe, *105 jours autour du monde*, Denoël, 1997.

Hors-Série, *Voiles et Voiliers, Tours du monde extraordinaires*, juillet 1993.

Atlas géographique du Monde, Éd. Atlas, juillet 1994.

REMERCIEMENTS

Isabelle Autissier remercie les partenaires qui lui ont permis d'embarquer pour le Vendée Globe

La société PRB (Produit de revêtement pour le bâtiment), dont j'ai eu le privilège de porter le nom autour du globe.
La Région Poitou-Charentes si fidèle depuis plus de dix ans et dont j'ai l'honneur d'être l'un des ambassadeurs sportifs.

Ceux qui, réunis dans mon Club de partenaires, ont apporté la touche finale qui m'a permis d'embarquer pour l'aventure :
ADECCO OUEST
Les Huîtres MARENNES OLÉRON
SFR
Aquarium de La Rochelle
Brunet Électricité
et mon partenaire technique Météo France.

À tous, merci de m'avoir fait confiance.

Les auteurs tiennent à remercier tous ceux qui les ont aidé à écrire ce livre, en espérant qu'il ne les décevra pas.

– Ils ont été précieux pour tous les renseignements qu'ils nous ont apporté :
Grégor Céméli et Denis Horeau de l'agence Seven Seas dont nous continuons, après des années de fraternelle collaboration, à apprécier l'intégrité et les qualités professionnelles et humaines.
Patrick Potiron de cap Horn System pour les archives « informatiques » qu'il a bien voulu rechercher.

– Ils ont accepté avec gentillesse que certaines des chroniques d'Isabelle, écrites pour eux, soient reproduites dans ce livre :
La revue *Bateaux* et, plus particulièrement, Bruno Franceschi, son rédacteur en chef;

France Inter et, plus particulièrement, Dominique André, Pierre Louis Castelli, Jean-Luc Hees et Bertrand Vannier ;
Le quotidien *Libération* et, plus particulièrement, Michel Chemin, Rémy Fière, Laurent Joffrin, Jean-Louis Le Touzet et Luc Levaillant.
L'hebdomadaire *L'Équipe Magazine* et, plus particulièrement, Patrick Leroux.

Avec eux tous, la collaboration sur deux ans a été amicalement et professionnellement fructueuse.

– Ils ont accepté, de longues heures pour certains, de répondre à nos interviews. Et toujours avec une franchise dont nous leur sommes gré : Jean-Yves Bernot (conseiller météo), Annette Duffour (Région Poitou-Charentes), Jean-Marie Finot et Pascal Conq (Cabinet d'architecture Finot/Conq), Pierre Lasnier (Météomer), Jacques et Jean-Jacques Laurent (PRB), Marc Pinta (Chantier Pinta) et les préparateurs de *PRB* : Christophe Aigron, Robert Duparc, Benoît Parnaudeau, « Sergio » Viviand.

– Ils ont été précieux pour les illustrations :
Annick Dalbon (Caisse d'Épargne Poitou-Charentes), qui fut le maître-d'œuvre de toute la période « Écureuil », Micheline Decaux-Pelletier, Gildas Flahault, les enfants des écoles de Marennes-Oléron avec leurs dessins, Jackie Gourlaouen et tout le service infographie de *Libération*, Nicolas Gilles, Gilles Klein, Henri Thibaud et Jacques Vapillon, notre photographe fidèle.

Merci également au Centre de thalassothérapie de l'île d'Oléron, à sa direction et à son personnel qui nous ont offert un havre de paix pour l'écriture…
Enfin, merci à nos premiers critiques, Christine de Colombel, Geneviève et Hervé.

CRÉDITS PHOTOGRAPHIQUES

Page 1 : Jacques Vapillon; D.P.P.I., dessin : Gildas Flahault
Page 2 : Gilles Klein
Page 3 : Jacques Vapillon, D.P.P.I. excepté Isabelle Autissier, D.P.P.I. (anniversaire, dématâge)
Page 4 : Jacques Vapillon, D.P.P.I.
Page 5 : Jacques Vapillon, D.P.P.I. excepté Isabelle Autissier, D.P.P.I. (à la radio) et Nick Wilson, D.P.P.I.(hélitreuillage)
Page 6 : Jacques Vapillon, D.P.P.I.
Page 7 : Jacques Vapillon, D.P.P.I. excepté B. Monthembault, D.P.P.I. (Horn) et M. Pelletier, Sygma (arrivée)
Page 8 : Jacques Vapillon
Couverture : Jacques Vapillon.
4e de couverture : Jonvelle, Scoop.

TABLE

CET OUVRAGE A ÉTÉ COMPOSÉ
PAR LES ÉDITIONS FLAMMARION

Achevé d'imprimer en septembre 1997 sur presses
de **Bussière Camedan Imprimeries** à Saint-Amand-Montrond.
Dépôt légal : septembre 1997
— N° d'impression : 1/2614. — N° d'éditeur : FZ853003 —